孤独のレッスン

齋藤 孝 Saito Takashi
中条省平 Chujo Shohei
奥本大三郎 Okumoto Daisaburo
南條竹則 Nanjo Takenori
鈴木雅生 Suzuki Masao
岸見一郎 Kishimi Ichiro
新元良一 Niimoto Ryoichi
適菜 収 Tekina Osamu
下重暁子 Shimoju Akiko
岸 惠子 Kishi Keiko
田中慎弥 Tanaka Shinya
高村友也 Takamura Tomoya
林 望 Hayashi Nozomu
荒木飛呂彦 Araki Hirohiko
石戸 諭 Ishido Satoru
吉川浩満 Yoshikawa Hiromitsu
角幡唯介 Kakuhata Yusuke

インターナショナル新書 119

はじめに

本書は雑誌『ｋｏｔｏｂａ』二〇一九年冬号（集英社）の特集「孤独のレッスン」を新書にまとめたものです。

二〇〇〇年以降のグローバル化に伴う労働環境の変化やインターネットの普及によって、私たちの生活は急速に変化しました。その中で少子高齢化や核家族化などが進み、現在の単身世帯や単身高齢者の増加につながっています。かつての地縁・血縁といった人と人との関係性は薄まり、他者と「つながり」を持てない人が多くなってきたのです。

さらに二〇二〇年から猛威を振るっている新型コロナウイルスの影響で、生活様式ががらりと変わり、家族や友人、恋人と会うことが以前より難しくなりました。

まさにいま「孤独」の状態にいる、もしくは「孤独」感を感じている人が増えているのです。

そうした孤独や孤立が問題視されているのは日本だけではありません。高齢化社会や社会不適合などの問題を多く抱えていたイギリスのメイ首相は二〇一八年に孤独問題担当国務大臣を世界で初めて任命しました。

そして二〇二一年、イギリスに次いで日本でも孤独・孤立対策担当大臣が誕生し、孤独は「対処すべき問題」として、より注目されるようになりました。

何気ない日常の、騒がしい街中で不意に襲ってくるあの「孤独感」はなんなのでしょうか？　あの孤独感をどう捉えたらよいのか？

そのような「孤独」について考えたのが本書です。

本書には孤独と上手に付き合っている方、孤独で事を成し遂げた偉人、孤独そのものについて考えを深めている人、などの言葉が数多く登場します。「大いなる孤独がなければ、真剣に創作などできない」という言葉を遺《のこ》したのはパブロ・ピカソですが、そのようなストイックな考えに触れているうちに、孤独を受け入れ、味わい、楽しむ勇気が生まれてくるはずです。

本来、本を読むという行為は孤独な作業ですが、本書を読んでいる間は孤独感が薄れている、読者の方々にとって、そんな一冊となれれば幸いです。

ｋｏｔｏｂａ編集部

目次

lesson I

孤独上手たち

古今東西の思想家、作家たちは孤独の中で自分自身と向き合い、
思考を深めてきた。彼らはいかに孤独を糧にし、
独自の世界を切り開いてきたのか?

齋藤 孝
教育学者

仏陀に学ぶ、単独者としての作法

さいとう たかし　教育学者。明治大学文学部教授。一九六〇年、静岡県生まれ。東京大学法学部卒業。同大学院教育学研究科博士課程を経て、現職。『身体感覚を取り戻す』（ＮＨＫ出版）で新潮学芸賞受賞。『大人の語彙力ノート』（ＳＢクリエイティブ）、『50歳からの孤独入門』（朝日新書）、『孤独のチカラ』（新潮文庫）など著書多数。

多くの人は孤独にならないように、自分が孤独にならないように、また人からそう見られないようにと意識して振る舞う。一方で、SNS依存や日本社会における同調圧力によって、人と人とのつながりに息苦しさを感じる人が増えていることも事実だ。今、われわれは孤独といかにして向き合えばいいのだろうか？　教育学者・齋藤孝が単独者としてのあり方を説く。

「常にSNSで人とつながっている」という状況が、最近は特に顕著になっているのではないか……教員として若い人たちと接していると、そんなことをよく考えます。彼らは、常に人からどう見られるのかを気にしながら自分をとらえようとしています。自意識を他者によって絶えず刺激され続けているため、精神が徐々に消耗していくのも彼らの特徴です。このような状況に対し、他者の目を離れて自分の時間を過ごしてみよう、というのが単独者としてのあり方です。孤独と言うと少しネガティブな印象がありますが、本来一人きりの時間というのは、人と離れて自分の内面的な豊かさを深めていく作業にあてられるべきものです。

日本では東日本大震災以降、「絆」という言葉があちらこちらでスローガンとして使われ続けてきました。三・一一があった後は顕著に団結が求められ、協力しない人間は少し非人間的だと見なされてしまうような同調圧力がありました。絆はキーワードとしては見事な力強さをそなえた一字で、その見事さゆえに瞬く間に浸透していきました。そのためか、一人きりでいるだけで、絆を拒否しているように見られてしまう面もあったのではないでしょうか。あれは絆というよりは、「協力」という言葉で表現すべきだったと思います。絆というメンタルに直接作用する言葉を使ったことで、それが人々の心に深く入り込み過ぎてしまった。しかし、本来であれば国民の税金は復興にあてられているわけですから、税金を払っている人は災害に対して最低限の貢献はしていると自信を持ってよいはずです。絆と言われたことで、人々が心の奥底や自分の生き方までも変えなければいけないと思い込んでしまったわけです。

さらに、この数年の間にSNSが異常な勢いで広がったことで、一人の時間を侵食するようになりました。特に若い人にとっては、コロナ禍であっても一人でいることが、ほぼ不可能になってきているように見えます。例えばSNSを一時間使わないで放っておくと、仲間との連絡の輪から外れてしまうかもしれないという不安を覚える。そうなると、他のことをやっていても常にSNSが気になり、単独の豊かな時間を育む軸が失われてしまいます。またSNSをやっていると、普段は接点のない不特定多数の人からも、いきなりコンタクトが来ます。それは、いわば都会の雑踏を自宅に持ち込むような緊張感を伴う状況です。プライベートな空間や心の中に雑踏を持ち込んだら、それは落ち着かないでしょう。

この状況は、自分の中に「自分を監視する他者の視線」を内在化することにもつながります。これはミシェル・フーコーが『監獄の誕生　監視と処罰』という本で分析していることです。当時、功利主義者のベンサムが考案した刑務所の様式に、全展望監視システム（パノプティコン）というものがありました。真ん中に監視塔があって、そこから囚人たち一人ひとりを見ることができる一方で、囚人たちからはその監視塔にいる監視者の姿を見ることができません。そうすると「常に監視されている」という意識が囚人に根付いてしまって、実際には監視されていない状態であっても、監視の視線を内面化して自分自身をコントロールしてしまいます。それをフーコーは自発的服従と呼びました。

フーコーが言っているのは、そのような監視が刑務所だけではなく、社会のあらゆる所で行われているということです。今で言えばSNSが相互監視のシステムとなり、気が付かないうちに私たちは自発的服従をしています。SNSはコミュニケーションの道具ですから、本来なら一方向的なものではありません。他人にいいねと思われたい、あるいはリプライなどで他人に嫌な思いをさせたくないと、他者に対して常に意識を持ち続けることで、他者の目線を内面化してしまいます。そしてそれが今、豊かな単独の時間を阻害する大きな要因になっています。

他者の目線から自分を解放する仏陀の思想

私自身が最も孤独と対峙《たいじ》した大学院時代には、まだSNSはなかったわけですが、それでも「友だちは多いほうがいいに決まっている」という同調圧力のような共通認識が周囲にはありました。友だちと会っていない、もしくは親しい友だちが周囲にいない状況下でも、自分自身を保つ術を身につけなければいけませんでした。その柱の一つになったのが仏陀の呼吸法です。村木弘昌先生の本に『釈尊の呼吸法』があります。そこに書かれているやり方はシンプルで、まず自分は一人でここにいると自覚します。他の人の目があってここにいるのではなくて、ここにただいる。そしてサイのように、ズッ、ズッ、ズッと、一人だけで進んでいくイメージと呼吸法をセットにします。ここで言われているサイとは「犀《さい》の角のようにただ独り歩め」という仏陀の言葉から取られています。呼吸法は主にアナパーナサチと言われているもので、鼻から吸って口からゆっくり吐いていくのを基本にします。

一人でいたとしても、自分の呼吸に向き合っていると、自然と落ち着いてきます。呼吸には常に今しかないわけです。一〇回前の呼吸がどうであったかを思い出すのは非常に難しいし、一〇回後の呼吸を予想するのも意味がない。呼吸というのは人間にまつわる事柄において、最も今を象徴するものです。一呼吸、息を吸い、ふうっと長く吐いていくと、交感神経が優位で興奮していた状態から副交感神経優位の落ち着いた状態になります。一人きりになって神経が興奮していると、焦りが生じます。他の人はどんどん先に行っているのに、自分だけこのまま足踏みしていていいのだろうかと思って、一人でいるのに手に汗がにじんできてしまう。そこで、息を鼻から吸って口から吐いていくことによって、その緊張を解いていきます。それは、他者の目を自分自身に内在化する習慣をやめていくということです。

仏陀は、執着や欲望を捨てなさいと説いています。あらゆる面倒なことは執着によるものだから、執着さえ捨てれば穏やかに暮らせますよと。例えば、人に認められたいという名誉欲や存在認知欲求に駆られて何かをし続けていると、自分で自分に満足することができなくなります。人に自分の存在を認めてもらおうとすることが、他者に依存する心の弱さにつながります。そういう状況を、もし仏陀が見たとしたら、「SNSを今すぐやめて、人の視線を内面化し続けるのをやめなさい」と言うでしょう。

仏陀は最終的には、自分で自分の価値を認めるという次元よりも先の領域に行っていると思います。つまり、存在自体がこの流れの中にあり、すべてがすでにつながっているのだから、ただ目覚めていればいいのですよ、と説いています。私たちは、色々なものとのつながりの中で生きている。そしてすべては過ぎ去っていく。その中で今を生きなさい、まず自分自身というものに落ち着きなさいと言っています。道元も、仏道を習うということは、自己を習うことだと言っています。自己を習うとは自己を忘れること。そうすると万法《まんぼう》が明らかになる、と言っています。一度自分に戻り、そして自分を忘れる。これが禅のやり方です。

ドイツの哲学者オイゲン・ヘリゲルが書いた『弓と禅』という本も示唆的です。そこでは、外国人の学者が弓を習う時のことが書かれています。弓を射る人というのはどうしても的に当てたくなってしまうものですが、それを待てと師範が言います。そして、さらに修行を続けていくと、ある時によい「射」ができます。すると師範がお辞儀をして、「今しがた、それが射ました」と言うのです。あなたではなく、〝それ〟が射たので、お辞儀をするのだと。それはどういうことかと言うと、自分が的を射たい、自分をすごいと思いたい、自分が何かを身につけたと思いたいという意識が外れた時、自分が矢を離すのではなく、矢が離れるのだそうです。「離れ」という言葉が弓道にはあり、自然に離れることで、それができたということです。

読書を通じて自分自身の内面に豊かな森を育む

私は大学院時代の頃にゾーンの研究をしていました。ゾーンとは、マズローなどが至高体験と呼んでいる状態のことです。スポーツや勉強に集中している時に、時間がゆっくり流れて、海の底に静かにいるようになる、あの感覚です。その時は無理な力みもなく、気も緩んでもいない、リラックスして集中している状態になります。何かがあってもパニックにならない、投げ出さない、そして諦めない、しかしそこに執着しない精神を行雲流水《こううんりゅうすい》と言います。行く雲、そして流れる水のようにあるというのが一つの理想の心のあり方です。執着から離れると、だんだん無駄な欲望も減っていくので、自分も楽になっていきます。一人でいる状態なのに、満ち足りて穏やかさがあるというのは、単独者としてかなりいい状態だと思います。

ところが、そこに焦りがあって世の中に対する恨みが強くなると、良くない意味で孤独な状態になります。ですから、青年期は結構、孤独に陥りやすいと思うのです。大学院時代の私の場合は考え続けた末に、何か偉大な他者と自分を重ね合わせることによって、その孤独感を和らげました。例えば、旧制高校の学生に林尹夫《ただお》さんという方がいて、学徒出陣の時の手記を『わがいのち月明に燃ゆ』という本に残しています。彼は一人で出陣しますが、その中でもなお勉強し続けます。死ぬ間際まで好きな勉強をするために、ドイツ語や色々な外国の言葉も勉強します。そういう人に自分を重ね合わせていくことで、大事な問題を他の人と共有しているような精神的な連帯感を覚えることができます。自分の身の回りの人間ではなく、過去の偉大な人から見いだせる精神の系譜というものがあると思います。そうすることで豊かな気持ちでいられる。それが読書の良さなのです。

メンタルを正常に保つ、もしくはメンタルを強くするために、読書は非常にすばらしいものです。優れた人がゆっくりと語ってくれる言葉に共感する。例えば太宰治の『人間失格』を読むと、絶望的な話なのにもかかわらず、なぜか読んだ後に、ちょっと力が湧いてきます。『人間失格』では道化というキーワードが最初に出てきます。他の人に笑ってもらう道化として生きていくしか、もう自分は他の人との関係の取り方が分からないと言って、主人公は他者を意識した生き方をしているわけです。やがて身の回りの他者に疲れて、だんだん心のエネルギーが減ってくる。それを何かで補おうと思って、お酒をひどく飲んでみたり薬物に手を出したりするという話です。

自分の心のエネルギーを大事にしないと、それが枯渇してしまっていることに気が付かない。それを充電する時間が必要です。携帯電話やスマホも充電が必要ですが、私たちにとっての電力に当たるものが、偉大なる他者なのです。身の回りの他者は、どちらかと言うと嫉妬心があって、他の人の足を引っ張ろうとする小さい存在です。ところが、過去の偉大な人は、もっと大きな視点で物を言ってくれます。そういうものを読んで共感すると、身の回りの些事《さじ》があまり気にならなくなります。

今は、誰が何を言ったとか言って、それを徹底的に叩《たた》く風潮がネットにありますが、それは不寛容から来ています。寛容でないということは視野が狭いということです。もう少しゆったりと自分は自分として生き、他の人があれこれしていても、自分とあまり関係ないことについては気にしないという生き方がいいと思います。ニーチェも『ツァラトゥストラかく語りき』という本の中で、孤独の風に吹かれろと言っています。一人きりになれ、単独者になれ、つるむのをやめろと繰り返し言うわけです。嫉妬はサソリの毒みたいなものので、その毒で自分が死ぬから、そういうせこい嫉妬をやめろというメッセージを、その一冊を通してずっと送っています。

本を読むことの価値は、そういうことだと思うのです。『ゲーテとの対話』を読む時は、ゲーテが話していると思って読む。ドストエフスキーの本を読む時はドストエフスキーが話してくれていると思って読む。読書は基本的に単独で行うものですから、自然に単独者になれる。しかも孤立とは異なります。必ず精神は深くつながり合っています。身の回りであぶくのように消えていくコミュニケーションではない領域から、本を通して偉大なる人物が人生の最深部をつかんだ言葉を送ってくれることで精神のつながりが強固になります。そして、自分自身の精神に栄養を送ることで豊かな精神の森ができる。つまり、心を偉大なる他者の森にするということが読書の醍醐味です。

単独者であるということは、ただ一人でいるのではなく、そこに知性があるということが非常に重要なのです。

構成＝高橋ミレイ

齋藤孝が薦める、
孤独を愉しむための副読本

『監獄の誕生 監視と処罰』

ミシェル・フーコー著、田村 俶訳（新潮社）
この本でフーコーが主張している「自発的服従」の心理は、他者の視線を常に意識しながら SNS を活用する現代人にも顕著に見受けられます。

『釈尊の呼吸法』

村木弘昌著（春秋社）
他者の視線から自分を解放する術として、非常に効果的なのが仏陀の呼吸法です。この本では、その方法が丁寧に解説されています。

『弓と禅』

オイゲン・ヘリゲル著、稲富栄次郎・上田武訳（福村出版）
著者は、東北帝国大学で哲学を教えたドイツ人哲学者。自身が打ち込んだ弓道を通して、そこに息づく禅の精神を分析した名著です。

『わがいのち月明に燃ゆ』

林 尹夫著（ちくま文庫）
第三高等学校を経て、京都帝国大学へ進学した林尹夫さんの手記。学徒出陣という過酷な状況におかれてもなお、学問を追求し続けた林さんは、まさに単独者を貫いた先人といえるでしょう。

『ツァラトゥストラかく語りき』

フリードリヒ・W・ニーチェ著、佐々木 中訳（河出文庫）
ニーチェはこの本で、孤独の風に吹かれ、単独者として生きることの重要性をしきりに説いています。孤独と向き合い、愉しみながらその道を歩んでいく際には、この本が最良の道標となってくれるはずです。

中条省平
フランス文学者

孤独と追放——アルベール・カミュ最後の一〇年

ちゅうじょう しょうへい　フランス文学者。一九五四年、神奈川県生まれ。学習院大学文学部フランス語圏文化科教授。パリ大学文学博士。フランス文学の評論・翻訳、映画、マンガなどの分野で執筆を続ける。『フランス映画史の誘惑』（集英社新書）、『世界一簡単なフランス語の本』（幻冬舎新書）、『カミュ伝』（インターナショナル新書）など多数の著書がある。

現在も多くの読者を引きつけて離さない『異邦人』『ペスト』という傑作を著し、四三歳の若さでノーベル文学賞を受賞。その三年後に、悲劇の事故死を遂げた文学者カミュ。彼には、現代では知り得ない孤独の晩年があった。フランス文学を代表する伝説の人物としての知られざる実像に肉薄する。

一九五一年、アルベール・カミュは長編評論『反抗的人間』を発表します。

カミュは、その四年前に刊行した長編小説『ペスト』によって大きな反響を巻きおこし、フランスを代表する作家、いや、世界的な影響力をもつ文学者としての地位を確立していました。『反抗的人間』は全世界が待ちに待ったカミュの最新作だったのです。

その主題はタイトルが表すとおり、「反抗」です。人間が人間たりうる根源的な条件を反抗のなかに見るという点では、カミュの評価を決定づけた小説『異邦人』(一九四二年)と共通するテーマを扱っていますが、『異邦人』の主人公ムルソーの社会への反抗が個人的な闘いにとどまっていたのに対し、『反抗的人間』では人間の歴史と芸術を反抗という観点から総括する壮大な展望を示し、最終的に、デカルトの「われ思う、ゆえにわれ在り」という有名な命題をもじって、「われ反抗す、ゆえにわれら在り」という結論を導きだします。つまり、反抗によって「われ」という個人が「われら」という人間的な連帯に至るという力強い主張をくり広げたのです。

最初の構想から一〇年、執筆にまる九年もかけたこの大作エッセーは、カミュの、世界の不条理と人間の反抗という思想を集大成し、さらに、連帯にむけて新たな一歩を踏みだすものでした。世界のファンが待望した小説ではありませんでしたが、カミュは自分自身が空っぽになってしまうと思うほどのエネルギーを『反抗的人間』に注ぎこんだのでした。

サルトル対カミュの論争

この新作の発表後、当然のことながら賛否両論が湧きおこりました。なかでも、刊行に先だって、ロートレアモンを論じた一章が雑誌に載ったとき、シュルレアリスムの指導者アンドレ・ブルトンがカミュに嚙《か》みつきました。彼が、ロートレアモンを反抗ざかりの高校生のような一過性の暴れ者と見なしたことに腹を立てたのです。

しかし、カミュの受難の本番はこれからでした。当時、多くの人がカミュとサルトルを

煙草を吸うアルベール・カミュ（1913〜60年）、1959年撮影。

友人同士、あるいは同じ実存主義哲学の傾向をもつ仲間だと考えていました。ところが翌年、そのサルトルの主宰する「現代《レ・タン・モデルヌ》」誌に、『反抗的人間』を徹底的に批判するフランス・ジャンソンの書評が掲載されたのです。このときジャンソンは二九歳でしたが、すでにサルトルの若き盟友ともいうべき存在になっていました。

ジャンソンの主張は、ひと言でいえば、カミュが歴史を拒否し、革命を否定しているということです。口では反抗を称讃《しょうさん》しているが、その反抗は抽象的なお題目にすぎず、フランス革命が哀れな善人ルイ一六世を公衆の面前で処刑したことを非難し、歴史の動きを認めようとしない。反抗は高貴だというが、それが革命という形をとり、歴史になったとき、カミュはそれを拒否すると批判したのです。

ジャンソンははっきりと書いていませんが、ここにはロシア革命と共産主義をどう評価するかという、当時の知識人を二分した問題が隠れていました。カミュが革命を否定するとき、そこにはロシア革命によって成立した共産主義政権が批判者たちを強制収容所に送りこみ弾圧したという事実を念頭に置いています。つまり、カミュは反共産主義の信念をもっているのです。これに反して、ジャンソンやサルトルは、たとえ共産主義政権に誤りがあったとしても、それは歴史の進歩の克服すべき一面にすぎず、そのことをもって革命そのものを否定することはできないと考えていました。つまり、ジャンソンやサルトルは共産主義の未来に希望をつないでいたわけです。

カミュが「現代」誌上でジャンソンにおこなった反論は、この共産主義革命をどう捉えるかという面倒な問題を明るみに引きずりだすものでした。しかも、具合の悪いことに、カミュはジャンソンに直接答えることをせず、「現代」の編集長であるサルトル宛ての手紙という形式で反論をおこなったのです。これでは、のちにサルトルから、お偉い文学者の君はジャンソンを無名の石ころのように無視した、と非難されても仕方がないところです。

ともあれ、カミュはマルクス主義とロシア革命がもたらしたスターリンの恐怖政治と強制収容所に反対すると強く主張して、ジャンソンの書評を載せた「現代」誌編集長サルトルへの反論とします。しかし、口で反抗と言うばかりで、革命を怖がり、歴史への参加から逃げているというジャンソンの批判には答えたことになりません。この弱点に、天下の名論客サルトルが一刀両断の反撃を浴びせかけたのです。

カミュ神話の崩壊

何よりも衝撃的だったのは、サルトルの反論の冒頭でした。サルトルはカミュとの訣別《けつべつ》を宣言したのです。

君と僕の友情は、坦々《たんたん》たるものではなかったが、僕はそれを心残りに思うことだろう。君が今日《こんにち》それを断ち切るとすれば、当然そうなるべきものだったのにちがいない。多くのことで君と僕は接近しており、わずかな点ではなれていた。だが、このわずかな点だけで、十分すぎるほどだった。友情もまた全般的になる傾向があり、すべての点で一致するか、喧嘩《けんか》わかれだからだ。(『革命か反抗か――カミュ＝サルトル論争――』佐藤朔訳、新潮文庫、以下同)

そして、サルトルはカミュにむかってこんなふうに語りかけます。

われわれはすでに歴史のなかにいる。だから、そこで闘うほかないのだ。それなのに、君は自分が歴史の外にいると思いこみ、「足のゆびで湯にさわりながら『熱いかしらん?』

と言っている小娘そっくりで、君はびくびくしながら『歴史』を見て、ゆびをつっこんでから、大急ぎでまただして、『意味があるかな?』と考えている」。君は現状維持を主張して行動しないが、問題なのは現状を変えることなのだ。

結論として、サルトルは、「人間は永遠なものを追求するために、歴史的になり、個別的な結果を目ざして行う具体的な行為のなかで、普遍的な価値を発見する」と締めくくりました。誰もがサルトルの主張のほうが論理的で、説得力があると感じました。

この瞬間、カミュの神話が崩れたのです。命を懸けてナチスドイツへの抵抗運動を闘い、『異邦人』と『ペスト』で文学の最前線を疾駆した輝かしいヒーローが、歴史への参加を避け、革命を恐れ、本ばかり読んで反抗、反抗と唱える「陰気くさいうぬぼれ」男だと見なされてしまったのです。

いまの時点から見れば、共産主義ロシアに幻想を抱いていたサルトルより、革命の名のもとにおこなわれる弾圧と殺戮《さつりく》を終始一貫して否定したカミュのほうが歴史の実情を正しく見抜いていたことは明らかです。しかし、この時点で、多くの人は、カミュがサルトルとの論争に敗れたと考え、カミュは時代遅れになったという漠然とした印象を抱きました。

カミュはサルトルと別れて孤立します。カミュの孤独の時代が始まったのです。

「銃殺!」の声にかき消された演説

追い打ちをかけたのは、アルジェリア独立戦争(一九五四〜六二年)でした。フランス政府とアルジェリア総督府は、植民地であるアルジェリアを支配し、独立派の現地人を弾圧、逮捕、処刑していました。いっぽう、独立派の組織も武装闘争に踏みきり、市街地での爆弾テロを実行します。それに対してフランス軍は報復の虐殺をおこなって、独立戦争は泥沼化していきました。

カミュはアルジェリアの生まれで、『異邦人』も『ペスト』もアルジェリアを舞台とした小説です。カミュの文学者としての名声が高まるにつれて、人々はカミュのアルジェリア独立戦争への態度決定を注視し、彼の影響力がこの問題へのなんらかの解決に結びつくことを期待したのです。

カミュの態度は最初から明らかでした。彼はフランス政府の武力による弾圧も、独立派の爆弾テロもいっさい認めませんでした。それは、いくら未来の平等や正義をめざすとしても人を殺す革命を認めなかったのと同じことです。その点で、カミュの倫理的選択は完全に首尾一貫していました。即時停戦、暴力の全面放棄。それがカミュの根本にある思想です。戦争にも爆弾テロにも死刑にも、カミュは絶対反対の立場を貫いたのです。

それでは、今後の政治的解決法はと問われれば、カミュはアルジェリア生まれのフランス人として、アルジェリア人とフランス人が平等に平和共存する、スイスのような連邦制の、民主主義の原理に基づく共和国を望んでいたといえるでしょう。しかし、憎悪の悪循環にはまりこんだフランス軍とアルジェリア独立派の戦いのなかで、カミュの主張はあまりに空想的な綺麗ごとにしか見えませんでした。

一九五六年にアルジェで開催された休戦を求める集会で、カミュは演説をおこないました。しかし、ほかならぬ休戦をめざすこの集会で、フランス軍を支持する右翼と独立派が激突寸前となり、「カミュを銃殺せよ！」の声が響きわたり、会場のガラス窓が投石で割れるなか、カミュの演説はきちんと聞かれることはなく、ほとんど効力を発揮しませんでした。

絶望してパリに戻ったカミュは、ある知人に宛てて、こう書いています。

受け入れなければならない孤独というものがある。別け隔てるあらゆるものが、私を戦慄させるが故に、私はそうした孤独に対して何年もの間、抗って来た。今でもなお抗ってはいる。しかし、要求の度合いがある程度を越えると、孤独は避け難いのだ。できるなら、愛され、認められたいと思う。あるがままの姿で、だれからも。しかし、それは青臭い欲求なのだ。遅かれ早かれ年を取り、裁かれ、断罪されることを受け入れねばならず、愛の世界に属するもの（欲求、情愛、友情、連帯）を、分に過ぎた贈物として受け取らねばならなくなる。道徳は何の助けにもならない。ただ、真理のみ……すなわち、真理への絶えざる努力、どんな水準であれ、真理を悟るその時に、真理を述べ、真理を生きようとする決意、それのみが人の歩みに意味と方向を与えてくれる。しかし、欺瞞の時代にあっては、真と偽とを分かつことを断念しない者は、ある種の追放に処せられる運命にある。（H・R・ロットマン『伝記アルベール・カミュ』大久保敏彦・石崎晴己訳、清水弘文堂）

このときカミュはまだ四二歳。世界的な名声に包まれながら、痛いほどの孤独に閉じこめられ、唯一、真理を支えにして追放刑の運命に耐えていたわけです。この孤独を引き受けることこそ、作家の精神の強靭《きょうじん》さの証明であり、矜持《きょうじ》のありかだったでしょう。

「アラブ人青年の不幸は私のものでもある」

ところで、カミュはしばしば「ハンフリー・ボガートのような」と形容されるハンサムな男で、女性たちにもて、女優のマリア・カザレスをはじめ、生涯複数の恋人がいました。そのため、妻との関係は平穏とはいかず、家庭は安息の場ではありませんでした。カミュは出版元であるガリマール社の事務所を仕事場兼避難所としていたのです。

この時期に刊行された小説集『追放と王国』に、「ヨナ」という短編が入っています。家庭生活と友人たちとの付きあいで疲弊する画家を描いた作品で、旧約聖書に出てくるヨナが鯨の腹のなかに閉じこめられたように、この小説のヨナも妻と家族から離れ、天井部屋に引きこもります。しかし、純粋な孤独のなかで仕事はできず、病気になってしまいます。この、孤独への欲求と、孤独の空虚さの板挟みになったヨナの姿は、カミュの精神的な自画像と見ることができます。じっさい、カミュの最後の一〇年間、苦渋と嘲笑にみちた自己断罪の中編『転落』（一九五六年）を別にすれば、彼は力をこめた長編小説を書くことができなかったのです。

しかし、一九五七年、カミュにノーベル文学賞が授与されました。カミュはその報を受けたとき、呆然として、「アンドレ・マルローが受けるべきだったのに……」とくり返し呟《つぶや》いていたといいます。カミュがストックホルムでおこなった受賞記念講演にも楽天的な調子はなく、自分は歴史を作りだす人々に仕えることはできず、歴史を堪え忍ぶ人々に奉仕することしかできないと語り、それを「孤独の流刑」と語っています。しかし、世界のどこかで見も知らぬ囚人が屈辱のなかで沈黙を守っていることを知り、その沈黙に同調する言葉を自分の芸術のなかで響かせることができれば、作家はこの「孤独の流刑」から抜け出せるとも語っています。

このストックホルム市庁舎での講演の二日後、カミュはストックホルム大学の学生会館で学生たちとの討論に臨みました。自由な討論は彼の好む形式でしたが、予想外の事件が起こりました。話題がアルジェリア問題に及んだとき、ひとりのアラブ人の青年が立ち上がって、カミュのいる演壇の近くまで詰めより、カミュは東欧諸国の自由のためには意見を表明しているが、このところアルジェリアのためには何の行動もしていない、と大声を上げて非難したのです。

カミュはこう答えました。かつて私はアルジェリアのアラブ人を弁護したために国を追放された唯一のフランス人ジャーナリストだった。しかし、現在、独立賛成・反対の両陣営の憎悪が激しくなり、私のような知識人の発言はいずれにしても事態を悪化させることにしかならないので発言を控えてきた。とはいうものの、自分のおこないを人前で公言することには嫌悪の念を覚えるが、あなたの同志の何人かが今日生きているのは、あなたの知らない私の行動によるものだ、と告白し、最後にこういいました。

わたしはつねに圧政を糾弾してきました。また、アルジェの街角などで盲目的に実行されるテロも糾弾しなければなりません。いつの日か私の母や家族を襲うかもしれないのです。わたしは正義を信じていますが、正義以前にわたしの母を守るでしょう。

（オリヴィエ・トッド『アルベール・カミュ〈ある一生〉』有田英也・稲田晴年訳、毎日新聞社）

これは、革命にせよ独立にせよ正義にせよ、大義のためには人を殺してもよいという論理を断乎《だんこ》として拒否するカミュのごく当然な発言でした。しかし、アルジェリア独立賛成派や左翼知識人は、それを帝国主義的植民地支配を温存し、民族独立を妨げる有名作家のセンチメンタルな屁理屈としか見ませんでした。

のちにカミュは、自分の話をさえぎったアラブ人青年の顔には憎悪ではなく、絶望と不幸が浮かんでいたと語りました。そして、この不幸は私のものでもある、とつけ加えています（「ストックホルムの言明」、『カミュ全集9』所収、新潮社）。ストックホルムから帰国したカミュはふたたび孤独に閉じこもるほかありませんでした。

しかし、ひとつ美しい挿話が残されています。パリであればカミュがどこに行っても多くの人にとり囲まれて心の休まる暇もないのに、母の住むアルジェリアに帰って、むかしよく行き来したリヨン通りを歩いていたとき、旧知の配管工がノーベル賞作家にこう声をかけてきました。

「やあ、アルベール、何か変わったことは？　近頃何をしてるんだい？」（前出『アルベール・カミュ〈ある一生〉』）

カミュは大喜びしたと伝えられています。ひととき冷たい孤独を抜けだし、自分を育ててくれた懐かしい故郷の幸福な光を浴びる思いだったのではないでしょうか。

奥本大三郎

フランス文学者

永井荷風——独身者の悦びと不安

おくもと　だいさぶろう　フランス文学者。NPO日本アンリ・ファーブル会理事長。一九四四年、大阪府生まれ。東京大学文学部仏文学科卒業。同大学大学院修士課程修了。『虫の宇宙誌』（集英社文庫）で読売文学賞、『楽しき熱帯』（講談社学術文庫）でサントリー学芸賞を受賞。訳書『完訳　ファーブル昆虫記』（全一〇巻二〇冊、集英社）完訳により菊池寛賞を受賞。著書は他に『ランボーはなぜ詩を棄てたのか』（インターナショナル新書）など多数。

やりたくないことはやらない。昼まで寝床で本を読んで過ごし、女と親しみ、注文原稿は書かない。それでも生きていける才能と財力。
そんな独り身を満喫する荷風にも、時折襲ってくる不安があった。『断腸亭日乗』に綴られた独身者の孤独を読み解く。

誰でも年の初めには、改まって、念入りに日記をつけるものだが、永井荷風（一八七九〜一九五九年）の場合もおなじである。毎年元旦の記述が面白い。大正八（一九一九）年正月、彼はこんなことを書いている。

　曇りて寒き日なり。九時頃目覚めて床の内にて一碗のショコラを啜《すす》り、一片のクロワサン（三日月形のパン）を食し、昨夜読残《よみのこし》の疑雨集をよむ。余帰朝後十余年、毎朝焼麺麭《やきぱん》と珈琲《コーヒー》とを朝飯の代りにせしが、去歳家を売り旅亭に在りし時、珈琲なきを以て、銀座の三浦屋より仏蘭西製のショコラムニエーを取りよせ、蓐中《じょくちゅう》にてこれを啜りしに、其味何となく仏蘭西に在りし時のことを思出さしめたり。仏蘭西人は起出でざる中《うち》、寝床にてショコラとクロワッサンとを食す。（余クロワッサンは尾張町ヴイヱナカッフェーといふ米人の店にて購《あがな》ふ。）読書午《ひる》に至る。

朝起き抜けにベッドの中で、カフェ・オレあるいはココアとクロワッサンの朝食を取る。しかもそれを妻に運ばせる（逆の場合は亭主に運ばせる）というのがフランス人の幸福の構図で、これを、「ベッドで朝食」カフェ・オレ・オリ（café au lait au lit）というのだそうである。ショコラムニヱーとは、粉末にしてあって、お湯を注ぐだけで飲めるココアであろう。

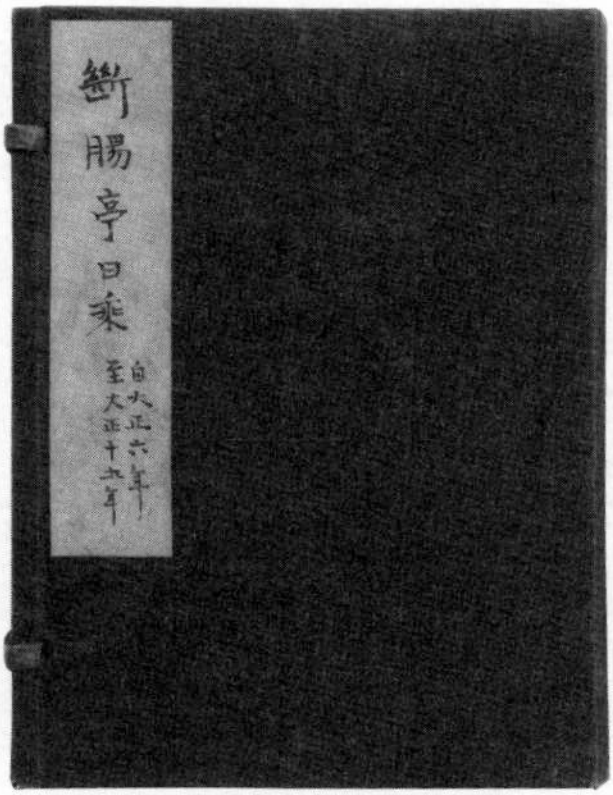

永井荷風の『断腸亭日乗』原本。1917（大正6）年9月16日から、1959（昭和34）年4月29日までの日々が記録されている。

寝床で飯を食うなどというのは、明治生まれの日本人の感覚から言うと、およそ自堕落の極みみたいなもので、うるさい親がいればとても許されないところ。

しかし、一高を受けろ帝大に行けと言

い、長男を官吏として出世させたい、恐《こわ》い父はもう亡くなっている。最大のパトロンの制約はとれたのである。誰はばかることなく、こんなことのできるのが荷風にはたまらなくいい。

親どころか、やいやい言うような、良家出身の妻もいない。父の意向で、材木商の娘と結婚したことはしたのだけれど、外に女を作って、妻はほとんど相手にせず、父の死後、待ってましたとばかりに離婚した。手間と金のかかる子供もいない。だから独身生活は素敵なのである。ちなみに、子供については昭和六（一九三一）年四月一二日にこう書いている。

母上のはなしに此頃子供の教育費尋常中学通学のころ早くも月々五十円にては足らず、野球活動写真などの観覧料を加ふればまづ七八十円ほどを要すべしと、これを聞くにつけても余は妻子なきことを身の一徳と思はざるを得ず。

「身の一徳」とはよく言った。女にかかる金は、別会計のようである。

日記に綴られた不安

ところで、荷風の最大の贅沢、つまり昼頃まで寝床で本を読んで過ごすためには、自由な時間がなければならない。そしてそのためには資産が要る。荷風にはそれもあった。

この資産は、父親の永井久一郎《きゅういちろう》が高級官僚で、日本郵船の上海支店長に天下りして得たものらしい。その、小石川にある、江戸の名残か、野生の狐《きつね》のすんでいた、千坪の敷地のある屋敷と株券を荷風は一人で相続した。配当があるから働かなくてもいいのである。だから会社や役所に勤務することもなく、昼まで寝ていられる。

おまけに階級によって経済的な格差の大きい社会で、身も蓋もないことを言ってしまえば、人件費が安く、貧しい家から売られてきた女がいくらでもいた。商売女を相手にしている限り、女に不自由はしなくていい仕組みである。

ところが、元旦の『断腸亭日乗』は、こんなふうに終る。

余この夜故なきに憂愁禁じがたし。王次回が排愁剰有聴歌処。到得聴歌又涙零。の一詩を低唱して、三更家に帰る。風雨一過、星斗森然《せいとしんぜん》たり。

独身者としての理想が叶い、なに不自由のない身ではあっても、一人きりで、ふと、不安に襲われるというか、弱気になることはある。それをこんなふうに格調の高い、漢文脈の、リズムのある、キザな文章で表現できるところが、荷風の魅力なのであろう。王次回の詩、排愁剰有聴歌処云々は、日本語の読み下しではなく、中国音であろうか。彼は父に従って上海で一時暮らし、帰国後、高等商業学校付属外国語学校清語科に籍を置いたことがある。

さて、正月一六日になると、『断腸亭日乗』にはこんなことを書いている。

桜木の老婆を招ぎ、妓八重福を落籍し、養女の名義になしたき由《よし》相談す。余既に余命いくばくもなきを知り、死後の事につきて心を労すること尠《すくな》からず。家はもとより冨めるにはあらねど、亦全く無一物といふにもあらざる故、去歳辯護士何某を訪ひ、遺産処分の事について問ふ処ありしに、戸主死亡後、相続人なき時は親族の中血縁戸主に最《もっと》近きもの家督をつぐ事となる。若し強ひて之を避けむと欲するなれば、生前に養子か養女を定め置くより外に道なしとの事なり。

独身者というものは、当然、自分一人が頼りである。いわば野生動物みたいなもので、獅子も老いればハイエナの餌食となる。自分も病に倒れたら世話をしてくれる者もいないであろう。

八重福はなじみの芸者で、この頃荷風が憎からず思っている妓《こ》である。荷風にもたれてうとうと眠るような関係。彼の家にも泊まりにくる。まだ二〇歳。

八重福を養女ということにして病を看取らせるか、と考えてみる。これに世話をしてもらい、やがては遺産を相続させようか。

この時荷風は四一歳で「余命いくばくもなき」は大袈裟である。もちろん、三〇代で人が死んでも可笑しくない時代の四一歳ではあるが。しかしこう書くことには裏がある。

荷風自身は蒲柳《ほりゅう》の質《しつ》と思い込んでいる。特に胃腸が弱い。正月から毎日のように灸師《きゅうし》に来てもらっているのを見てもそれがわかる。しかし、外見から言うと、荷風という人は、身長は六尺（一八二センチ）に近く、骨組みもがっしりしている。明治生まれの六尺であるから、抜群の大男である。もし野球部に入ったら、運動神経は知らないが、まずピッチャー候補というところ。

実際に、その後七九歳まで生きて、毎夜、ほんとうに毎夜、電車を乗り継ぎ、歩いて、銀座、浅草、玉の井に通い、せっせと世態、風俗、女の観察を続けている。その様はまるで勤め先にでも通うようである。実にエネルギッシュ、というか、健脚なのだ。

夕食をすませてから毎夜出かけるなぞ、家人がいればとても許されないし、日記がこんなに続いたのは、妻に盗み読みされる心配もないからである。これも独身者のメリットといえようか。

ほんとうに老いの迫った晩年、体の心配をするなら、晩年の写真に見る通り前歯を抜けたままにしておかないで、入れ歯でも入れたほうがよいはず。お金はあるのだから。

見かけだけの話ではない。市川の家の近所の「大黒屋」のカツ丼を毎日、よく噛まないで呑み込む方が胃には悪い。酒はほんの少し嗜《たしな》む程度だったようだが、タバコをやめ、濃い珈琲を飲む習慣を廃したほうが……などと余計なことを言う人間が身近にいないから独り者の生活はいいのである。

養女の件で、荷風の真意は別にあるのだ。「心を労す」というのは、つまり、仲違いをしている弟の威三郎らに財産をやってたまるか、という意地から出たことであろう。父の莫大な遺産を一人で受け継ぎ、家屋敷も半分は売り払って金は銀行に預けてある。これをあの憎い弟めにやってなるものか。

「断腸亭」という言葉に込められたもの

ところで、先の八重福という娘の身元を調べてみた結果は、この娘なかなか、したたかな食わせ者で、養女にするなんてとんでもない、「芸者として世話するもいかがかと思はるる程の女なりといふ」ことがわかってしまう。それでこの養女の件は沙汰止みとなる。もともとそんなに急ぐ話ではない。「余命いくばくもなき……」は読者へのいいわけなのである。

金はある。生活の心配がなくて、やりたくないことはいっさいやらないで文学に専心する。それも注文原稿なんか書かなくてすむ。

そのあたりが、彼の尊敬する鷗外との違いで、鷗外の人生は、家を盛り立てるために我慢の連続であったし、昼まで寝床で本を読むどころか、睡眠時間を削っている。

荷風の楽しみは、文章を書くこと、女との交渉、町の散歩。世態風俗の観察。それにしても、日記に見られる、時局などについての、荷風の巨《おお》きな視点はどのようにして養われたものであろうか。欧米に暮らした五年の経験によるものであろうか。彼の独身生活の思想には、モーパッサンやボードレールの影もあるだろう。まさに元祖おフランスである。

『断腸亭日乗』は、無論私人の記録ではあるが、同時に時代の記録でもあって、荷風には、年代記（クロニクル）作者としての自覚がある。

そしてその孤独は、書物、芝居、音曲によって江戸人のそれともつながっている。『葛飾土産』には、市川の家の近所に、大田南畝《なんぽ》の碑を見つけたときの喜びが書かれている。

荷風が生きたのは日本の最も嫌な時代でもある。「断腸亭」という題名には己を悲劇の主人公に擬して悲壮がる快感が現れているのだが、もう少し生年がずれていたら兵隊に取られて孤独を楽しむどころではなかった。それを思えば、これほど思うがままの幸福な生活はない、とも言えるのである。昭和二一（一九四六）年正月一日の日記には、六十前後に死せざりしは此上もなき不幸なりき、老朽餓死の行末思へば身の毛もよだつばかりなり。

などと書いているが、金銭の問題は、戦後の荷風ブームの印税によって救われることになる。

かつての新帰朝のダンディーが、汚いなりをした、歯抜けの爺さんとなる。もともとおしゃれであるから、それをやめたら、今度は極端な変身をとげるのである。中途半端な身なりはしない。よれよれの服に下駄履きで、買い物籠からはネギがはみ出している。畳の部屋に下駄履きで上がり、居間に七輪を置いて煮炊きをするという、まさに傍若無人の生活。ただし、家にはそれをとがめる者は誰もいないのである。こうして最後に血を吐いて死ぬまで、荷風はまさに好き勝手に生きることができた。

南條竹則

作家・翻訳家

孤独の詩を読む——ポオとラヴクラフト

なんじょう たけのり　作家、翻訳家。学習院大学、東京外国語大学講師。一九五八年、東京都生まれ。東京大学文学部西洋古典学科卒業、同大学院英語英文学修士課程修了。『酒仙』（新潮社）で第五回日本ファンタジーノベル大賞優秀賞受賞。他の著書に『英語とは何か』（インターナショナル新書）、訳書に『奇商クラブ』（創元推理文庫）、『英国怪談珠玉集』（国書刊行会）などがある。

孤高の鬼才エドガー・アラン・ポオと、ポオを深く敬愛した怪奇小説家ハワード・フィリップス・ラヴクラフト。活躍の時代を異にした二人の作家は、孤独の詩を以て世代を超え、文学的共鳴を以て美しく溶け合う。作家・翻訳家として活動する南條竹則が、珠玉の孤独詩を解説する。

英語に「詩人の詩人 poet's poet」という表現がある。

批評家や一般読者には必ずしも喜ばれないかもしれないが、同じ道を行く詩人たちには愛される詩人というほどの意味だ。エドガー・アラン・ポオ（一八〇九～四九年）もその一人と言えよう。

卑俗だとか音韻的技巧があざといなどと言って、彼の詩を貶《けな》した有名な人は小説家のオールダス・ハックスレーだ。一方、二〇世紀初頭の英詩壇でもっとも重きを置かれた詩人の一人A・E・ハウスマンは、音律に関して無類のやかまし屋だったけれども、ポオを高く買った。

そもそも、母国アメリカが認めないポオの真価にいち早く気づいたのは、フランス人ボ

エドガー・アラン・ポオ

ードレールであり、マラルメであり、イギリスではD・G・ロセッティーなどラファエロ前派周辺の詩人だった。ボードレール全集を手に取った人は、その少なからぬ部分が仏訳『エドガー・アラン・ポオ作品集』であることに気づくだろう。一方、ロセッティーの代表作というべき長詩「召された乙女」は、ポオの「大鴉《おおがらす》」の視点を男女逆転させた面白いオマージュである。

我が国では、学匠《がくしょう》詩人・日夏耿之介《ひなつこうのすけ》がポオを愛した。日夏はポオの詩を何篇も訳しているが、訳したというよりも、ほとんどポオと融合し、新しい言語の世界をつくり出したことは周知の通りである。

その日夏訳『ポオ詩集』に収められていない作品で、わたしの愛誦する詩がある。「独り Alone」という作品だ。今、原文と恐縮だがわたしの拙い訳を掲げてみる。

From childhood's hour I have not been
As others were —— I have not seen
As others saw —— I could not bring
My passions from a common spring ——
From the same source I have not taken
My sorrow —— I could not awaken
My heart to joy at the same tone ——
And all I lov'd —— I lov'd alone.
Then —— in my childhood —— in the dawn
Of a most stormy life —— was drawn
From ev'ry depth of good and ill
The mystery which binds me still ——
From the torrent, or the fountain ——

From the red cliff of the mountain —
From the sun that round me roll'd
In its autumn tint of gold —
From the lightning in the sky
As it pass'd me flying by —
From the thunder, and the storm —
And the cloud that took the form
(When the rest of Heaven was blue)
Of a demon in my view.

幼い時から　ほかの子とちがった。
ほかの子のようにものを見なかった。
ひとと同じ源泉からは情熱を汲めなかった。
ひとと同じ理由から悲しくなることもなく、

同じ調子の声をかけられて
胸がときめくこともなかった。
愛したものは何もかも　わたしひとりで愛した。
やがて　幼い時　いとも波瀾《はらん》に満ちた
人生の夜明けに、
あらゆる善と悪の深みから
わたしを今も虜《とりこ》にしている神秘《なぞ》が引き寄せられた。
奔《ほとばし》る流れから、噴きあげる水から、
山の赤い断崖から、
秋の黄金色《きんいろ》をおびて
わたしのまわりをめぐる太陽から、
わたしのそばを飛びすぎてゆく
空の稲妻から、
雷から、嵐から、

そして雲から――
（天のその他《ほか》がみな青い時）
わたしの見ている前で魔神の姿になった雲から。

この詩はポオの生前には活字にされなかった。最初公表されたのは一八七五年のことで、作者の死後、約四半世紀も経っている。

ボルチモアのルーシー・ホウムズという婦人が所蔵していたサイン帳に書いてあったものが、「スクリブナーズ・マンスリー」誌九月号に掲載されたのである。同誌には自筆原文の写真も載った。そこには、本文とは異なる筆者の手で、「独り Alone」という題名と一八二九年三月一七日という日付が書き添えられていた。この題名と日付を書き加えたのは、「スクリブナーズ」誌編集者の E. L. Didier だという。そのことも一つの理由となって、真贋を疑う声も出てきたが、今日では大方《おおかた》の研究者がポオの真作と見なしている。

筆者は初めてこの詩を読んだ時、あまりにもポオらしいので、納得するというよりも、何か不思議な感じがした。なぜといって、英語文学史上に孤高の鬼才という形容がこれほどふさわしい詩人は他にあるまい。その詩人が、わたしは幼い時から他人《ひと》とちがっておりましたと語るのは、自然といえば自然すぎるではないか。

衆に理解されない才能の持ち主は、当然その面でも孤独でなければならないが、ポオの詩作品には別種の寂しさが満ちている。「大鴉」や「ユラリューム」や「アナベル・リー」のことを言っているのではない。これらの詩の語り手は、一度は愛する人に孤独を癒され、然る後にその人を失ったのであるから、そこに歌われる情調は、孤独というよりも喪失のそれである。

わたしがせつない寂しさを感ずるのは、例えば、有名な「ヘレンに寄す　to Helen」だ。孤児だった一四歳の少年ポオが、優しくしてくれた女性の死を悲しんでこれを書いたというのは伝説であるとしても、一人の女性のうちに顕現した母性と美への讃仰《さんぎょう》をこれほど格調高く歌ったものはめったにあるまい。その冒頭はこうだ。

うるはしきヘレンのきみは、
似たるかな、いにしへのニケの小舟に。

静けくも、うましかをりの波路を、はるか、
つかれやつれしたびの人のせて、
ふるさとのはま邊《べ》にむかふ。（厨川白村《くりやがわはくそん》訳）

「つかれやつれしたびの人」と厨川白村が訳したのはポオの名文句の一つで、原語は「The weary, way-worn wanderer」である。別の訳し方をしてみれば、語り手は「疲れ果てて、道に倦《う》んだ彷徨《さまよ》い人《びと》」なのだ。読者は迷子の子どもが母親の懐に抱かれたようなうれしさとともに、その子の寂しさ、心細さも痛切に感ずるのである。

それから、「ユーラリー、一つの歌　Eulalie — A Song」という詩がある。美しい花嫁を讃える喜びの歌だ。けれども、その喜びと表裏をなすのは、彼女と出会うまでの苦しみである。優しいユーラリーが花羞《はず》かしい花嫁となるまで、

私はひとり
呻吟《しんぎん》の世界に住んでいた。

私の霊は澱《よど》んだ潮であった（阿部保《たもつ》訳）

のだから。

このユーラリーはうら若い娘だけれども、男というものはうら若い恋人、いや、幼い恋人のうちにも母性を求めることがある。この詩の最後の聯《れん》には、そういう要素が含まれている。今、最後の五行の原文と福永武彦訳を並べてみると、次の通りだ。

And all day long
Shines, bright and strong,
Astarte within the sky,
While ever to her dear Eulalie upturns her matron eye ——
While ever to her young Eulalie upturns her violet eye.

そして昼はひねもす

光り輝く、明るく強く、
大空にあってアスタルテは、
その方に愛するユーラリーが新妻の瞳を投げかける時はいつも――
その方にうら若いユーラリーがすみれ色の瞳を投げかける時はいつも――

「その方に」とあるのは、前の行に出てくるアスタルテ（金星）の方にということで、娘は空を仰ぐから瞳を上に向ける（upturn）のである。この福永訳の解釈は妥当かと思われるが、この読みでは、「to her」の「her」を「アスタルテ」と解し、「dear」と「young」を次のユーラリーに続く形容詞と解している。

ところが、最後の二行だけを切り離し、前からの文脈も韻律（アクセントの置かれる位置）も無視するならば、次のように解釈することもできなくはない。

ユーラリーが彼女の愛しい者を仰ぎ見て、人妻の瞳を向ける限り――
ユーラリーが彼女の子を仰ぎ見て、すみれ色の瞳を向ける限り――

「to her dear」と「to her young」を一つのまとまりと見て、「dear」「young」をいずれも名詞と受けとると、こんな解釈になる。すなわち、ユーラリーは空を仰いでいるのではなく、彼女よりも背の高い「私」を下から、しかも「matron（この文脈では人妻だろうが、この言葉は、人妻でも特に母親たる人のニュアンスを持つ）」の目で見ているのだ。それなら、「私」はやはり大きな子供だ。

ところで、話を「独り」に戻すと、この詩の後半、次の部分に御注目いただきたい。「秋の黄金色《きんいろ》をおびて／わたしのまわりをめぐる太陽から、」と言う「わたし」は一体どこにいるのだろう？　もしも地上にいるなら、太陽は「わたし」の頭上をめぐるはずだ。「わたしのまわりを」めぐるというなら、「わたし」はどこか宇宙空間におり、そのまわりを太陽が惑星のようにまわっている構図になる。あるいは、わたしは遊星であって太陽のまわりをまわりながら、主観的にはその逆だと思っているのかもしれない。

次の二行、「わたしのそばを飛びすぎてゆく／空の稲妻から、」はもっとイメージがハッキリしている。稲妻が「そばを飛びすぎて」ゆくなら、「わたし」は空にいるのである。さもなければ、稲妻は頭上に閃《ひらめ》くか、「わたし」のそばの地面を撃つだろう。

このような「わたし」は到底ちっぽけな人間族の一員とは思われず、天体と同格の存在でなければならない。そう考えると、一つ連想されるものがある。それはミルトンが書いたラテン語の詩だ。

世界から他人を一掃する「わたし」

古典語の素養が深かった一七世紀の知識人はたいていそうだが、『失楽園』の作者ジョン・ミルトンもラテン語の詩を書いていて、その秀作を一八世紀から一九世紀にかけて人気のあった詩人ウィリアム・クーパーが英訳している。クーパーの訳は一八〇八年に本になり、当時よく読まれたと思われるが、問題の詩もその中に入っていて、英訳の題は「アリストテレスが理解したところの、プラトンのイデアについて On the Platonic Idea; as it was understood by Aristotle」という。

ここにいうイデアとは人間のイデアである。詩の語り手は学芸の女神ムーサたちと記憶の女神ムネモシュネー、そして「永遠」に向かって、こう問いかける。

自然が人間の「原型」として選んだ偉大な「原人」とは誰なのか？　それは不死の存在で、一人でありながらいずこにも遍在する。ユピテルから生まれた女神アテナの双子の兄弟だが、父神の心の中に棲んでいるわけではなく、我々人間と共通の性質を持ちながら、独りポツンと離れて、ある場所を占めているという。その場所は一体どこなのか？

彼は星々の仲間として、
永遠の時を、心のままにさまよって過ごすのか――
天球から天球へ、十重《とえ》の天を？　あるいは
地球に近い方の月面に住むのか？（筆者訳）

それとも彼は冥府のレーテー河のほとりにいるのだろうか？　それとも、アトラスより背の高い巨人として、どこか地球の果てを闊歩《かっぽ》し、星々を肩に載せているのだろうか？

こんな途方もない存在は、古《いにしえ》の賢者も幻視者も見たことがない。プラトン先生は『国家』に描いた理想の共和国から詩人を追放したが、こういうことを学校で教えるようでは、御自身も大法螺《おおぼら》吹きとして追放されるべきではないか——と詩人は大哲人をからかって作品を結んでいる。随筆家チャールズ・ラムはこの詩を読んで、月面云々の文句から、人間のイデア＝原人を「月の男」と同一視した。英米人が兎《うさぎ》のかわりに夜空の月に見る、あの男である。

果たして、ポオはミルトンのこの詩を意識していただろうか？　ふとそんなことを思ったのだが、調べてもたぶん結論は出まい。それに大して意味のないことかもしれない。人間族と共感できない「わたし」は世界から他人を一掃する。森羅万象にただ一人で立ち向かうことになる。いきおい自分がどんどん肥大してゆき、「原人」と同じ寸法になる。これは孤独というものがもたらす必然の結果だろうから。

ここで思い合わされるのは、ハワード・フィリップス・ラヴクラフトのことだ。ラヴクラフトはアメリカが生んだ二〇世紀最大の怪奇小説家といわれて、しばしばポオと比較されるが、彼もまた詩人であること、フランスで理解者を得たことも共通している。彼はもちろんポオを深く敬愛した。「虚空に独り　Alone in Space」という詩を書いた時、必ずやポオの「独り」を意識していたに違いない。

虚空に獨り　私は視た
幽《かす》かなる銀の光を
滅ぶべき人類が
無限の宇宙と呼ぶ
狭い区域を充たす光の斑點《はんてん》を
月の無い夜
銀河が、瞭たる光の帯《おび》が
地上の弱々しい眼にあまたの天體を見せるごとく
その斑點の兩側では
人智を超えた無數の星系が
矮小《ちいさ》な星のやうに輝いていた

驚異《おどろき》とともに私は視た
輝ける寶石《いし》に満ち満ちた赤耀のカーテンを
それぞれの寶石《いし》
そのひとつびとつが太陽なのだ
大いなる宇宙なのだ――
されど星よ、宇宙《そら》よ
孤獨なる私の眼には
そなたとて
無限のなかの一原子に過ぎないのだ（並木二郎・倉阪鬼一郎共訳）

ラヴクラフトのこの詩でも「私」は宇宙空間にいるが、太陽系はおろか銀河系すらもとび出してしまったようだ。一九世紀以来の天文学の発達は、独りぼっちの幻視者をかくも地球から遠ざけ、彼を虜にする神秘も遠い宇宙の外部から来るのだった。

ハワード・フィリップス・ラヴクラフト

鈴木雅生
フランス文学者

サン＝テグジュペリ――人生と思索を鍛え上げたもの

すずき まさお　フランス文学者。一九七一年生まれ。学習院大学文学部教授。共著書に『フランス文化事典』『フランス文化読本』（共に丸善出版）。訳書に『戦う操縦士』（サン＝テグジュペリ、光文社古典新訳文庫）、『地上の見知らぬ少年』（ル・クレジオ、河出書房新社）など。

作家アントワーヌ・ド・サン＝テグジュペリはパイロットでもあった。飛行機に乗り込めば大空には自分ただひとりという〝飛行機乗りの孤独〟から、彼はいったい何を見出したのだろうか。

サン＝テグジュペリといえば『星の王子さま』[*1]。このイメージが広く定着しているが、著作を見渡してみると、愛らしい挿絵の入ったこの「童話」は例外的な作品であることに気づく。『夜間飛行』『人間の大地』『戦う操縦士』といったそれ以前に書かれた作品はすべて、極限状況における人間の崇高なヒロイズムを飛行士としての実体験に即して描く剛《ごう》毅《き》で骨太な「行動主義文学」であるからだ。しかし『星の王子さま』は、幾多の危険に身をさらしてきた「行動の作家」が一時的な息抜きとして手がけた童心賛歌のメルヘン、などではない。むしろ、飛行士としての行動を通して深められてきたそれまでの思索が、フィクションという形式のなかで、そのエッセンスを凝縮させた作品である。

飛行機乗りの孤独

「心を開いて話をする相手もなく、ずっと独りぼっちで生きてきた」と『星の王子さま』の語り手は語る。疎外されつねに孤独を抱えた人生、それはまさにサン＝テグジュペリ自身の人生でもあった。幼い頃に父親と死に別れ、一七歳のときには弟の死を看取る。学校生活には馴染めず、成績はつねに最低を争う劣等生。パリに出て、エリートコースの登竜門である海軍兵学校の受験を試みるが、三年かけても合格せず、ついに年齢制限によって諦めざるをえなくなる。その後、事務職や営業職につくものの長つづきせず一年あまりで退職。社会に適応できず孤立していた彼がようやく見出した道が飛行士だった。

過酷な郵便飛行の飛行士というこの職業が、サン＝テグジュペリの孤独を鍛え上げることになる。脆弱《ぜいじゃく》で不安定な機体、単純そのものの計器とともに広大無辺の大空にぽつんと放り出されたまま、地上の目標だけを頼りに、定められた針路をたどる飛行士。雨や霧や嵐、あるいはちょっとした気流の乱れまでもが致命的な危険に直結する極限状況のなか、頼ることができるのは自らの力だけ。そのぎりぎりまで張り詰め覚醒した意識のなかで存在の充溢《じゅういつ》に浸る飛行士は、はるか彼方の大地を見下ろしながら、「宇宙的尺度で人間をとらえ、実験器具を覗きこむように飛行機の窓から人間を観察[*2]」する。そうして生み出されたのが、南米夜間定期便開発に挑む男たちの孤高の姿と美しい自然を描く『夜間飛行』であり、行動の讃歌と自然と人間に関する瞑想《めいそう》が見事に融合した『人間の大地』である。

極限の孤独が与えたもの

これらの作品で作家としての地歩を確固たるものにしたサン＝テグジュペリは、やがて第二次世界大戦が勃発すると、三九歳という年齢でありながら自ら前線部隊への配属を希望し、偵察飛行隊のパイロットとして戦争に参加する。ドイツ軍の電撃的侵攻の前に敗走を重ね、機能不全に陥ったフランス軍。敗色濃厚な状況下、彼は敵占領地を横断してフランス北部のアラス上空を偵察する任務――のちに『戦う操縦士』で描かれる――を命じられる。無益な任務。敵の熾烈な対空砲火の前に無駄な犠牲になるだけの出撃であり、運良く成功して情報を持ち帰ったところで、フランス軍に反撃する部隊はもはやないのだから。

かつて郵便輸送の路線飛行士であった頃には存在の充溢と分かちがたく結びついていた「空を飛ぶ」という行動の意味は、いまでは見失われている。自分はなぜ飛ぶのか、なぜ

コックピットに座るサン＝テグジュペリ。1944年5月、死の3カ月前に撮られたもの

死なければならないのか。おのれの存在の意味を見失ったまま、高射砲の火線にさらされ、死に直面するサン＝テグジュペリ。他者の入り込む余地のない絶対的な孤独と向き合うそのとき、幼年時代が自らの起源の場としてはじめて大きく立ち現れてくる。

幼年時代、誰もがそこからやってきたこの広大な領土。私はどこからきたのか？私自身の幼年時代からだ。私は故郷のようなその幼年時代からきたのだ。[*3]

こうして存在の起源を見出した彼は、アラス上空で猛烈な集中砲火を浴び、炸裂する砲弾の試練に身をさらすなかで、ひとつの啓示を得る。人間は「さまざまな関係の結び目」であり、重要なのは肉体などではなく「自分が結ばれているもの」だけだ。そして、なにかと結ばれるためには、行動を通じて参加し、おのれを与え、おのれを犠牲にしなければならない、と。サン＝テグジュペリは、死という極限の孤独を通して新たな認識に至るのだ。

フランスがドイツ軍の前になすすべもなく敗北し、動員解除となったサン＝テグジュペリは、占領下の祖国を離れニューヨークへ渡る。中立を保つアメリカの世論に訴え、ナチズムに対する戦いへの参戦を促そうと考えたのだ。だが彼はアメリカ人の無関心の壁を前に、自分の無力さを痛切に感じるばかりだった。同胞の亡命フランス人たちは、親独的なヴィシー傀儡《かいらい》政権を支持する陣営と、対独抗戦を呼びかけるド・ゴール将軍を支持する陣営に分裂し、激しく中傷し合っている。敗北と屈辱のこの時期に何よりも重要なのは国民的団結だと考え、どちらにも与《くみ》しなかった彼は、双方からの糾弾を受けていた。一言も英語を話せず、学ぼうともしないためアメリカという国に溶け込むこともできない。孤立は深まるばかりだった。

しかし亡命時代のこの孤独のなかで、サン゠テグジュペリは自らの思索を深めていく。こうして書かれたのが、危険な偵察任務が自分にもたらした変化に真正面から向き合った『戦う操縦士』、そしてその一年後に刊行された『星の王子さま』である。彼が残した唯一の「童話」であるこの作品では、飛行士時代の思い出から掬《すく》い上げられたイメージの数々と、孤独によって深められた思索とがひとつに溶け合い、純粋な結晶となって析出している。

『星の王子さま』は、砂漠の真ん中に不時着した飛行士の前にちいさな王子が現れるところからはじまる。「飛ぶ」という存在理由を奪われたまま死の危機に直面する飛行士、その前に不意に出現する永遠の子供を体現した王子。ここには、前作『戦う操縦士』で描かれた、死を間近にしてもう一人の自己《アルター・エゴ》と出会う経験が、そのまま反映している。飛行士の前に現れた王子は、自分のこれまでの歩みを語る。バラとの別れ、星めぐりで訪れた小惑星の住人たち、地球でのさまざまな出会い、そして自分を大きく変えたキツネからの秘密伝授。人間にとって重要なのは「絆をつくる」ことであり、おのれを捧げ長い時間をかけて築き上げたその絆こそが、目には見えないけれど「本当に大切なもの」なのだ、というこの「秘密」と、『戦う操縦士』で描かれる「啓示」が同一のものであることは明白だろう。

孤独に磨かれた物語『星の王子さま』

王子に変貌をもたらしたのは孤独である。バラとともにいるときの王子には、絆は見えていない。バラから離れてはじめて、そして出会う人々（王さま、うぬぼれ屋、のんべえ、ビジネスマン……）が体現するさまざまな孤独と向き合ってはじめて、バラとの絆を見出すことができるのだ。その意味で『星の王子さま』は、孤独の経験を通じて新たな発見を行い、より上位の自分へと変貌する、というイニシエーションの物語である。

だがそれだけにとどまらない。「人の住んでいるところから千マイルも離れた」砂漠に一人でいる語り手の飛行士もまた、王子の言葉に耳を傾けながら、いままで見えていなかったものに目を開くようになっていく。王子にとってのイニシエーションの物語であるこの作品は、同時に飛行士のイニシエーションの物語でもあるのだ。物語の最後において、バラと別れた王子は肉体を脱ぎ捨ててバラのもとへ帰り、飛べなかった飛行士はふたたび飛べるようになる。『星の王子さま』で描かれるのは、自分の存在の意味を見失っていた者が、孤独を通してそれを見出し、新たな認識を携えて元いた世界へと戻っていくまでの物語にほかならない。

一九四三年四月にこの作品が刊行された直後、作家は書き終えたばかりのこの物語を自ら生きるかのように、かつて自分が身を置いていた世界に新たな決意とともに戻っていく。亡命地での思索を通して改めて絆を見出した祖国を、そして祖国フランスを包含する文明を、さらにはその文明の共通の尺度である《人間》を救うために、自らの肉体を捧げてもう一度「戦う操縦士」として飛ぶことを選ぶのだ。

「戦争で殺されても私にはどうでもいいことです。ただ、私が愛したもののうちで、なにが残ることになるでしょう?」(「X将軍への手紙」)と、危険な出撃を繰り返すサン＝テグジュペリ。だが彼は《人間》の敵と見なしていたナチス・ドイツの崩壊を見ることなく、一九四四年七月三一日、コルシカ島ボルゴ基地より飛び立ったまま消息を絶つ。『星の王子さま』という、孤独のなかで自らの思索を鍛え上げてきた作家が最後に到達した比類ない「孤独のレッスン」を遺作として残して。

＊1 原題 Le Petit Prince を訳すと「ちいさな王子」だが、本稿では日本で広く流布している『星の王子さま』を用いる。
＊2 『人間の大地』(渋谷豊訳、光文社古典新訳文庫)、p.86.
＊3 『戦う操縦士』(拙訳、光文社古典新訳文庫)、p.125.

哲学者

岸見一郎

三木清と孤独

きしみ　いちろう　哲学者。一九五六年、京都府生まれ。京都大学大学院文学研究科博士課程満期退学（西洋哲学史専攻）。著書に『嫌われる勇気』『幸せになる勇気』（共に古賀史健と共著、ダイヤモンド社）、『孤独は知性である　三木清　人生論ノート』（NHK出版）、『孤独の哲学』（中央公論新社）、訳書にアドラー『人生の意味の心理学』（アルテ）、プラトン『ティマイオス／クリティアス』（白澤社）などがある。

西田幾多郎《きたろう》に師事し、理想主義者・ヒューマニストの立場から著作活動を続けた哲学者の三木清。一九四五年三月に治安維持法違反の嫌疑で逮捕され、獄中で終戦を迎えた三木は、その年の九月二六日に独房の寝台から転がり落ちて死亡しているのを発見された。生前、孤独や死、怒りについて考え続けた三木のいう「孤独のより高い倫理的意義」とは何か。哲学者の岸見一郎が三木の心中に迫る。

三木清（一八九七～一九四五）は第一高等学校に入学するために、兵庫から単身上京した。

「中学を出ると、私はひとりぼっちで東京のまんなかに放り出された」

知り合いもなく交際も不得手だった。

「後には次第に学校の友も出来たが、私の心は殆《ほとん》どつねに孤独であった」

三木はいつまでも「孤独な田舎者」だった。

こうした孤独は「多分に青春の感傷があったであろう」と三木はいう（以上、引用は「読書遍歴」『読書と人生』講談社文芸文庫、以下同）。

しかし、京都帝国大学時代に書いた「個性について」（『人生論ノート』角川ソフィア文庫、以下同）には、「私はむしろ孤独を求める」「永遠なものの観想のうちに自己を失うとき、私は美しい絶対の孤独に入ることができる」と書いている。

大学卒業後、留学してパリに滞在していた頃は、あえて日本人との交流を避け、パスカル研究に打ち込んだ。

『人生論ノート』に収められた「孤独について」は、そのパスカルの著書『パンセ』にある「この無限の空間の永遠の沈黙は私を戦慄《せんりつ》させる」という一文で始まる。

『パンセ』は三木の「枕頭《ちんとう》の書」となり「夜更けて静かにこの書を読んでいると、いいしれぬ孤独と寂寥《せきりょう》の中にあって、ひとりでに涙が流れてくることも屡々《しばしば》あった」（「読書遍歴」）という。

私はどんな心境の変化があったのか三木の心中を推察しないわけにはいかない。とりわけ、三木が治安維持法違反の嫌疑で逮捕され、日本の敗戦後も釈放されずに、誰にも看取られることなく獄死した時、はたして孤独ではなかったのか考えないわけにはいかない。

本稿で私は「孤独について」を読み解きつつ、三木のいう「孤独のより高い倫理的意義」について考えてみたい。

孤独は街にある

「孤独が恐ろしいのは、孤独そのもののためでなく、むしろ孤独の条件によってである。恰《あたか》も、死が恐ろしいのは、死そのもののためではなく、むしろ死の条件によってであるのと同じである」

「孤独というのは独居のことではない。独居は孤独の一つの条件に過ぎず、しかもその外的な条件である。むしろひとは孤独を逃れるために独居しさえするのである。隠遁者というものはしばしばかような人である」

一人でいる時に孤独を感じるという人は多いだろう。しかし、三木はむしろ大勢の人間の「間」にこそ孤独はあるという。

「孤独は山になく、街にある。一人の人間にあるのでなく、大勢の人間の『間』にあるのである」

人間の間にある孤独を逃れるために独居する人もいる。

孤独は大勢の人間の「間」にあると述べた後、三木は、「孤独は『間』にあるものとして空間のごときものである」といっている。

「古代哲学は実体性のないところに実在性を考えることができなかった」

古代哲学では、孤独が「人間の『間』」にあるという時の「間」は空間のようなものなので実体性がなく、したがって実在しないことになる。

そこでは、死も孤独も、闇が光の欠乏と考えられたように、欠乏（ステレーシス）を意味するに過ぎなかった。

三木によれば、近代人は条件によって思考し、死の恐怖や孤独の恐怖の虚妄性を明らかにしたのではなく、むしろその実在性を示した。孤独についていえば、それは古代哲学では実在しないはずの人間の「間」にあって、たしかに孤独は実在するのである。

三木自身も条件によって思考する。

「実体性のないものは実在性のないものといえるか、またいわねばならないのであるか」

と微妙な表現ながら、実体性がないこと、即ち、実在性がないとは見ない。

「孤独は山になく街にある」という時の「山」というのは一人でいる状態、「街」というのは人と人との間で生きている状態のことを指している。

もしも人がこの世界にただ一人で生きていれば、孤独を感じることもないだろう。人は一人では「人間」になれないように、孤独が「間」にあるためには、自分ではない他者の存在が前提になる。

では、なぜ「街」で、つまり、他者とのつながりの中で孤独を感じるのか。

引きこもっている人は外に出るのが怖いというが、家にいれば親が早く外で働かないといけないというようなことをいってかまってくれる。家庭という共同体の中心にいることができる。

ところが、外に出ると、自分がたくさんの人の中の一人でしかないことを知る。外では家の中にいる時とは違って格別の注目を得ることはできない。だから、一人部屋の中にいる時より、大勢の中にいる時のほうが人は孤独になるのである。

孤独は知性

さらに三木は孤独の条件をあげる。

「感情は主観的で知性は客観的であるという普通の見解には誤謬《ごびゅう》がある。むしろその逆が一層真理に近い。感情は多くの場合客観的なもの、社会化されたものであり、知性こそ主観的なもの、人格的なものである。真に主観的な感情は知性的である。孤独は感情でなく知性に属するのでなければならぬ」

感情が「客観的なもの」「社会化されたもの」であるとはどういう意味か。感情がまったくの主観的なものであり個人の内面にのみ属するのであれば、他者がそれに訴えたり、煽《あお》ったりすることはできないだろう。しかし、そうすることができるのは、感情が社会化された外面的なものだからである。

三木の言葉を使うならば「精神のオートマティズム」に陥り、自分で考えて判断するのではなく、皆がよしとしているようなのでそれに合わせる人は多い。社会やその場の空気に左右されない知性こそ「主観的なもの、人格的なもの」であり、「真に主観的な感情は知性的」であると三木はいう。

知性を感情のように煽ることはできない。個人の人格に属するものだからである。そこで、感情と思われているものの中で、本当に人格的、内面的なものがあるのなら、それは感情というより知性に属するはずである。

真に怒るための孤独

三木は「成功について」（『人生論ノート』所収）で次のようにいっている。

「部下を御してゆく手近かな道は、彼等に立身出世のイデオロギーを吹き込むことである」

これは三木の時代の言葉だが、現代にも通じる。今の時代も変わらず、出世こそ人生の大事と説き、昇進などの見返りをちらつかせると部下は言いなりになる。

自分に従わなければ冷遇すると脅された人は、上司の顔色を窺《うかが》い、上司の命じることを何でもする。たとえ不正であってもである。

三木は「利己主義について」（『人生論ノート』所収）で「我々の生活は期待の上になり立っている」といった後に、「時には人々の期待に全く反して行動する勇気をもたねばならぬ」といっている。

上司に背こうとすれば、上司はあらゆる手立てで翻意を迫るだろう。上司の期待に反して行動する勇気を持たなければならない。たとえ自分だけが周囲と考えを異にしても、社会化された感情に動かされることなく、自分の人格、知性、内面の独立を守り、孤独に耐えなければならない。

どのような共同体であれ、誰も何の疑問を抱くことなく同じ考えを共有していれば、その共同体は安定し一体感、連帯感も生じるかもしれない。子どもが親に反抗せず、親に理想的に従順であれば、親子の間に摩擦は生じることなく、親子関係は安定するように。

しかし、表面上は皆が仲のよい共同体にあるのは偽りの結びつきでしかない。

三木は『語られざる哲学』の中で、イエスの言葉を引いている。

「われ地に平和を投ぜんために来れりと思うな、平和にあらず、反って剣を投ぜんために来れり。それ我が来れるは人をその父より、娘をその母より、嫁をその姑嫜《しゅうとめ》より分かたんためなり」

これは『マタイによる福音書』から引かれたものである。「平和」ではなく「剣」を投じるため、親子、嫁姑を分かつためにこの地にやってきたとは激しい言葉だ。

子どもが何の疑問もなく、あるいは親に抗《あらが》うことができずに親に従っていれば、表面的には何の問題もないよい親子に見えるが、そのような関係は一度は壊す必要がある。それがイエスがいう、「剣を投じる」ことであり、親と子どもとの結びつきなどを「分かつ」ということの意味である。

1935年10月、鎌倉の西田幾多郎邸を訪れた三木清（右）。三木は西田（左）の『善の研究』に感銘を受け、哲学を志した

同様に共同体の中にあって、たった一人でもそれは違うのではないかという人がいれば、剣を投ぜられた共同体の一体感、連帯感はたちまち失われる。

どうすれば偽りの結びつきを断つために剣を投じることができるか。人間の尊厳を冒された時は、名誉心を守るためにも怒らなくてはならない。そして真に怒ることについて、三木は「怒りについて」(『人生論ノート』所収)で次のようにいっている。

「孤独の何であるかを知っている者のみが真に怒ることを知っている」

怒るといっても、気分的な怒りではなく「公憤」である。

「正義感がつねに外に現われるのは、公の場所を求めるためである。正義感は何よりも公憤である」(「正義感について」『三木清全集』第一五巻、岩波書店)

ところが、「すべての人間の悪は孤独であることができないところから生ずる」(「虚栄について」『人生論ノート』所収)

上司や自分の所属する共同体の不正を告発できないような場合、自己保身に走って不正を見逃せば、孤独になることはない。孤独を恐れず真に怒ることができる人は孤独にならなければならないことを知っているのである。

このような意味の孤独は、人の中にあって注目されたいのに注目されないという孤独感や、一人でいる時に感じる寂しさとは違う。多分に感傷的で時に三木の言葉を使うならば「美的な誘惑」「味《あじわ》い」がある孤独ではない。三木がいうように「孤独のより高い倫理的意義に達することが問題であるのだ」

孤立無援ではない

「アウグスティヌスは、植物は人間から見られることを求めており、見られることがそれにとって救済であるといったが、表現することは物を救うことであり、物を救うことによって自己を救うことである」

人知れず花が咲いているのを見ると、もしも私がここで足を止めこの花に気づかなかったら、誰にも知られずに散ってしまったかもしれないと思う。

ここでは植物と人間との話を三木は引いているが、物言わぬ、あるいは物の言えない人を植物に喩《たと》えているように読める。

この直前で三木は次のようにいっている。

「物が真に表現的なものとして我々に迫るのは孤独においてである。そして我々が孤独を超えることができるのはその呼び掛けに応える自己の表現活動においてのほかない」

孤独である覚悟ができた時に、今、起こっていることを決して自分とは無関係のことと は思わず、物言えぬ人に代わって声を上げなければならない。

このようなことをするのは難しいことだが、真に怒る人は孤独であっても孤立無援にはならない。必ず支援する人がいるからである。

孤独であることの大切さを真に理解している人同士であれば、連帯できる。ここに偽りのではない真の結びつきが成立する。三木は愛という言葉で表現している。

「孤独は最も深い愛に根差している。そこに孤独の実在性がある」

作家

新元良一

ソロー『森の生活』が語りかける声

にいもとりょういち　作家。一九五九年、神戸生まれ。リセ・ケネディ日本人学校校長。元京都造形芸術大学教授。著書に『One author, One book ~同時代文学の語り部たち』、対談集『翻訳文学ブックカフェ』(共に本の雑誌社)、長編小説『あの空を探して』(文藝春秋)などがある。ニューヨーク在住。

今から約一七〇年前、思想家ソローはアメリカ東海岸ボストン郊外の小さな湖のほとりで、自給自足生活を敢行する。生活の原点を自然の中におきながら彼が執筆した『森の生活』は、アメリカ人の精神のよりどころとして現在に至るまで読み継がれている。様々な問題に直面する我々は、時代・文化を超越した本書のメッセージをどう読み解くべきか。

あれから二〇年になるだろうか。アメリカ北東部マサチューセッツ州のコンコードを訪ねたことがあった。同州最大の都市ボストンから車で一時間、街の中心からさらに一〇分ほど走り、ウォールデン湖に到着した。

一八四五年、大多数の国民が独立記念日を祝う七月四日、ヘンリー・デイヴィッド・ソローは、そのウォールデン湖のほとりに自ら建てた小屋に住まいを移した。それから二年二カ月と二日にわたった日々で思索し、書き上げたのが、名著の誉れ高い『森の生活』である。

旅に出るまで、ソローに対する自分の思いを募らせていた。アメリカの思想の領域を超えて、その足跡は自然科学や文学にまで及ぶ哲人のイメージが、僕の中ででき上がっていた。

人間を含めた生き物の営みや、自然を媒介にしての時空間の流れに言及する。そんな彼の言説を生んだ地となれば、さぞ人里離れた辺鄙《へんぴ》な場所、もしかすれば生命の危険すら感じさせる極限状態か、などと勝手な想像を巡らした。

ソロー（1817〜1862）。環境保護運動・市民権運動の先駆者として、著作活動を行った

絶妙な「近さ」で営まれた孤独生活

ところがたどり着いた先は、すぐそこにおだやかな波が立つ湖畔で、ソローがひとりで暮らしたとされる小屋も、ひっそりとした佇まいである。〝アメリカが生んだ偉人のゆかりの地〟を謳《うた》う、商業主義的な看板や店を期待したわけではない。だが、〝人里離れた〟どころか、前述のように、街の人々の

生活からすぐそばの距離という近さに、拍子抜けとまではいかないが、思っていた僻地《へきち》のイメージと違う現実に軽いショックを覚えた。

しかし今振り返ると、この「近さ」があって初めて、『森の生活』は普遍的な作品になり得たように思う。すぐそばにいながら第三者との接触は極力控え、自然の懐へ入り、自身の五感や思考を最大限に引き出す重要性が、国内外で共鳴を呼び、影響を与えたのではないだろうか。仮に、誰も近寄らない山中や孤島など過酷な条件を強いる生活なら、同じ問題を提議しても、あまりに超然とし、一般読者には手に負えないものとなった気がするのだ。

その意味において、『森の生活』を理解するための入り口は、オープンなものと捉えていい。都会の雑踏から離れ、忙しい日々の暮らしを避け、孤独を受け入れれば、静寂の中での恩恵は誰もが得られると解釈できる。もっとも、入り口がオープンだからといって、ソローの提唱がいとも簡単に成し遂げられるわけではない。むしろ、生活に欠かせないと思っていたものを捨て去り、次の文章で示すような、これまで考えてもいなかった経験に挑む覚悟も求められる。

「ある人間を同胞からひき離して、ひとりぼっちにしてしまう空間とは、いったいどんな種類の空間だと思います？　いくらせっせと足を運んでみたところで、二つの心をたがいに近づけるわけにはいかないということが、わたしにはわかったのです」（『森の生活』〈孤独〉飯田実訳、岩波文庫）

森の中でたったひとりの生活は、さぞ淋しいだろう。ウォールデン湖畔での暮らしを耳にした人たちは、よくそうした質問をソローにしたという。どうして淋しいはずがあるものかと思う本人は、前述のように答えたらしいが、注目すべきは〝二つの心〟の部分だ。

ソローが示した心のひとつは、森へと出向き、そこに腰を落ち着けた彼自身のものだろう。では、もうひとつの心は何か？　その手がかりが、先の文章に続く言葉で明示される。

「私たちが、ぜひその近くへ住みたいと望んでいるのはどんなところでしょうか？　どうみてもおおぜいの群衆の近くではありませんね」（同〈孤独〉）

人々が集まる賑《にぎ》やかな場所に近づきたいとは思わない、とここでソローは語る。つまり、家族や仲間など親しくつきあいのある人間がいる状況を好む、あるいは拠《よ》りどころを必要とする者が、もうひとつの〝心〟を持つと捉えられる。

では、何がソローを他者との交流を断つまでに至らせたかというと、身をもって万物に触れ、それらと対峙《たいじ》することで、人間の存在や可能性を確認しようと努めたからではないか。こうした大局的な観点を目指すのなら、誰の声にも惑わされぬ自然が、彼にとって最も適した条件の空間だったのだろう。

「無知の自覚」の必要性

とはいっても、自然に入る行為だけでは、目的達成は十分に果たせない。今までとは異なる環境に身を置きつつ、意識的になることを、ソローは次の文章で推奨している。

「じっさい、働きづめの人間は、毎日を心から誠実に生きる暇などもたない。（中略）それでは労働の市場価値がさがってしまう。機械になる時間しかないのだ。自分の知識をいつもふりまわしていなくてはならない者が、人間の成長に必要な、あの無知の自覚を、どうしてもちつづけることができようか？」（同〈経済〉）

日々の糧を得る、あるいは自身の能力を高め、キャリアを積み、ステップアップを目指す中で、人々は仕事に取り組む。ところが、働くことに精を出すあまり、感情や思考が機能しなくなり、命じられるままに動く存在に陥る危険をここで説いている。これらの状況を回避し、人間としてより成長するために必要不可欠とされるのが、文章の最後に提示される〝無知の自覚〟だ。無知という言葉はネガティブな印象にも聞こえるが、ここでは、すでに知っている、あるいは常識の範囲内といった驕《おご》りを捨て、自ら行動を起こして得た実感こそが、先人たちの話よりも尊重すべき状況を意味する。

「もし自分でも価値があると思われる経験にぶつかるとすれば、それは私の指導者たちが一度も教えてくれなかったものであることに、きっと思い至るだろう」（同〈経済〉）

「偏見を捨て去るのに遅すぎることはないのだ。思考や行動の方式は、いかに古くからのものであれ、証拠なしに信じることはできない。今日はだれもが口をそろえて正しいと言い、黙認していたものが、明日はまちがいだということになるかもしれない」（同〈経済〉）

このふたつの文章から読み取れるのは、過去に誰かの手によって打ち立てられた考え方などを軽視すべきだ、と言っているのではない。既存の見識や言説を認めつつも、それに凝り固まってしまい、個人が考える行為を放棄してしまうことへの警鐘と捉えるべきだろう。

見方を変えると、建国以来、アメリカが標榜《ひょうぼう》し続ける自由の根底は、ソローが打ち出すような自主性によって支えられている、とも言える。その是非はともかく、既成概念に固執せず、独自の考え方を追求した結果、政治や経済、科学から芸術に至るまで幅広い分野で、過去には見られなかった画期的なものが、この国から生まれてきたのは大方が認めるところだろう。

現代に生きるソローの言葉

さて、先に『森の生活』はオープンなものと書いたが、ここまでの話を目にし、それにしてはハードルが高いのでは、と感じる向きもあるかもしれない。たしかに本作では、宇宙や歴史など大局的な観点から語られる記述も中にはあって、その部分だけを取り出せば、スケールが壮大すぎる、あまりに観念的で現実感が乏しいようにも感じる。

しかし、証拠なしに信じることはできないと本人が言うように、ソローは妄想に頼るのではなく、あくまで自ら実証し、考え抜かれた言葉で独自の考えに達した。たとえば、底なしと地元の人々から見なされていたウォールデン湖で、「磁石と鎖と測鉛線を使い」測定を行うなど、様々な局面で観察と検証に励み、既成概念や言い伝えられたものを打ち破り、稀《まれ》に見る成果を手に入れた。

人間が夢や目的、さらに自信を持って取り組めば、「予想しなかった成功を収める」と、実験することによる報酬の大きさを、ソローは次のように語る。

「新しい、普遍的でより自由な法則が、自分のまわりと内部とにしっかりうち立てられるだろう。あるいは古い法則が拡大され、もっと自由な意味で自分にとって有利に解釈されるようになり、いわばより高次の存在からの認可を得て生きることができるだろう。生活を単純化するにつれて、宇宙の法則は以前ほど複雑には思われなくなり、孤独は孤独でなく、貧乏は貧乏でなく、弱点は弱点でなくなるであろう」（同〈むすび〉）

実証とともに、『森の生活』が読者へリアルに訴えかけるものに、説話が挙げられる。後半で紹介される、アメリカ北東部のニューイングランド地方一帯に伝わるストーリーもそのひとつだ。

「その虫の卵は、それよりも外側の年輪を数えてみればわかるとおり、さらに何年か前、木がまだ生きていたころに生みつけられたものであった。（中略）この話を聞いて、復活

と不死への信念が強くなったと感じないものがいるだろうか？」（同〈むすび〉）

とある農家の台所で、六〇年間使用されていたリンゴ材のテーブルから、「一匹の丈夫で美しい虫」が現れる。木としての役割を終え、今やテーブルに形を変えた、つまり切り倒され、生命をまっとうしたはずの存在が、実は新しい生物を宿していたという話は、ある種のロマンを伝えると同時に、地球上に出現する生命体の力強さを感じずにはいられない。

だがソローは、そうした印象だけにとどまっていない。「イギリス人やアメリカ人のだれもが、こうしたことをすべて実感できるわけではないであろう。けれどもそれこそ、時間が経過するだけでは決して明けることのないあの朝《あした》の特徴なのだ」（同〈むすび〉）と、我々人間を含む生命体が、時間という巨大な存在に抗《あらが》い、これを凌駕《りょうが》する逞《たくま》しさにも言及している。

この説話は、本人が直接体験したものではなく、ソローがどこかで得た伝聞である。自分で経験をし、思索に繋げるというソローの提唱と、一見、矛盾するかのようにも思える。しかし自然を通じ、身をもって経験を積んできたからこそ、いかに伝聞された話だろうが、その経験に基づいて意味を見つけ、「復活と不死」という『森の生活』全体に貫かれるテーマにも言及できるのだろう。

自分以外の人間の体験談や伝承話であっても説得力を感じさせるのは、ソローが言葉の人であるからに他ならない。文学的とも言われる表現は、孤独な生活の中で自分の内側からの声を聞き、時間による制約を受けず、その声をていねいに紡ぎ出した結果であり、読み手も彼の重厚な言葉を受け止め、世代に関わりなく長年インスパイアされ続ける。

それはもちろん、言葉を使い続ける現代にも通用する。テクノロジーの進化にともない、SNSなどネットを駆使し誰もが自分の意思を発信できるようになったが、大多数の言葉はひとたび消耗されるや、しばらく経てば忘れ去られる。

しかし、緻密に練られた言葉で獲得したソローの叡智《えいち》や思想は、時代や文化を超越した普遍性を帯びている。孤独な生活と聞くと、苦行僧が行う過酷な鍛錬のようだが、そこには、自然という絶対的な存在と対峙し初めて得られる精神の自由がある。

定説や常識に縛られず、信じるものへ突き進むことで、〝予想しなかった成功〟に到達するというソローの提唱は、だからこそ、停滞しがちな今の時代にも輝きを放つのだ。

適菜 収

作家

孤独の哲学者ニーチェ

てきな おさむ 作家。一九七五年、山梨県生まれ。ニーチェの代表作『アンチクリスト』を現代語訳した『キリスト教は邪教です！』（講談社＋α新書）のほか『ミシマの警告 保守を偽装するB層の害毒』『小林秀雄の警告 近代はなぜ暴走したのか？』（共に講談社＋α新書）、『日本をダメにした新B層の研究』（KKベストセラーズ）など、著書五〇冊以上。

孤独を「故郷」と呼び、自ら進んで孤独に身を晒《さら》すことによって思索を深めた哲学者フリードリヒ・ヴィルヘルム・ニーチェ。作家の適菜収が、ニーチェの「超人」思想をもとに、「孤独の価値」と「孤独に耐えられない個人が全体主義に回収されていく危険性」を説く。

孤独な天才

一九世紀の偉大な哲学者ニーチェの人生には、常に孤独がつきまとっていました。ニーチェは二五歳の若さでバーゼル大学の古典文献学教授に就任するほどの天才でした。しかし、一八七二年に処女作『悲劇の誕生』を刊行するも、学界から完全に無視されてしまいます。ニーチェは「現代との関係を抜きに歴史は語れない」とし、ワーグナーやショーペンハウエルを取り上げながら古代ギリシャ悲劇について論じました。それが「実証性に欠ける」と批判されたのです。

その後、病気により三五歳で大学教授の職を辞したニーチェは、スイスやイタリア、南フランスなどヨーロッパを転々としながら、在野で研究を続けました。そして、一八八三年に主著『ツァラトゥストラ』の第一部を刊行します。この本は、彼が長年にわたって追求してきた「超人」という概念を、架空の人物ツァラトゥストラの思索に仮託する形で展開した、後期ニーチェ思想の最重要作品です。

私は孤独を必要としている

主人公であるツァラトゥストラは一〇年ものあいだ一人で山にこもって、思索を続けました。その姿は、ニーチェの境遇とも重なります。孤独が『ツァラトゥストラ』のインスピレーションを与え、それを孤独の中でまとめあげたと、ニーチェは言います。

それでも私は孤独を必要としているのだ。ということはすなわち、快癒を、自己への復帰を、自由で軽やかな戯れる空気の呼吸を必要としているということなのだ。……私の『ツァラトゥストラ』全篇は、孤独に捧げられた熱狂的な讃歌である。（西尾幹二訳『この人を見よ』新潮文庫）

ツァラトゥストラは世の中の人々の愚かさに呆れ果て、三〇歳のときに故郷を捨て、山にこもります。そして一〇年ほど経ったある日、いつものように日が昇るのを見て、太陽は一方的にわれわれを照らすが、もし照らす対象がなければ、太陽も退屈だろうと考えます。それと同じように、自分もまた蜜を集め過ぎたミツバチみたいに、自分の知恵に飽きてしまった。そろそろ自分の知恵を下界の人々に伝える時期がきたのではないかと思うようになる。

こうして、ツァラトゥストラは、山を下りて人々に語りかけることにしたのです。広場を訪れたツァラトゥストラは、綱渡り師の曲芸を見物している群衆に向かって自らの思想を説きました。

人間は、動物と超人とのあいだにかけ渡された一本の綱である、——一つの深淵の上にかかる一本の綱である。

一個の危険な渡り行き、一個の危険な途上、一個の危険な回顧、一個の危険な戦慄と停止、である。

（中略）

近代最大の思想家と呼ばれるフリードリヒ・ヴィルヘルム・ニーチェ（1844〜1900）。ルター派の裕福な牧師の子として生まれ、若くして成功に恵まれたが、その後半生は挫折と苦悩、そして孤独に苛まれていた

わたしは愛する、認識するために生き、そして、いつの日か超人が生きることのために、認識しようと欲する者を。そのようにして彼は自分の没落を欲するのだ。（吉沢伝三郎訳『ツァラトゥストラ 上』ちくま学芸文庫）

ここで言う「超人」とは強大な権力者のことではありません。肉体的強者でも聖人でも天才でも英雄でもない。「あらゆる価値に頼らない者」「究極的なニヒリズムに耐える者」「自らの生存を実験とする者」「強者の自覚を持つ者」「同情、ルサンチマン、復讐の精神から解放されている者」「自分の価値基準を作る者」「人間を克服する者」を指します。そしてニーチェは綱渡り師を、「人間（動物と超人のあいだにかけ渡された一本の綱）の上

を歩いて、超人へと向かおうとする者」として描きました。

しかし綱渡り師は地上へ転落し、死んでしまいます。群衆はみな一緒になって綱渡り師のことを笑う。超人への飛躍に挑んだ綱渡り師をあざ笑う人々のことを、ニーチェは「畜《ちく》群《ぐん》」と呼びました。

畜群とは「孤独というものを知らず、己の孤独を持つこともない、遅鈍な人々」のことです。自分の言葉に耳を貸そうとしない群衆に絶望したツァラトゥストラは、再び山へ戻っていきました。

このニーチェの「畜群」は、スペインの哲学者オルテガ・イ・ガセットが定義した「大衆」という概念に近いでしょう。オルテガの言う大衆とは、「伝統的な価値観から切り離され、周囲の人々の価値観に盲従してフラフラと漂う、根無し草のような近代人」のことを指します。

オルテガは、大衆は自分で自分の首を絞める選択をすると言います。

饑饉が原因の暴動では、一般大衆はパンを求めるのが普通だが、なんとそのためにパン屋を破壊するというのが彼らの普通のやり方なのである。この例は、今日の大衆が、彼らをはぐくんでくれる文明に対してとる、いっそう広範で複雑な態度の象徴的な例といえよう。（神吉敬三訳『大衆の反逆』ちくま学芸文庫）

これはまさに今の日本で発生している現象です。小泉純一郎政権以降加速した構造改革路線により、中間団体は攻撃の的となり、国家の破壊者に大衆が黄色い声援を送った。中間団体を排除すれば、国家と個人が直接結ばれることになる。これがあらゆる保守思想家が、警告を発してきた全体主義の仕組みです。

政治の本来の仕事は、社会を安定させ、国家の機能を維持することです。あらゆる立場を考慮し、利害調整、合意形成を図る。議会に必要なものは熟議です。

しかし、国民的熱狂を背景とした「改革」の大合唱により、政治制度は破壊され、ポピュリズムが蔓延《はびこ》るようになった。こうして議論により相手を説得するよりも、大衆の票をあてこんだマーケティング選挙が横行するようになる。

己の孤独を持たず、周囲の価値観に振り回される畜群は、思考を放棄し、単純明快でわかりやすい答えに飛びついてしまう。私たちは孤独に耐えられない個人が全体主義に回収されていく危険性に、もっと敏感になる必要があります。

ニーチェのキリスト教批判

ニーチェの思想の根幹には、キリスト教批判と、キリスト教から派生した近代啓蒙思想への批判があります。ニーチェの「神は死んだ」という言葉は誤解されがちですが、彼は神を否定したのではなくて、神の姿をゆがめ、神の代弁者を自称することにより圧倒的な権力を握ったキリスト教会を批判したのです。

キリスト教会は「すべての弱い者、低俗な者、卑しい者」に味方し、平等を説きます。そして、これは近代社会の理念に受け継がれました。

民主主義もそうです。ニーチェが批判した民主主義は一人一人が完全に平等という発想で成り立っています。社会に貢献する人も害を与える人も同じ扱いです。これは絶対的存在である唯一神を想定しないと出てこない発想です。

すなわち民主主義的運動は、キリスト教の運動の継承にほかならないのだ。（信太正三訳『善悪の彼岸　道徳の系譜』ちくま学芸文庫）

キリスト教批判は、ニーチェが始めたことではなく、ヨーロッパでは連綿として続いています。古典文献学者であるニーチェは、歴史をたどることで、「神」や「道徳」の概念の変容を分析したわけです。

「超人」への道

ニーチェは「神の権威」や「超越的な価値」に従って生きる人間を軽蔑しました。そして健康で力強い「超人」こそが最上の人間であると規定したのです。

世俗から距離を置き、世間から罵倒されようが自分の命令に従って行動し、孤独のなかで己を磨き続けることのできる強さをもつ。それが「超人」への道です。だから「畜群の逆を行けばいい」のだと思います。

もちろん、誰もが超人になれるわけではありません。大半の人間は新聞に書いてあることを信じ、テレビに踊らされ、周囲の声に流されます。

それでも、「今の時代はどこかおかしいのではないか」と感じるなら、ニーチェのように群れず、周囲の言葉に流されず、己の信念に忠実であり続けるべきでしょう。

人並みの生き方をしていれば安心だとか、情報に目を配り人脈を張り巡らせれば幸福になれるというのは妄想です。

ニーチェは孤独であることの苦痛を知っていましたが、「人は孤独であるからこそ、思索を深めることができる」ということも同時に理解していました。ツァラトゥストラが語る言葉からも、ニーチェの孤独と、自ら進んで試練に身を晒すことによって思索を深めようとする姿勢が見て取れます。


すべての偉大なことは、市場《いちば》と名声から離れたところで起こる。昔から、新しい諸価値の創案者たちは、市場と名声から離れたところに住んだのだ。

のがれよ、わが友よ、きみの孤独のなかへ。わたしは、きみが毒バエどもによってさんざんに刺されているのを見るのだ。かしこへのがれよ、荒々しい強い風の吹くところへ！
きみの孤独のなかへのがれよ！　きみは、卑小な憐れむべき者たちの、あまりにも近くに生きた。彼らの、目に見えない復讐から、のがれよ！　きみに対して、彼らは復讐にこりかたまっている。（吉沢伝三郎訳『ツァラトゥストラ 上』ちくま学芸文庫）

ニーチェが一人で思索を深めることができたのは、時間によって磨き抜かれてきた古典を読み漁ったからでしょう。近代の構造について考えるときに、ニーチェはキリスト教、さらにさかのぼりプラトンが発明した詐欺の手口について考えました。

私たちが現代について考えるときも、過去の言葉に耳を傾けることが大切です。古典には、現代の文章以上の現代性が備わっている。古典は汲みつくすことのできない井戸のようなものです。現代を照らすあらゆる視点がそこに含まれている。だからこそ、いつの時代においても、古典は参照され、引き継がれてきたのです。

同時代の文化と距離を置くのは、孤独なものです。しかし、孤独に耐え、人類の歴史に向き合う努力をせずに、世論や同調圧力に振り回されて右往左往している限り、一生を闇の中で暮らすことになります。

構成・文＝柳瀬　徹

lesson II

いかに孤独と付き合うべきか

人間はひとりで生まれ、ひとりで死んでいく――
このシンプルな摂理を我々が受け入れるのは難しい。
孤独を操り、ひとりの人生を謳歌するための実践方法を考える。

作家

下重暁子

孤高の俳人　尾崎放哉と種田山頭火

しもじゅう あきこ　作家。早稲田大学教育学部卒業後、NHKに入局。トップアナウンサーとして活躍。民放キャスターを経て、文筆活動に。『若者よ、猛省しなさい』（集英社新書）、『家族という病』『極上の孤独』（共に幻冬舎新書）など、多数の著書がある。

五七五の定型や季語に縛られない自由律俳句。その代表的俳人として燦然《さんぜん》たる名を残す放浪の俳人、放哉《ほうさい》と山頭火。自らの命と引き換えに紡ぎ出されたその俳句は、今も人々の心を捉えて離さない。個人の孤独について思索を重ねてきた作家が、二人の生き方とそこから生まれた作品の真実にせまる。

私が結核を患ったのは小学校二年生のときです。当時は、まだ効果的な治療法が何もありません。父は軍人でしたから、私のもとに軍医がやって来ては、効くか効かないかわからないような気休めの静脈注射を打ってくれましたが、あとは栄養を摂《と》って空気のいいところで寝て安静にしているだけ。私はいつも、ひとりきりで寝かされていました。私の父方の家系は結核の患者が多く、のちに父も老人性結核で亡くなっています。

幼い子どもなのに、外で友達と遊ぶこともできず、みんなから可哀想だと思われていたに違いありません。でも、私は幸せでした。

外で遊んでいる子どもたちを見てみれば、無邪気に遊び歩いている。自分が何者かを考えることもなさそうです。それに比べて私は大人も恐れる死病に罹《かか》り、自らの内面を深く見つめている。彼らには、私の見ているものは何も見えていないに違いない――つまり、人には孤独の中でしか見えないものがあるのだと、私は幼い頃すでに感じていたのです。

文学は孤独の中で紡がれることを知ったのもこの頃です。若いときに画家を志していた父の書斎から、内緒で持ち出した芥川龍之介や太宰治を布団の中で読みふけり、彼らの孤独と、深いところでつながる経験をしたのはこの頃です。

あるとき、私が寝ている部屋の隅で蜘蛛《くも》が糸をかけて巣を作り始めました。蜘蛛を嫌う人は多いけれど、私はその蜘蛛を友達のように思い、その小さな生き物が作る繊細な芸術を飽くこともなく眺めたものです。この美しさを、孤独でない者は発見することができません。美しさは孤独な者によって見出されるのです。

自ら死を求め漂泊した俳人

「撰《えら》ばれてあることの　恍惚《こうこつ》と不安と　二つわれにあり」――太宰治が短編「葉」に引用したことで有名になりましたが、これはもともとフランスの詩人ヴェルレーヌの詩を引用したものです。孤独は、「選ばれし者」だけが堪能できるのです。寂しさと孤独とは違います。

寂しいというのは一時の感情であり、孤独とはそれを突き抜けてひとりで生きていく覚悟のこと。建前では、人間同士のつながりはいいものだとされています。しかし、実際にはたとえ家族の中であろうと、結局人はみなひとりなのです。孤独が怖いからとつい他人に依存してしまい、誰かに合わせてしまうと、人はかえって寂しさを感じてしまう。もっと孤独の中に楽しみを見つけられれば、自由に好きなことができるのではないでしょうか。

エレベーターなどで、時折、そこだけが輝いて見える人と乗り合わせることがあります。そういう人はたいてい群れず、ひとりで凛《りん》として立っている。孤独の豊かさを知っている人には独特の気品が備わっているものです。そのたたずまいに私は惹かれます。

俳句の世界にも、あえて孤独を選んだ自由律俳句の俳人がいます。種田山頭火と尾崎放哉。私は彼らの死に方に心打たれます。死に方とは裏返せば生き方のこと。二人とも自分に合った死に方を求め漂泊し、そのために俳句を作っていたのではないかという気さえします。

死に方を自分で選べるというのは幸せなことではないでしょうか。彼らについては自堕落な人生を送った挙句、孤独で悲惨な最期を遂げたという見方もありますが、私はそうは思いません。彼らは自ら孤独を選びとり、嘘のない正直な生と贅沢な死に方をまっとうした人たちだったに違いありません。

自然と孤独を詠んだ山頭火

私が最初に出会ったのは、尾崎放哉ではなく山頭火の句でした。一八八二年、山口に生まれた種田山頭火は、「大種田」と呼ばれた地元の大地主の長男でした。ところが父の女遊びなどが原因で、母親が井戸に身を投げて亡くなり、やがて父も破産。山頭火は酒造業で家を再興しようとしますが失敗し、妻とも別れて放浪の身となりました。彼は熊本で出家し、味取《みとり》観音堂の堂守となりますが、旅の途中、四国松山の「一草庵」という知人宅で亡くなります。

漂泊しながら、句を作り続けた山頭火ですが、本質的に彼にはどこか人懐っこい、寂しがり屋の部分がありました。彼はよく自然の中を歩いていきます。

分け入つても分け入つても青い山

言わずと知れた山頭火の代表作ですが、単独行で、自然に抱かれれば、新しい発見もあり楽しみもある。その中で彼の孤独は癒され、解放されていく。

私は今、軽井沢に山荘を持ち、時折そこで過ごしていますが、初夏の青々とした山に、透き通った翅《はね》の小さな春蟬が羽化し一斉に鳴き始めます。「分け入っても、分け入っても春の蟬」という風情です。

うしろ姿のしぐれてゆくか

これは、忘れられない印象を残す句です。「自らの後ろ姿が時雨《しぐ》れていく」という、ちょっと普通ではない言葉の使い方が素晴らしい。おそらく晩秋のしょぼくれた時雨を背中に打たれながら旅をしている自分の孤独な境涯を客観的に見ているのでしょう。

また、彼は当時、故郷に帰れないなどと言いながらも、実際は何度も故郷に戻っては、近所の家に行き、泊まらせてもらっていたようです。

うどん供へて、母よ、わたくしもいただきまする

うまれた家はあとかたもないほうたる

もともと名家の子で、大好きだった母親たちに大切にされた記憶がある分、山頭火は人恋しいところがあったのでしょう。二つ目の句は、「自分の生家が跡形もなくなり、蛍だけが飛んでいる」という意味ですが、生家を訪れ呆然とたたずむ彼の姿が目の前に浮かびます。

私も以前、山頭火の実家跡を訪れたことがありますが、ただ、荒れた草地があるだけでした。この句には、孤独に身をやつしながらも、故郷への執着さえも感じます。自分の孤独に対して、どこかで読者の共感を求めているところも見えかくれします。

放哉——選ばれし者の孤独

その点、尾崎放哉はそういう部分がまるでない。むしろ人の共感を拒絶するようなところさえありました。透徹された「個」というものを感じさせるのは放哉です。彼の句を前にすると山頭火は少し甘いと感じるほどです。

一八八五年に鳥取に生まれた尾崎放哉は、旧制一高卒、東京帝国大学法学部出身のエリートですが、酒で身を持ち崩し、職も家族も失い、寺男をしながら句作をしていました。結核に罹りますが、人を拒むような生活を続け、最期はひとり、小豆島の庵で飢餓に近い形で亡くなります。

　咳をしても一人

この咳は、結核の咳であり、普通の咳払いとは音も違うはずです。その響きで、近づいてくる死を悟ったことでしょう。この時代は結核の特効薬などありませんでしたから、栄養失調によって病が重くなり、死んでしまうことも多かったのです。それでも彼は、死が近づいてくるのをわかっていながら、自分を孤独へ孤独へと追い込んでいき、ギリギリと骨身を削って句作に没頭しました。そちらへ行けば破滅だとわかっていながら、死へと自分を向かわせた。彼のような人生を、凡人はとても送ることはできません。まさに、「選ばれし者」の壮絶な人生です。

普段、私たちは孤独に陥らないように、逃げて逃げて、避けて避けて、生きています。そちらへ行ったら怖いですから。彼のような境地に至ることは簡単ではありません。しかし放哉は孤独の境涯に至り、素晴らしい句を残した。

彼が亡くなっても、今なお、多くの人が彼の句に心打たれます。それというのも、私たちは誰もがこの放哉と同じ孤独を経験したことがあるからではないでしょうか。私たちは、いつもは怖くて、孤独を見ないように生きていますが、実はみな彼のような孤独をよく知っているのです。そして、彼の境地にまではなかなか達することはできなくとも、どこかでその透徹した孤独に憧れてもいるのでしょう。

一日物云はず蝶の影さす

つくづく淋しい我が影よ動かして見る

人間死ぬときはひとり。そう頭ではわかっていても、なかなかそれを認められません。しかし、私などは、幼い頃病気に罹り、友人と遊べない運命にありました。「よし、なら蜘蛛と友達になって楽しみを見つけてやろう」と思ったわけです。私はそこで、孤独と向き合う覚悟をしました。しかし、放哉にはそんな友達さえいなかった。誰かの訪れを期待するどころか、生き物の気配さえない。だから前の句のように、「蝶の影」が横切ったときには、ささやかな喜びを感じたのでしょう。しかし、次の句では、ついに自分の影さえ客体として観察している。自分の影を動かしてそれを見ているなんて、究極のひとり遊びです。

死に向かっていたと言いましたが、放哉に生への執着がなかったとは言えません。己の影をじっと見ている放哉の中に、このような生き方をした人でさえ捨てきれなかった、生への執着を感じるのです。まだ自分の影が動いている。動いているということは生きている。自分の命への執着があるのだと。

しかし、最終的に放哉の生への執着を断ち切ったもの――それは芸術家として「選ばれし者の誇り」だったに違いありません。誇りを食って生きていたようなものでしょう。

「こういう俳句はお前らには作れはしまい、俺しかできないんだ」という声が聞こえてくるようです。

孤独の豊穣さを知る

山頭火と放哉の人生は決して悲惨ではありません。現代の物質主義的な観点から見たら理解することは難しいかもしれませんが、彼らには句作という孤独を受け入れることで生まれる豊穣な世界がありました。彼らほど精神的に恵まれた生活を送った人たちはなかなかいません。私には羨ましいとすら思えるのです。

現代を生きる人々は、うわべのつながりを求めることで疲れてしまっているようです。自分に嘘をついて、人と群れて生きるのはむなしい、もっと自由に孤独を楽しんだらいいと、『極上の孤独』（二〇一八年／幻冬舎新書）にも私は書きました。こういう本を書くと

「どうやったら孤独とうまく付き合えるようになるのか」という問いを受けることもあります。

現代社会ではSNSも発達し、孤独になる時間を持つことも難しくなりました。しかし実は外界とのつながりこそが、ストレスでもあるのです。いきなり放哉のような生き方は難しい。ですから、そういうときは気の進まない誘いは一回断ってみることです。一回断ってみて心地よければ二度目も断ってみる。するとそのうち、周りの人が「そういう人なのだ」とわかってくれるようになります。そうやってできたひとりの時間を、思い切り好きなことに充ててみればいいでしょう。

一日に一〇分でも二〇分でも自分の時間を持つこと。孤独とは「個」独。自分のあるがまま、自由であることです。

しかし、孤独になるにはひとつ大切なことがあります。それは自信。もっと言えばうぬぼれです。周囲の人を気にして、気に入られることばかりに気を取られれば、ストレスの塊になり、自分の人生を自分で選びとれなかったと悔いを残すことになる。自分の生き方を自ら選ぶ人は、死ぬときも、悔いを残さないものです。自分のために選びとった孤独とは、豊かな精神の自由を指すのです。
朝鮮、満州、京都、神戸、若狭を転々とした放哉は、傍から見れば酒におぼれ、転落した人生を歩んだ人に見えたことでしょう。しかし、最後にたどり着いた小豆島の庵で、彼はこのような美しい句を残しています。

海が少し見える小さい窓一つもつ

結核も悪化し、孤独も極限に達した中、彼の句は澄み切った明るさをたたえています。なかなか、ここまでの生き方はできませんが、ひとりの人間として、このような境涯に憧れを抱いてやまないのです。

構成・文=佐々涼子

岸　恵子

女優・作家

〝孤独〟を取り込み、自由に生きる

きしけいこ　女優・作家。神奈川県生まれ。一九五一年、『我が家は楽し』で映画デビュー。『君の名は』『雪国』『細雪』など、数々の名作に出演。『ベラルーシの林檎』（朝日新聞出版）で日本エッセイスト・クラブ賞を受賞。フランス共和国政府より芸術文化勲章コマンドールを受章。『私のパリ 私のフランス』（講談社）、『わりなき恋』（幻冬舎文庫）、『愛のかたち』（文藝春秋）、『岸惠子自伝 卵を割らなければオムレツは食べられない』（岩波書店）など著書多数。

フランス人映画監督と結婚するため二四歳のときに渡仏した岸惠子。世界で輝く日本人女性のパイオニアだ。パリへ渡った当時は文化の違いに戸惑っていたが、やがて個性を尊重するフランスの慣習が、孤独の向こう側にある自由な心へのヒントになったという。フランスと日本を行き来する彼女に、ひとりを楽しむ術を語ってもらった。

両親と暮らした横浜の、古く愛着のある実家を手入れしながら暮らしていると、様々な思い出が甦ります。

私自身、これまでの歩みをふと振り返ると、人生の岐路に立つときは、いつも瞬間即決・即行動で、〝今、この瞬間〟を大切に過ごしてきた日々の連続だったように思います。

大学受験を控えた高校生のとき、ささやかな好奇心と映画の魔法に魅せられて、偶然なのか必然だったのか映画の世界に招かれ、女優デビューをします。映画『君の名は』の大ヒットにより、押し寄せる群衆と叫び声のなか、その状況に馴染めず、私が私でなくなっていく閉塞感と孤独の中にいました。

壊れていく寸前の私を救ってくれた人、あたたかく爽やかな風のごとく現れた人が、後に夫となる映画監督のイヴ・シァンピでした。

彼は、一人の女性として、あるがままの私に愛情を注ぎ、知性や教養、優しい人格で私を包んでくれました。一年間の交際の後、彼の待つパリへ行くこと、結婚を決めたのが二四歳のとき。まだ日本が異国への旅行を自由化していない時代、私は映画界を去り、祖国を捨て、両親とも離れ、「異国」のパリへ行くという決断をしたのです。

「卵を割らなければオムレツは作れない」というフランスの諺《ことわざ》のとおり、私は私の卵を割ったのでした。不安と寂しさに覆われた孤独や、その向こうにある自由を胸に、決して後悔しない人生を生きる覚悟をもったのは、このときからでした。その当時は、自分のお金で航空券を買うこともできず、送金も不可能、プロペラの飛行機で四八時間かけてパリへと向かった時代です。現在の日本では、おそらく想像できないほどの過去に聞こえると思います。

パリを拠点として生活、フランス語を学び、仕事は日本を中心に、何度もパリと東京を往復した日々。その繰り返しの時間の中で、パリ・東京間の飛行機の中、その無国籍地帯こそが、私の故郷のように感じられることがいくどもありました。機内という閉ざされた空間であっても、何処の国でもない、何処にも所属していない空間と時間が心地よく、まるで自分が解けきったように、束縛されていない自由を感じていたのです。

パリの空気に身を引き締めて

日本もフランスもそれぞれに良いところ、素敵な慣習があります。言語表現は明確に異なっていて、議論、論争に勝つための強く、攻撃的にさえ感じられるヨーロッパの言語に対して、日本語は、とても優しく、たとえば、「悲しい」「侘《わび》しい」「切ない」「寂しい」……と感情表現が豊かで美しく、繊細で陰影もあります。私は、日本人として、日本語を誇りに思っています。

では、人々の暮らしや、社会状況はどうでしょうか。摩擦を恐れ、他人の目や評価を気にするあまりに起こりうる陰険な虐《いじ》めや過剰なストレス。孤独を嫌がり、老いや病を強調する報道。孤独であることをかわいそうと見下す精神。そして表面上は優しいけれど、自分の意志をもった、個性の強い人にとっては住みにくい国。これらも日本の姿、側面と言えると思います。

今もパリには家があり、以前は年に一度はパリに行っていました。パリの人たちのちょっと意地悪な毒や、洗練されたユーモアのある人柄や風土にあたらないと、シャンとしません。便利で、住みやすい日本で暮らしているとぬるい温泉にゆったり浸っているようで、パリの空気が、身も心も引き締めてくれるのです。私の魂はもちろん日本ですが、立ち振る舞い、エスプリはフランス的かもしれません。日本人女性の控えめで、謙虚という美徳に対して、フランス人女性は、苦境のとき、自分の中で問題を噛《か》み砕き、浄化させていく知恵をもっていて、それはとても美しく、潔い精神だと感じています。

以前、パリで暮らしていたとき、セーヌの河岸に広い石畳の遊歩道があり、長年連れ添った夫婦、出会ったばかりと思われる恋人たち、群れをなして歩く若い学生たちなど、様々な人生が行き交う場所で、私もひとりで散歩をするのが好きでした。どこからかサキソフォンの音が聞こえてきて、行ってみると橋脚の周辺で黒人が吹いていて、聴いている人、踊っている人もいる、そんな自由な風景が日常でした。個性を尊重する慣習がパリには根づいていて、私の孤独に対する考え方に少なからず影響を与えている気がします。

2008年に刊行された岸惠子初の翻訳本『パリのおばあさんの物語』（スージー・モルゲンステルヌ著、千倉書房）。パリでひとり暮らしをしているおばあさんが過去を回想しながら、たった一度だけの人生について語る

初めての翻訳『パリのおばあさんの物語』

パリの文化や風景から得た、孤独の向こう側にある自由を楽しむ慣習は、老いについての価値観にも柔軟性と勇気を与えてくれました。

フランスに、『パリのおばあさんの物語』（原題：UNE VIEILLE HISTOIRE〈フランス語で「昔話」の意〉）という、三〇年近く読み継がれている本があります。この物語のおばあさんの一家は、ユダヤの人たちです。自分の運命を真摯《しんし》に引き受けたおばあさんは、「天性の明るさ」「冷静な知恵」「誠意ある覚悟」をもって、人生を歩いていきます。過酷と言える境遇と時代背景のなか、時に悩みながら、時に怯《おび》えながらも、「明日になれば、きっとよくなるわ」と言い、若いころのように動けなくなった自分に抗《あらが》うこともなく日々を過ごすおばあさんの姿は、老いと孤独に対して柔軟で、実に爽やかな生き方でした。日本のように、悲観的に捉えられる孤独ではなく、孤独を身にまとって生きていく姿であり、明日を、未来を信じているおばあさんは素敵です。

おばあさんは、思い出と差し向かいで食事をします。

彼女が思い出を追いかけるように、思い出もおばあさんを追ってくるようです。

（『パリのおばあさんの物語』）

人は何処にどう生まれるかを選ぶことはできませんが、どう生きるか、どう逝《い》くのかは、自分の責任です。私は四三年間のパリでの生活の中で、おそらく日本にいては体験しなかったであろう、政治、思想、対立する宗教問題を肌身で実感し、これは学ばなければいけないと決心しました。

旧約聖書、新約聖書を何度も読み、実際にイスラエルへ行き、その思想や歴史的背景への理解を深めたうえで、この『パリのおばあさんの物語』は、私が誠心誠意やらせていただこうと翻訳を引き受けたのです。日本で、二〇〇八年に刊行され、幅広い年代の方に読んでいただき、ロングセラーになっていると聞き、とても嬉しく思っています。

物語の最後、「もういちど、若くなってみたい?」という問いに、ためらうことなく「いいえ」と答えるおばあさん。私も同じ問いには、即座に「いいえ」と答えるでしょう。もういちど、若くなって人生を繰り返したくはありません。そのとき、その瞬間を精一杯生きてきた積み重ねが現在なのですから、今の自分を大切に、好きでいます。

年老いて愚痴っぽい頑固者になるのか、感謝の気持ちで他人にも自分にも優しくなれるのかが、まさしく人間としての勝負どころではないでしょうか。

最近思うことは、人は自分が生きている時代を身にまとって生きていく、そして時代とともに、生活様式、言葉の意味、人のあり方などが変化をしていくということです。まだ女優になったばかりのころ、『昼顔』で知られている作家、ジョゼフ・ケッセルの小説『幸福の後に来るもの』を夢中で読みました。知性、その裏側に秘めた肉欲、煩悩が耽美《たんび》的に描かれ、当時の私にとって刺激的な作品だったという記憶があります。時は過ぎ、初めての小説『風が見ていた』執筆中にふと思い出し、衣装部屋のドレスの下からその本を見つけて、約五〇年ぶりの再会!

ところが、あれほどスラスラ読んでいたのに、旧漢字、旧かな遣いのため、読みづらくて……。時間が過ぎ、言葉の変化に驚きました。

そして〝孤独〟という言葉の認識、本質も変化しているような気がしてなりません。なんだか孤独という言葉がひとり歩きしているようで、「ひとりは寂しい」「ひとりは心細い」、それが孤独だなんて単純すぎるのでは？　堀田善衞《よしえ》さんの小説に『広場の孤独』というタイトルがあります。孤独という言葉の使われ方として、「広場の孤独」「群衆の中の孤独」、つまり周囲にどんなにたくさんの人がいても、感じてしまう精神、ひとりであることを実感すること、それが孤独という言葉の本質だと思います。だから、孤独に取り込まれたらだめ！　流行りの孤独の対処法に惑わされるな！　孤独なんて取り込んでしまえ！　私は孤独の、その先にある自由を心から楽しむように生きていくことが大事だと常に思っているのです。

そういえば、ある人から沢木耕太郎さんの『銀河を渡る』をプレゼントしていただき、その本の装丁に画家の藤田嗣治《つぐはる》さんのイラストが使われていて、見た瞬間、藤田さんとの出会いと、孤独について考えました。藤田嗣治さんには、カンヌ国際映画祭のとき、浜辺で肖像画を描いていただいて、その後も何度かお会いしました。いつも飄々《ひょうひょう》として、おどけていらっしゃいましたけど、戦争中に描いた絵が〝戦意高揚の絵〟だと言われ、藤田さんは日本を去り、フランスの国籍を取得、二度と日本に帰らなかった。どんなに異国の地で成功されても、愛する祖国に受け入れられなかった寂しさ、侘しさで、相当な孤独の中にいたと思います。私も、日本からパリへ渡り、「異国」から日本を見ていたものですから、私なりに彼の心の傷を感じました。彼は深く悲しい孤独だったかもしれません。藤田さんが存命のときに、日本はもう少し、彼に優しくできなかったのだろうか……と、装丁に使われたイラストを見て想いがめぐりました。

孤独の中から生まれるもの

日本での、ここ数年の生活は、朝早く起きて、パンと野菜サラダ、ヨーグルトの朝食を自分で用意し、少し休憩の後、珈琲をいただき一日がスタート。まずは大好きな庭に出て、草むしりやら、樹木の手入れをおこなっていると、すぐに一時間ほど過ぎます。その後、書斎に行き、原稿へ向かいます。執筆は朝でも夜でも、昼間でも大丈夫。何時間でも没頭して書き続けています。この時間は、浮世の雑事を忘れられる、創作の時間であり、自由な時間で、〝幸せな孤独〟とでも言うのでしょうか。心が安らかでいられますね。夜は、よく友人が来て楽しみますけど、基本はひとりが好きです。

以前は車で出かけて、海岸通りから港の見える丘公園まで歩いて散歩、一万歩以上歩いていました。それもひとりで。健康にも良く、気持ちも落ち着きます。私、他人がいると気を遣いますし、「この人にはこうしてあげたい」という気持ちが強くて、疲れ果ててしまうので（笑）、日常的にはひとりがいいのです。

最近、特に感じるのは、心から話せる、理解し合える友人は、男に一人、女に一人いれば充分、そして私にはそういった友人がおりますので、本当に幸せです。

親子関係についても、フランスのほうが独立心は強いと感じますね。お祝いやクリスマスには家族が揃いますけど、子どもは早くから親元を巣立っていこうとします。私の娘も一八歳くらいのとき、「私は部屋を借りて、独立したい。ママといると私が私でなくなっちゃう」と言ってきましたから。贅沢とはほど遠いささやかな部屋で……それでも幸せそうでした。大家さんご夫婦の持ち物だった古いソファーを譲り受け大切に使っていて、自分で生活の基盤を作っていく。

その娘も結婚して二人の息子の母親です。親子で依存し合わない、自分の時間、家族を作っていく傾向は、フランスのほうが早いのではないかと感じます。

大人になるためには、孤独の本質を知ること、孤独の中から生まれるものが重要です。始終、群れていたら「思考」は熟成しませんし、「創造」も生まれません。これは、私の人生の軌跡を振り返り、実感を込めて申し上げますが、〝自分の目で見て、肌で感じること〟を大切に、信じて歩んでほしいと願います。

この思考は夫であったイヴ・シァンピ氏の影響が大きいものでした。彼は、結婚後すぐに欧州をめぐる二カ月間の旅に連れていってくれたこと、映画監督として常に社会的作品を撮り続けてきたこと、日常的な会話の中からも権力や既成概念に振り回されないこと、「見てしまった人は、見なかった前に戻ることはできない」と語り、判断は自分自身の精神を基準に決めていくという思考を実践していました。

私自身、一九六八年の「五月革命」、ほぼ同時期に起きたチェコスロバキアの民主化運動「プラハの春」を現地で体験し、紛争の現場へ実際に出かけ、血腥《ちなまぐさ》い長い歴史、深く刻まれた文化を、目で見て、肌で感じて「見てしまった人間」の言葉で書き続けてきました。ふと立ち現れた、人との出会い、事件との遭遇、差別の存在を体験したこと……そんな非日常に平穏な日常を捨て、突き進んでいったのです。

そして、結婚でパリへ渡ったころから理不尽な仕打ち、中傷、いわれなき嫉妬、夫との悲しい別離、数知れない難儀が私の人生を襲ったこともあります。そういったとき、私は誰に助けを求めることもなく、何かに縋《すが》ることもなく、ひとり、〝絶望という情熱〟が支えてくれました。

絶望のとき、燃え上がる情熱は、私に微笑みを、どうしようもない怒りのときは、声をあげて笑わせてくれる感情が湧き起こります。激しく、しなやかに、私を支えてくれる絶望という情熱は、孤独の中から生まれたものと言っていいでしょう。〝世間〟なるものが作り上げた曖昧な常識に、自分をはめ込んで生きてはいけない、という信念はこの先も持ち続けていきます。

小説『わりなき恋』の中で、「デラシネ」という言葉を使いました。「根なし草」と訳されることが多いですが、私の解釈は違います。「デ」はフランス語で否定の意味。「ラシーヌ」は「根っこ」。正確には「引き抜かれた根」です。根っこはあるのです。私は、自分の意志で根を抜き、瑞々《みずみず》しい根っこのまま、旅を続け、何処にも根を下ろさない、そんな「デラシネ」だと思っています。その始末は自分で決めていきます。誰のものでもない、自分の人生ですから。

時にしなやかな思考で、時に絶望という情熱を燃やしながら、孤独を道連れにして過ごす日々です。

構成・文＝相原　透

作家

田中慎弥

引きこもり作家のリアル

たなか しんや　作家。一九七二年、山口県生まれ。山口県立下関中央工業高等学校卒業。「冷たい水の羊」で新潮新人賞、「蛹」で川端康成文学賞、『切れた鎖』(新潮文庫)で三島由紀夫賞、「共喰い」で芥川賞を受賞。著書は他に『田中慎弥の掌劇場』(集英社文庫)、『孤独論』(徳間書店)、『宰相A』(新潮文庫)などがある。

大学受験に失敗したことがきっかけで、山口県下関市の実家に引きこもって一五年。ひたすら本を読み、小説を書き、二三歳で作家としてデビューした田中慎弥。現在は東京都内で一人暮らし。原稿は手書き、パソコンもメールもスマホも使わなければ、当然SNSでつながることもない生活を送る。『孤独論』（徳間書店）で社会の奴隷状態からの脱却のための孤独の大切さを論じた、芥川賞作家の〝充実した〟孤独な生活とは――？

――芥川賞受賞時、〝引きこもり作家〟と称されていた田中慎弥さんの一日をお聞かせください。

田中　七時前後に起きてテレビを見ながら朝食の準備をして食べて、家事をやったりやらなかったり。

午前中は本を読んだり出版社と連絡をとったりすることが多く、一〇時くらいから仕事を少しだけして昼食。その後、日によって三〇分ほど昼寝をして、それからですかね、本格的に仕事をするのは。合間にまた本を読んで寄り道したりしつつ、一七時ごろまで書いて買い物に行きます。買い物はほぼ毎日、スーパーに行ってその日の魚や肉を買います。

買いだめはしません。下関に住んでいたこともあって、魚に関してはわりと舌が贅沢になっていて、その日その日で新鮮なものを買います。

実家にいたころは主に母が料理していましたが、昼は母が仕事でいないので自分で簡単なものをつくっていましたし、亡くなった祖父が自分で魚をおろす人で、横でいつも見ていたので、料理に関して不自由はないですね。ほとんど自炊しています。酒は日によって料理に合わせたものを飲み、週に一日か二日は飲まないようにしています。夕食後は本を読んだりテレビを見たりして、〇時ごろに寝る。

――一人の時間をつくるために誘いを断ることはありますか。

田中　締め切りが迫っているときは断ることもありますが、基本的に家で一人で仕事しているので、たまに誘いがあればなるべく対応するようにはしていますね。引っ張り出してくれる人がいたほうがありがたいです。コロナ禍で人と会う機会が減り、他者と過ごす時間も大事だと実感しました。自分はネットに接続されない生活なので、リモート飲み会などもありませんし。

――そもそも一人になりたいと思うことは。

田中　それはありますよ。お酒の席は楽しいし大好きですけど、あまり続くと人がいる雰囲気に引きずられて疲れが残るというか、不快ではないけれども、その時間が終わるとホッとしている自分に気がつくことはあります。いろいろな人の考え方、しゃべり方、言葉のやりとりによって、自分の言葉がなくなってしまうような状態になるんです。人と話すことでいろいろな考えや言葉を取り込めるということもありますが、私の場合は職業柄、本を読んで書き言葉を視覚から取り入れて、それらを徐々に溜めて熟成していくほうが有効だと思っています。コロナ禍で自宅にいることが多かった間は、以前読んだ『戦争と平和』や『ドン・キホーテ』などの長編を読み返していました。

――デビュー前に引きこもりをしていた時期と比べて孤独のスタイルに違いはありますか。

田中　今は一人暮らしですが、仕事で人に会う機会が多いということもあり、孤独感は実家で母と同居していたころのほうが強かったかもしれない。客観的に見て孤独であることと、孤独感をもつことは違うのかもしれないですね。いずれにせよ実家にいたころも今も、「寂しいから誰かに会いたい」と思うことはあまりありません。

書くことで薄れる孤独感

――芥川賞に四度落選していますが、そのとき孤独を感じたことはありますか。

田中　「どうなるのかな」とは思いましたね。このまま書かなければ生活できなくなるという不安もありますし、受賞者が羨ましい、自分はおいていかれる、忘れられるという感覚もありました。ただ、ありがたいことに書く場が与えられていたので、仕事をすることでそういった孤独感のようなものをまぎらわせることができると思っていたのかもしれません。

よそ者感＝孤独感

――小説を誰かに読んでもらってアドバイスを得ることは？

田中　以前から編集者以外の人に読ませるということはありません。現実的に職業になればと思っていましたから、「これだけ書いたから誰かに読んでもらいたい」といった気持ちはなく、最初から職業として厳しい目にさらされるほうがいいだろうと考えていました。

――読者からのファンレターは読みますか。

田中　たまーに転送されてきますから、一応目は通します。でも、返事を書くことはないですね。重たい内容のものもけっこうありますから、うかつには返事を書けない。

――ふだんの通信手段は固定電話、ＦＡＸ、自分の足。情報源はテレビのみということですね。

田中　そうですね。母に手紙を書いたり、編集者に事務的な手紙を書いたりすることはあります。新聞は実家にいたころはとっていましたが、今はとっていません。情報が入ってこないならこないで特に困らない。とんでもないことが起きていればテレビでわかりますから、大丈夫ではないでしょうか。

――本はどのようにして買っていますか。新刊情報はどこで得るのでしょうか。

田中　本屋に行ってなんとなく見て、好きな作家さんの新作があれば買うし、手に取って「読んでみようかな」と買うこともたまにあります。行きつけの書店は特にありません。週に一回ぐらい新宿か渋谷あたりの書店をぶらぶらする。雑誌はあまり買わないですね。

――作品を読んで「この作家さんに会いたい、話してみたい」ということは。

田中　特にないですね。いろいろな作家の方にお会いする機会がありますが、細かい感想はお互いに言いません。「面白かったです」程度。基本的に、作品と作家は別のものだと思いますし、私小説なら本人と結びつけてもいいんでしょうけど、やはり小説として独立した面白さがあると思うので。

――二〇一二年に芥川賞受賞後、同級生から連絡は?

田中　連絡もありましたし、飲み会の誘いもありましたが、行きませんでした。中学のときに親しい友達は何人かいましたけど、高校に行ってからはバラバラになりましたし。そんなに会いたいということはないですね。地元の友人関係はもうないですね。

――好きな街、嫌いな街はありますか。

田中　たとえば、銀座は自分の来るところではないと思いますし、新橋もサラリーマンの来るところであって、フラフラしている作家が来るところではないと思う。仕事が終わってネクタイを緩めて飲んでいるおじさんたちがかっこいいんですよね。自分はそういう生活をしないまま作家になってしまったのでいづらい。東京は居心地悪くはないけれど、どこに行っても自分はよそ者という意識は強いですよね。

――それは自分のルーツを常に感じて生きているからでしょうか。

田中　いや、生まれは山口県ですが、たまたまそこで生まれただけですから。懐かしいと思うことはあるし、地元に帰ればそれなりに羽は伸ばしますが、そこに郷土愛やルーツを感じるということは特にない。そこを精神的に頼りにしていることもないし、逆にわだかまりもないです。

――よそ者感＝孤独感というわけではないんですね。

田中　それはそれであるかもしれないですね。東京対自分で考えると、ここには大勢の人がいるけれども、自分はこっそり入ってきた、おいてもらっている身なんだというような気持ちがあります。

焦りなき引きこもり時代

――今後、誰かと一緒に生活するという可能性はありますか。

田中　絶対に結婚しないと決めているわけではないので、それはどうなるかわからないですね。ただ、月曜から金曜まで仕事をして土日は家族サービスという生活はできないので、自分が家族をもつというイメージがわかない。家族が増えて作家の仕事で食っていけるのかという不安も大きい。作家としてずっとやっていけるのか、ということはいつも思います。本がどんどこ売れるわけではないですから、本当にわからない。だからもっと仕事をしなければいけないんですけど。

——将来の不安と孤独が一緒くたになって、誰かと話したいという気持ちになりませんか。

田中　人と会って酒を飲めばそのときだけ気晴らしにはなりますが、最終的には自分で仕事をして収入を得て食べていくということは変わりませんから、それがつらくなったらもうこの仕事はできないですよね。

——自分は孤独だと感じたとき、つらくはないですか。

田中　私はまず兄弟がいないし、幼いころに父を亡くし、家族も母と祖父だけ。友達もそんなに多くはなかったし、子どものころから人と常に一緒にいるという状態ではなかったんです。だから引きこもり期間も「どうにかしなきゃいけない」と思ってはいたけれど、不快ではなかった。焦るほうが健全なのかもしれませんが、特に焦ってもいなかった。

ただ本を読むことや文章を書くことは続けていたので、社会的に見れば何もしていないし、誰にも理解はされないだろうし、必ずうまくいくとはかぎらないけれど、「どうにもならないってことはないんじゃないかな」という予感はありました。結果として、今考えれば間違ってなかったと思えるわけです。環境としてもやり方としてもかなり特殊だったと思うので、「私みたいにすればいい」とは絶対に言いません。ですが、今もし無理をして周囲や社会と足並みを揃えて働き、一人になって息をつく時間すらもたず好きなことにも目をつむっている人がいるならば、私のような生き方もあると伝えたいですね。

構成・文＝安楽由紀子

高村友也

作家

「意識の孤独」の手綱を引いて生きる

たかむら ともや　作家。一九八二年、静岡県生まれ。東京大学文学部哲学科卒業。慶應義塾大学大学院哲学科博士課程単位取得退学。著書に『自作の小屋で暮らそう Bライフの愉しみ』『スモールハウス 3坪で手に入れるシンプルで自由な生き方』(共にちくま文庫)、『僕はなぜ小屋で暮らすようになったか 生と死と哲学を巡って』(同文舘)、『存在消滅 死の恐怖をめぐる哲学エッセイ』(青土社)など。

「一人になりたい」という感情を突き詰めていけば、その先には何があるのか？　自ら建てた小屋に住み、生活全体を孤独に投げ込むことで見えたものは？　孤独の森に迷い込み、図らずも自らを壮大な「孤独の実験」に投じることとなった作家・高村友也による「孤独の最前線」報告。

意識の孤独と生活の孤独

如何にして自分の頭の中から出るべきか。ここ数年のあいだ、ずっと問い続けている。どこまで行っても閉ざされた自分の頭の中から出ることができない。一人でいても人といても、部屋にいても街を歩いていても、「あぁ、独りだな」と思う。「孤独」と聞いてまず思い出すのはこの感覚、つまり「意識の孤独」である。子供の頃、他人と共に考え、虫や草木と共に生き、自分の頭の中から飛び出して世界を豊かに活き活きと感じていたことは、ただの幻想だったのだろうか。どちらが本来の意識の在り方なのだろうか。意識は本来孤独であり、その上で他人の気持ちを推し量ったり共感したりするのであろうか。それとも、意識とは本来共有されているもので、ある特殊な状況下において孤独になるのであろうか。

「孤独」という言葉は、一般的な用法としては、おそらく「人がいなくて寂しい」といったニュアンスを含むであろう。この「寂しさ」の感覚は、それまである対象と共に生きていたからこそ、また、その対象がまぎれもなく自分の意識の一部だったからこそ、その欠損を自分自身の一部の欠損のように感じ、胸が痛むのである。つまり、誰かや何かと共に生きることのできる、孤独ではない意識の中において初めて、「寂しい」という意味で孤独であったり孤独でなかったりする。一方、人と共に生きていない孤独な意識の中においては、そもそも出会いや別れという事象は生じないのである。したがって、「孤独」という問題において、感情的な寂しさは昨今の社会問題としてしばしば取り上げられるが、孤独の構造としては「意識の孤独」のほうがより根源的な位置を占めているように思う。

二〇代の後半に、一人でいることを強く望んだ時期があった。大した貯《たくわ》えもなかった私は、吝嗇《りんしょく》こそが一人になるための最も確実な方法であると考えた。そうして、山の中に安価な土地を買って自分で小屋を建てて暮らし始めた。またその数年後、本が読みたくなって、少し都市部の大きな図書館に近い河川敷に再び安価な土地を買ってテント暮らしを営んだりもした。

集団で狩猟や農耕を営むような原始的な共同体においては、常に一人でいる人間は他の人々の目には頭のおかしい異様な存在に映り、排除されるかもしれない。しかし現代の日本において、一人でいることを望む人間が実際に一人でいることはさほど難しいことではないし、奇異の目で見られることも少ない。逆に言えば、普通の年齢の普通の健康状態の人間が「一人になりたい」と思ったときにブレーキがかからない。私も然《しか》り、馬鹿正直にアクセルのみを踏んで、そうして一人になった。

「一人になりたい」という欲求は、あくまで、孤独ではない意識から生ずる感情である。最初から他人と心が切れていれば、わざわざ一人になる必要性はない。他人や世間に対する執着心を断つことができないからこそ、その反動で物理的に一人になりたいと願うのである。したがって、孤独に対する渇望や一時的な逃避はかえって己の執着心を暴露してしまう。それがわかっていたからこそ、旅をして一人の時間に癒されるといった類のことではなく、「生活の全体」あるいは「生活そのもの」が孤独でなければならないと思った。だから、生活の一部分ではなく、生活そのものを孤独の中に放り込んだ。帰る場所をなくすことで、執着心の僅かな痕跡さえも消してしまおうとした。

「自分自身ではない何か」の必要性

ところが、生活が孤独になると、やがて意識も孤独になってゆく。「意識を通わせ合う」ということをしないでいるうちに、それが一体どういった営みであったのか忘れてしまう。それができる多くの人が、まるで魔法でも使っているかのように思えてくる。そうやって他人の存在そのものが消えてゆくにつれて、他人や世間に対する執着心も、他のあらゆる感情と共に、良いものも悪いものも全てを巻き込みながら破壊的な方法で消えてゆく。つまり、他人や世間に対する執着心という自分の汚点が「意識の孤独」によって消えてゆくので、このときもまた、ブレーキがかからなかった。自分の意識が自分の頭の中に閉ざされてゆくことに抵抗を感じないどころか、良いことであるとすら思えた。まるで自分が人として強くなったかのような錯覚すら抱いた。

意識が自分の頭の中に閉じ込められた結果、「自分自身からの逃げ場」がなくなった。自分の頭の中が平穏であるときは、それでもいいかもしれない。けれども、不安、恐怖、苦痛、後悔といった否定的な感情が狭い意識の中で反響して留まり続けるとき、身を守る術《すべ》がない。些末《さまつ》な例だが、たとえば、自分で小屋を建てていて金槌《かなづち》で釘を打ち損じて自分の指を叩くことがある。山の中で一人でこれをやると、痛みが自分の中で反響し、増幅し、逃げ場がない。ものすごく痛い。世界が痛み色に染まる。

否定的な感情を自分一人で処理できるのが立派なことであり、「怖い」「痛い」「不安だ」と喚《わめ》くのは情けないことであろうか。確かに、金槌で指を叩いたくらいのことであればその通りかもしれない。けれども、あるとき「一人では生きてゆけない」と思う瞬間が訪れた。自分の意識がいつか消滅して永遠に戻ってこないこと、つまり「自分の死」について考えたときである。私は不安と恐怖でパニックを起こし、自分の意識の逃げ場をなくしてきたことを猛烈に後悔した。心の底から、他人の存在が必要だと思った。たとえそれが人ではなかったとしても、「自分自身ではない何か」が必要だと思った。仮に私が清く正しい人間になって心の中から否定的な感情を排除したとしても、「死の観念」だけは消すことができない。一点の曇りもない平穏は、ありえない。だから、孤独な意識では生きてゆけないだろうと思った。

「自分の死」について考えたのは、それが初めてではない。幼い頃、布団の中で「死の観念」と初めて出合って以来、「考えてはいけない」という禁忌の形で、それは常に傍らにあった。けれども、たとえ折にふれて自分の死について考えたときでも、それとは別に、私がこの世に生を受けてから出会った多くの人に支えられた日常という意識の流れがあった。とても大きな逃げ場があったのだ。孤独な意識の中には、その逃げ場がない。

自分の制御が及ばない不自由さと共に

山小屋に住んでいた頃は、湧き水をポリタンクに汲んできて、キッチンに置いていた。そうしてひとつひとつのことを自分の頭で考え、その思考の集積で成り立っている小屋での生活は、まるで自分の脳内に住んでいるようであった。自分の頭の中からの逃げ場であったはずの「日常」が、再び自分の頭の中なのである。そうやって私の「意識の孤独」は地盤を固められてきた。

私は自分の生活が間違いだったと認め、都内にアパートを借りたこともあった。なんだかもう、人と違う特別なことは何もしたくなかった。「普通の生活」に憧れていた。あたりまえだが、蛇口を捻《ひね》ると水が出てくる。他人の作ってくれた家の中で蛇口を捻って上水道から流れてくる水を使うということは、過去や現在の多くの人の知恵の恩恵を信頼し、身を委ねるということである。そして何より、今この瞬間に多くの人が同じことをして生きている。私個人の時間も、時代や社会という大きな時間の流れの中にあることを、ほんの少し実感することができる。私個人の意識が異常に傾いたとき、時代や社会という大きな時間の流れが助けてくれるのである。この時代、この国にあたりまえの生活をすることは、私一人では支えきれない「意識の正常さ」を保つ上で、とても大切なことだった。

畑をやってみたこともあった。私は、私の意識が「自分以外のもの」に向かうことを求めていた。家のような工作物を作るときは、今日はここまでやった、明日はここから、というように、その変化が常に自分の思考の内部に留まる。しかし、野菜は自分が知らない間にも変化している。そこに、自分と関わりつつも自分のものではない時間軸を見出すことができる。そうすることで、意識がほんの少し、自分の外へ出る気がする。言い方を換えれば、自分の制御が及ばない不自由さと共に生きることにこそ、救いがあるように思う。

私はそうして、人と共に生きている証拠や、意識がふっと自分の外に出る瞬間をかき集めながら生きてきた。死の問題は解決できないかもしれないが、意識の孤独はきっと解決できる。解決というのは、意識の孤独を完全に否定したり消し去ったりすることではない。

冒頭で述べた通り、意識というものの本来の在り方が「個」であるか「共有」であるかわからない以上、その孤独を消去できる保証などどこにもない。色々な生活環境を試したが、結局のところ、意識の孤独や死の不安が消え去ることはなかった。そうではなくて、意識の孤独が肥大化し、人格の全てを覆い尽くすことのないよう、うまく手綱を引いて、孤独と共に在り続ける術を学ぶことである。そうすればなんとか、生きてゆけるのだろうと思う。

私が小屋を離れ、東京をはじめ方々を彷徨《さまよ》ってあれこれ試しては、最終的に手に入れたものは、「意識の孤独と共に在り続けるしかない」という覚悟、あるいは諦観であった。孤独も、死の不安も、消しようがない。その厳然たる事実がまず前提にあって、それでもなんとかごまかしながら生きてゆく中で、意識がふっと自分という枠を超え出て他人や外界と溶け合う、そうした素敵な瞬間があるかもしれない。それは結局、どこでどんな生活をしていても同じことなのだ。その覚悟ができたとき、私はまた小屋に戻って生活しようと思った。

二〇二一年の末に、私は東京のアパートを引き払って、再び小屋へ越してきた。自然環

20代、1人でいることを強く望んだ時期に山の中に土地を買い、自分で小屋を建てた。生活が孤独になると意識も孤独になっていくなか、一旦、東京に戻る。それでも2021年、東京のアパートを引き払って再び小屋へ。小屋は外界との垣根を感じさせない空間に建て直した。撮影＝高村友也

境の中にある小屋は、留守の期間が長いと傷みも早く、思い切って新しく建て直した。以前の小屋も四畳と小さかったが、今度はさらに小さく、二畳の空間にベッドとキッチンと薪《まき》ストーブを詰め込んだ。南側には全面のアクリル板をはめ込んで、部屋の中から雑木林が見渡せる。小さいながらも外界との垣根を感じさせない開放的な空間に仕上がった。

今は、意識の孤独は当たり前にそこに在って、以前のようにそれに圧し潰されそうになることはない。日常を覆っていた大きな不安も、どこ

かへ霧消してしまった。季節は移り変わり、雨が降っては乾き、動植物は生死を繰り返し、私の体内には百兆もの微生物が住んでいる。私はやはりそうした大きな時間の流れの中で生きている。私は意識の孤独の手綱を摑《つか》み、それに振り回されることがなくなったことで、以前は気付かなかった小屋暮らしの中での「自分ではないもの」を、冷静に、穏やかに、ひとつずつ見つけては味わうことができるようになった最近である。

lesson Ⅲ 孤独の深層にせまる

群れることを避け、個の状態になったとき、人間の創造力は高まる。
それは、経験と環境によって磨かれる能力なのか？
選ばれし者のみに授けられた特権なのか？
孤独と創作活動の関係を解読する。

隠遁者の孤独

林　望

作家

はやし のぞむ　作家、国文学者。一九四九年、東京都生まれ。慶應義塾大学大学院博士課程満期退学。ケンブリッジ大学客員教授、東京藝術大学助教授を歴任。『イギリスはおいしい』（平凡社）で日本エッセイスト・クラブ賞、『謹訳源氏物語』（全一〇巻、祥伝社）で毎日出版文化賞特別賞を受賞。近著に『役に立たない読書』（インターナショナル新書）、『謹訳平家物語』（全四巻、祥伝社）、『謹訳徒然草』（祥伝社）などがある。最新刊は『リンボウ先生の　なるほど古典はおもしろい！』（理論社）。

世俗から離れて晴耕雨読の日々……。汲々とした日常を送っている人間の目には、隠逸《いんいつ》の暮らしは理想的に映る。古くは中国六朝時代の詩人陶淵明をはじめ、京の詩仙堂《しせんどう》を作った石川丈山《じょうざん》など隠逸の暮らしを送った先人の姿をたどり、見えてくる孤独のかたちとは？

陶淵明に「田園の居に帰る」という詩がある。この名高い隠者（と、こういう言い方に、すでに形容矛盾が内在するのだが）にはまた、『文選《もんぜん》』巻第三十の「雑詩二首」やら、『同』巻四十五の「帰去来辞《ききょらいのじ》」など、その隠逸の心事《しんじ》を詠じた詩がかれこれ良く知られていて、古今日本の文学にも大きな影響を及ぼした。そこで、今、この「田園の居に帰る」という五言詩をまず一覧してみよう。便宜、本文は読み下し、附するに私訳を以てしたいと思う（読み下しは天和三年刊和刻本『古文真宝前集』巻三に拠る）。

田園の居に帰る

陶淵明

少《わか》うしてより俗韻《しょくいん》に適すること無し　性本《せいもと》より丘山《きゅうさん》を愛す

誤って塵網《ぢんまう》の中《うち》に落ちて　一去《いつきよ》す三十年
羈鳥《きてう》は旧林《きうりん》を恋《した》ふ　池魚《ちぎよ》は故淵《こゑん》を思ふ
荒《くわう》を開く南野《なんや》の際《あひだ》　拙《せつ》を守つて園田《ゑんでん》に帰《かへ》る
方宅十余畝《はうたくしふよほ》　草屋八九間《さうをくはつきうかん》
楡柳後簷《ゆりうこうゑん》を蔭《おほ》ひ　桃李堂前《たうりたうぜん》に羅《つら》なる
曖曖《あいあい》たり遠人《ゑんじん》の村《そん》　依依《いい》たり墟里《きより》の煙《けふり》
狗《いぬ》は吠《ほ》ふ深巷《しんかう》の中《うち》　鶏《にはとり》は鳴く桑樹《さうじゆ》の顛《いただき》
戸庭塵《こていちり》の雑《まじ》はる無く　虚室余閑《きよしつよかん》有り
久しく樊籠《はんろう》の裏《うち》に在《あ》つて　復《ま》た自然《しぜん》に反《かへ》ることを得たり

（私訳）

想えば俺は若い頃から俗世間にはそりがあわず
生来、丘や山を愛してやまなかった
ただ、悪い拍子に出世競争に身を置いて

気がつけば、あっと言う間の三十年だった
旅の鳥はむかしの林を心に慕い
池の魚も故郷の河《かわ》淵《ふち》が懐かしかろう
さあ、俺は南《みんなみ》の荒れ地を耕しに
ただの能無しとして田園に帰ってきた
四角な宅地はわずかに十余《じゅうよ》畝《ほ》
草葺きの粗末な家は八《はち》九《く》間《けん》ばかりに過ぎぬ
それでも背戸《せど》の楡《にれ》や柳《やなぎ》は簷《のき》に緑陰をなし
桃や李《すもも》は家の前に列《つら》なっている
隣村といってもぼおっと霞んで見えるほど離れていて
丘辺の村里にはほのぼのと竈《かまど》の煙が上がっている
どこか路地の奥あたりで犬が吠える声がして
鶏は桑の樹のてっぺんで鳴いているようだ
この家にいる限り下らぬ雑事は押し寄せても来ず

空っぽの部屋にはのんびりとした時空がある
もう久しいこと俺は籠の鳥であったが
かくてまたあるがままの暮らしに帰ることができたのだ

理想としての隠遁生活

こういう隠逸の暮らしは、背後に老荘思想が色濃く反映していて、この詩でも、『老子』第八十にいわゆる「小国寡民《しょうこくかみん》」を理想とする考えが顕著である。夢想上の理想境は、ほんとうに小さな国にわずかの国民がいて（これを村落と村民と読み替えてもよい）、舟にも輿《こし》にも乗らずして一生その郷中にいる。在るものを旨《うま》いと思って喰い、粗服《そふく》に甘んじ、その草屋《そうおく》の生活を楽しむ。隣村の犬や鶏の声が聞こえるほどだが、往来はしない。とまあそういう境界《きょうがい》を一つの理想とする考えがこれである。

同じく陶淵明の『桃花源記《とうかげんのき》』にも「鶏犬相聞《けいけんあひき》こゆ」とあって、彼が、こうした夢のような理想郷への憧憬《しょうけい》を強く抱いていたことがわかる。そういう境《さかい》に重ねながら、ここでは、官途《かんと》を捨て、富貴《ふうき》を願わず、ただ田園の草廬《そうろ》に隠遁して世外《せいがい》の暮らしをするという、無欲

横山大観が描いた「五柳先生」。五柳先生とは陶淵明の号で、家の前に5本の柳があったところからの名という。
「五柳先生（右隻・部分）」　出典:ColBase（https://colbase.nich.go.jp/）

にして名利《みょうり》を離れた境地が描かれているのである。かかる理想境に於て、なんの苦悩も欲望もなく、酒を飲み、菊を采《と》り、無能の人となりおおせて暮すということは、まず夢想としては、じつに魅力的な世界であったに違いない。

なにぶん、人が生きてゆくということは、利害の衝突、得意や失望、恨みや嫉《ねた》み、運不運、思いがけぬ病《やまい》や苦痛、しかも仏教にいわゆる生老病死《しょうろうびょうし》の「四苦《しく》」は、帝といえども遁《のが》れることができぬ。それが人生の、やむにやまれぬ実相だからである。

そこで、こういう空想的な隠逸生活というものが、それら世俗の苦悩から遁れるための、こよなき理想であり、また慰安でもあった。

ただし、こういう隠逸の暮らしをすれば、孤独ということが避けられない。仙人にあらぬ身は飯も喰わねば命をつなげず、現実は真に隠者たらんとすれば、貧窮をも覚悟しなくてはなるまい。孤独や貧窮が辛《つら》い、寂しい、悲しい、とそのように否定的に感じられる人には、それが山林に隠れるのであるにせよ、あるいは市中に隠れるのであるにせよ、とうてい耐えられないことに違いない。ここに、隠逸というものの、慰安であり同時に苦痛であるという、矛盾した性格がある。

妻への挽歌

かかる文学化された隠遁生活にあっては、すくなくとも文辞上は、陶淵明よろしく、それを悠々として愉しむという心が表明されなくてはならぬ。

しかしながら、わが日本文学の伝統を辿ってみると、それとは別に、まずは、妻に先立たれた夫の孤独というような心事を描いた作品にも逢着《ほうちゃく》するのである。

『万葉集』巻第二の、柿本人麻呂がその亡妻を哭《こく》する挽歌《ばんか》のようなのがそのさきがけであるが、私などがもっとも涙ぐましく味読するのは、『同』巻三、大伴旅人《おおとものたびと》の名高い歌どもである。

京《みやこ》なる荒れたる家にひとり寝《ね》ば旅に益《まさ》りて苦しかるべし（四四〇）

旅人は、大宰帥《だざいのそつ》であった頃、神亀《じんき》五（七二八）年に妻を亡くした。そうして、二年後、天平二（七三〇）年に任果てて上京する直前に詠んだのが、四四〇の歌である。「これから都にある荒れ果てた家に帰って、俺は独り寝をしなくてはならぬ、そうなったら、苦しい旅寝より、もっとはるかに苦しいことであろうなあ」というのである。その悲しい予見を想像すると、じんわりと胸に響くものがある。そうしてこの歌には続きがあって、帰京後に、「人もなき空しき家は草枕旅にまさりて苦しかりけり（やっぱりだ、こうして実際にお前のいない空っぽの家に帰ってみれば、草を枕の旅の辛さより、よっぽど苦しかったじゃないか）」（四五二）と詠じて、そのがらんどうの家に妻の居ない深甚の孤独を噛みしめているのであった。

また次の歌は、帰京の途上、敏馬《みぬめ》の岬を通ったときに詠じた歌である。

妹《いも》と来《こ》し敏馬《みぬめ》の崎を還《かへ》るさに独りし見れば涙ぐましも（四四九）

「任国へ下るときは、お前と一緒に来たっけなあ……この敏馬の岬をば、今こうして帰り道、俺一人で見ると、どうしても涙ぐまずにはいられぬぞ」とこういう感懐に、私どもは時代を超えて同情するものを感じるのである。

孤独、二つの分裂した世界

挽歌というものは、もともとは、死者の魂に呼びかけて、どうか戻ってきてほしいと願う「たまよばい」の儀礼の歌なのだが、旅人くらいの時代になると、そういう儀礼的な意味よりも、むしろ情緒的な本音に近いものが表出される。

とはいえ、こういう旅人の亡妻への追慕と悲傷というような文学も、実は『文選』にその先蹤《せんしょう》がある。長いのでここにつぶさに引用する紙幅を得ないが、たとえば、その巻二十三、潘安仁《はんあんじん》が亡妻を悼んで詠んだ「悼亡詩三首《とうぼうし》」の如きがそれである。曰く、「彼の翰《かん》林《りん》の鳥の雙《なら》び栖《す》みて一朝《いっちやう》に隻《ひと》りなるが如し、彼の游川《いうせん》の魚の目を比《なら》べて中路《ちうろ》に析《わか》るるが如し」といい、「寝興《しんきやう》して目形《めかたち》を存す、遺音《ゐおん》猶《なほ》耳に在り」（読み下しは慶安五年刊和刻本による）と。こういう形で、死に別れた妻の存在を思い求めて悲泣《ひきゅう》するということ、これもたしかに深い孤独の表現であって、しかもそこには悲しみのみあって桃源郷的愉悦などまったく無関係である。

したがって、孤独というタームを巡って考えようとするとき、その本質には、文学化されて楽しむ理想郷の孤独と、生の悲哀を心底噛みしめるような真実の孤独と、真っ二つに分裂した世界があるということに、まずは思いを致しておかなくてはならぬ。

では、たしかに孤独な生きかたをした人には違いなかった鴨長明の『方丈記』などはどうであろうか。

鴨長明は、京都の下賀茂神社の社家《しゃけ》の血筋に生まれ、父は禰宜《ねぎ》鴨長継《ながつぐ》。彼は次男であったので、父方の祖母の家を相伝して住んでいたらしいが、しだいに没落し、やがて父の死後は、後ろ盾を失って神官としての道もとざされ、妻子とも別れ、相伝した邸も出て、失意の内に青年時代を送っていたらしい。この頃の家が、作中に言う「わが身《み》、父方の祖母《おほば》の家をつたへて、久《ひさ》しくかの所に住《す》む。その後、縁欠《か》けて身衰《おとろ》へ、しのぶかたがたしげかりしかど、つひにあととむる事を得《え》ず、三十《みそぢ》あまりにして、更にわが心と、一の菴《いほり》をむすぶ。これをありしすまひにならぶるに十分《じふぶ》が一なり」といっている住まいであろう。そういう苦難の時代が長く続いた後で、建仁元（一二〇一）年、後鳥羽院の再興した和歌所《わかどころ》の寄人《よりうど》に、四十六歳にして抜擢されたのが、彼の僅かな栄光の日々であったが、その後、院の意向で下賀茂の摂社河合社《ただすしゃ》の禰宜に補《ふ》せられるはずであったのも、一族の鴨祐兼《すけかね》の横槍によって果たさずに終った。

結局、社会的には常に不遇のまま五十歳の春に出家遁世して、大原に隠棲し、さらに六《む》十路《そじ》近くなって、「更に末葉《すゑは》の宿《やど》りを結べる事あり。いはば、旅人の一夜《ひとよ》の宿をつくり、老いたる蠶《かひこ》の繭《まゆ》を営《いとな》むがごとし。これを中比《なかごろ》の栖《すみか》にならぶれば、また百分《ひやくぶ》が一に及ばず」と言っているのが、『方丈記』の題号のいわれともなった、日野山の方丈の庵である。

『方丈記』に見る隠遁者の孤独

こういう長明の行実《ぎょうじつ》のありようを勘案しつつ、『方丈記』の記述を読んで行くと、たとえば安元三（一一七七）年の大火、治承四（一一八〇）年の辻風（竜巻）、福原遷都のための都の破却、また疫病の流行、元暦二（一一八五）年の大地震など、打ち続く天変地異の一つ一つの記述には、不思議な力が籠っている。おりしもその時代は、『平家物語』などに描かれた源平闘諍《とうじょう》の真っ最中であった。

安元の大火の記述は「或は身ひとつ、からうじて逃《のが》るるも、資財《しざい》を取出《とりいづ》るに及ばず、七《しつ》珍万宝《ちんまんぼう》さながら灰燼《くわいじん》となりにき。その費《つひ》え、いくそばくぞ。そのたび公卿《くぎやう》の家十六焼《や》けたり」と都の公家社会が滅んで行くのを、冷徹な筆致で書き、さらに「人の営《いとな》み、皆愚《おろ》かなるなかに、さしも危《あや》ふき京中《きやうぢう》の家をつくるとて、宝《たから》を費《つひや》し、心《こころ》を悩《なや》ます事は、すぐれてあぢきなくぞ侍《はべ》る」と続けるのを読むと、そういう世界からスピンアウトして市外に質素な住まいを営むことが賢いのだと、世外《せいがい》に立つ己《おのれ》を正当化し、貴顕《きけん》の大邸宅が目《ま》の当たりに滅んで行くのを、むしろ快哉を叫んで眺めているような気配すら感じられる。そうして、おのれの質素な隠遁の住まいこそ賢者の所為《じょい》だと虚勢を張っているようにも見える。

やがて、終《つい》の住み処《か》とした方丈の庵に籠って、自然を友とし、奴婢《ぬひ》を使うにも及ばず、「手の奴《やつこ》、足の乗《の》り物《もの》」とて、すべて自分の身を役《えき》して、貧しく自由に暮したものであったらしい。

「夫《それ》、三界《さんがい》は只心ひとつなり。心若《もし》やすからずは、象馬《ざうめ》・七珍《しつちん》もよしなく、宮殿・楼閣も望《のぞ》みなし。今さびしきすまひ、一間《ひとま》の菴《いほり》、みづからこれを愛す。おのづから都《みやこ》に出《い》でて、身の乞匃《こつがい》となれる事を恥《は》づといへども、帰《かへ》りてここに居《を》る時は、他の俗塵《ぞくぢん》に馳《は》する事をあはれむ」

と、ただこのささやかな庵に隠棲して心を磨くことのみが人生の楽しみだといわぬばかりの筆致で、たしかにこの孤独な生活のなかに、彼が安心立命の境地を見出したことが領得せられるものの、そこに至るまでに、自分をこういう境涯に落とさざるを得なかった既《き》往《おう》に対して、幾分負け惜しみのような気配も感じられないではない。

とはいえ、富貴栄達などの俗なる欲をいやおうなく離れる人生を送った結果として、彼が僅かな方丈の生活に、いっそ潔いまでの安心を感じただろうことは疑いあるまい。さては、彼が一生の間に、失ったものと、得たものと、天秤にかければ、さあほんとうはどちらが多かったのであろう。ただ、この隠遁生活を縷々《るる》書き残したために、文学史上に不朽の名を残したことだけは確かである。

隠者のチャンピオン石川丈山

下って江戸時代になると、この時代はまた妙に隠遁者が多く現れた。その代表の一人は、東山一乗寺村なる詩仙堂《しせんどう》に隠遁して、

渡らじな瀬見《せみ》の小川の浅くとも

老いの波そふ影もはづかし

という歌を詠じて、以後決して鴨川を渡って京都市中に入らなかったと伝える、隠者のチャンピオンともいうべき石川丈山《じょうざん》（ジョウサンと読むという説もある）という人がいる。さしづめこの人などは、自らを唐土の隠仙にも準《なぞら》えて、陶淵明よろしく世外自在の境地に遊んだ達人というべき人かもしれぬ。

この人は、もともと家康直属の武将であったが、大坂夏の陣に於て、大将軍の下知《げじ》を待たずして先駆けを為したところ、これが軍紀を紊《みだ》るものと叱責を受けた。このため禄を返上して薙髪《ちはつ》のうえ藤原惺窩《せいか》門に入ったという硬骨の士であった。母の没後は俗世を捨てて一乗寺村に庵を建て、詩仙堂と号したことは良く知られる。この庵には、狩野探幽《かのうたんゆう》に嘱《しょく》して唐土の三十六詩仙の肖像を描かせて掲げてあった。詩仙堂は今も存するが、庵というには余りに立派な、風雅を尽した造作《ぞうさく》になっている。おそらくは、若い頃からの知友、京都所司代板倉重宗が、そのパトロンとして後援をしていたものではないかと、私は想像している。ここでは、明人《みんひと》陳元贇《ちんげんいん》を始めとして、林羅山《らざん》、堀杏庵《きょうあん》、下河辺長流《しもこうべながる》、松永尺五《せきご》、松永貞徳などの文人墨客と交わって、文雅を専らとした生活を送った。生涯妻帯はせずに独身を通し、都塵《とじん》を去って隠逸風雅の道に生きたという点では、まさに陶淵明の描いた理想の暮らしぶりに近いものがあったであろう。ただ、その華やかな文人往来の跡を思うに、世俗を去って閉門孤絶の生活をしたというふうには到底思えないが、おそらくしかし、丈山の心の中では、自ら詩隠を以て任じていたかもしれぬ。彼は九十歳という長命を保って寛文十二（一六七二）年に易簀《えきさく》したが、その前年に、板倉氏がその詩を刊行せんことを乞うて、門人野間三竹《のまさんちく》にこれを編ましめ、『覆醤集《ふしょうしゅう》』二巻を刊行した。

これもしかし、考えてみれば、相当な経済的裏付けなくては立ち行かぬ生活で、鴨長明の乞丐《こつがい》孤絶の方丈生活とは似て非なるものであったし、妻帯しなかったとは言いながら、まあこの時代の武将たちに通有の少童愛寵《しょうどうあいちょう》の嗜好があったと見えて、彼の死後に、丈山を尊崇して止まなかった石谷清成《いしがやきよなり》という武士が編んだ『新編覆醤集拾遺《しんぺんふしょうしゅうしゅうい》』という写本（慶應義塾大学図書館蔵）に次のような七言絶句が残されている。

少年を悼《いた》む

只長く断袖《だんしう》の歓《くわん》を成す合《べ》きに　華容露《くわようつゆ》に先んじて吾をして嘆《たん》ぜしむ
香魂艶魄《かうこんえんぱく》知ること有りや否《いな》や　泣いて春風《しゆんぷう》に向《むか》ひて涙《なんだ》未だ乾《かは》かず

この「断袖」というのは、漢の哀帝が、その寵童董賢《とうけん》と昼寝をして目覚めた時、董はまだ帝の袖の上に眠っていたので、それを起さぬように、袖のほうを断ち切って起きた、という故事に基づく表現で、これ自体が男色趣味を指すのである。ついでに言っておくと、後に貞享三（一六八六）年に井原西鶴の門人で西鷺軒橋泉《さいろけんきようせん》という人が書いた『近代艶隠者《きんだいやさいんじや》』という本の巻一ノ二に、丈山をモデルとしたらしい隠者が描かれているのだが、そこにも「然《しか》るに妻《つま》といふ名《な》もなく、その身にいたりて末《すへ》を絶《たつ》もゆへなし、又愛《あい》を断捨《たちすて》て其《その》もとに復《かへる》かとおもふに、邪《よこしま》に小童《しやうどう》を寵《てう》し変《へん》を見てはおどろき、断袖《だんしう》の思ひをのべて、着心《ちやくしん》追悼《ついとう》の詩《し》を作《な》し、春風《しゆんふう》に泪《なみだ》を乾《ほし》兼《かぬ》、是よりして其罪少《つみすくな》からず」と書かれているから、丈山の男色趣味は、この時代の武将として珍しからぬことながら、相当に知られたことであったらしい。まあ、生涯妻帯せずなどと威張ってみても、内実は案外あてにはならず、どちらかというと、孤絶はポーズで、実際は艶隠者《やさいんじや》というべきが妥当な人であったかと思われる。以て、江戸時代の、享楽的な風潮がそこはかとなく窺われるのである。

無名になれなかった奇僧・桃水

最後に、もう一人、どうしても挙げておきたい隠遁者の名前がある。

それは、桃水雲溪《とうすいうんけい》という奇僧のことである。

この人の略伝は伴蒿蹊《ばんこうけい》の『近世畸人伝《きんせいきじんでん》』巻一に出ているが、詳しい伝は、明和五（一七六八）年に刊行された『桃水和尚伝賛《とうすいおしょうでんさん》』という書に記されてある。

桃水は、筑後柳川の商家に生まれたが、幼時より阿弥陀の仏像を抱えて遊ぶなど風変わりな子どもだったので、七歳の時に肥前円応寺の囲巌《いがん》和尚に送って剃髪《ていはつ》せしめた。十三、四にもなった頃、囲巌が「人間に五欲といって、色欲、食欲、睡欲、名欲《みょうよく》、利欲《りよく》がある。このうち色・食・睡の三欲は捨てやすいが、名利《みょうり》の二欲は出家と雖《いえど》も離れ難い」と教えた時、桃水は「さしてもなき事を、難題の様に教化《きやうげ》せらる（大したこともない事を、さも無理難題のように教えらるるものじゃ）」と呟き、師のもとを離れて江戸に移り、また諸国に巡歴して各地の名僧知識に参学したという。その内には、長崎で隠元《いんげん》禅師にも見《まみ》えて、後に宇治の黄檗山《おうばくざん》に寄寓することもあった。やがて、大坂の法巌寺《ほうがんじ》の住持となったが、その言行また自由自在、托鉢《たくはつ》して得たる米はすべて乞丐《こつがい》に施し、銭は餅に代えて乞丐の子らに与えたという。また肥前島原の禅林寺に仮住《かじゅう》の折は、境内の牡丹芍薬《ぼたんしゃくやく》を抜いて茶木《ちゃぼく》に変えるなどしつつ、住すること五年余にして、「老僧先出、東西任情」と書いた紙を方丈門に貼付《ちょうふ》して行方《ゆきがた》知れずとなった。

後に弟子の琛洲《ちんしゅう》という者が、上京して師を捜し得たが、その時桃水は清水寺あたりで乞丐の群れに投じ、まったく物乞いの姿になっていた。琛洲は師に随伴することを願ったが、桃水は許さず、跡を追ってきた琛洲に、大津の堅田《かただ》の路傍で餓死していた老乞丐の死体を埋葬して弔い、その折に死体の脇に残されていた腐った粥を旨そうに喰った。そうして琛洲にもこれを喰わせたが、とても喰うことが出来ずついに吐き戻してしまった。それを見て、万物放下《ばんぶつほうか》の境界にある自分とはまったく生き方が違うのだからと諭して、すぐ去らしめた、と伝える。この時、「上《かみ》は天子将軍より、下《しも》はこの死人等に至るまで、生《うま》るる時に、糸一筋も、米一粒も将来《もちきた》らず、ゆへに死ぬる時も裸《はだか》にて、うへ死ぬが、本《も》ト取《と》リ商ひではなひか」と垂示したという。

桃水はおよそかくのごとく、まったく一物《いちぶつ》も私《わたくし》することなく、醇乎《じゅんこ》たる乞丐放浪《こつがいほうろう》の身となって諸国に跡を隠し、或る時は大津で馬の草鞋《わらじ》を売る翁として見出された。それを見出したのは、雲歩《うんぽ》禅師という高徳の禅僧であったが、その時桃水は「手前は乞匃《こつがい》の身となりて、箇様《かやう》の有り様なれども、はづかしきことは、さらさらなし、もはや、再面はあるまじ、長寿にて、保身あれ」と言って、いずかたへか走り去った。また肥前の島原城下に、知法《ちほう》という尼弟子があったが、なんとしても桃水師に再会したいものと祈念して、伊勢、京と訪ね廻り、ついに五条橋の下の乞丐の群れのなかに発見する。知法は、携え来た金子《きんす》と夜具、夜着などを布施すると、桃水は、たちまちそれを病気の乞丐人に与えて、いずかたへか去ったきり、再びここには戻らなかった。

そうして、その晩年は、京の豪商角倉《すみのくら》氏が桃水に帰依《きえ》して、なんとかして一切の布施にならぬように工夫しつつ安穏に過ごさせたいと願うところとなった。そうして、その所有にかかる鷹ヶ峰の空き小屋を提供し、角倉家の残飯を捨てる代わりに酢に醸《かも》して売るを以てなりわいとして、その無一物の一生を全うせしめたと言う。その遷化《せんげ》の偈《げ》に曰く、

桃水の伝記『桃水和尚伝賛』より（家蔵）。腐った粥を喰った弟子の琛洲は吐き戻してしまう。

七十《しちじふ》余年快《くわい》なる哉《かな》、
屎臭骨頭《ししうこつとう》何の用にか堪《た》えん、
咦真《ああしん》の帰処《きしよ》作麼生《そもさん》、
鷹ヶ峰の月白く風清し

と、こうあったというのだから、桃水にとっては、この無一物放浪の一生は、まさに「快」だったのであろう。

桃水は、天和三（一六八三）年の九月十九日に威儀寂静《いぎじやくじよう》に遷化《せんげ》したが、その隠逸の生涯は、しかし、結局老後になって角倉家の保護下に入るということになり、またあまりの無欲さのゆえに却って有名になってしまって、ほんとうの意味での「無名な存在」として、かつて望んだような路傍の餓死者となって終ることを得なかった。まさに、こうして自身が「有名な隠遁者」になってしまったことを、桃水は地下で無念と思っているかもしれないが、これほど徹底して名利を逃れようとした桃水にして、なおそのことから逃れることが出来なかったという事実は、「隠遁」の生き方というものが、いかに本質的に不可能であったか、つまり一種のイリュージョンでしかなかったかということを、如実に物語るように思われるのである。

漫画家

荒木飛呂彦

孤独のゾンビ映画論

あらき ひろひこ　漫画家。一九六〇年、宮城県生まれ。八〇年に『武装ポーカー』で『週刊少年ジャンプ』デビュー。代表作は『ジョジョの奇妙な冒険』（集英社）。他作品に『荒木飛呂彦の奇妙なホラー映画論』『荒木飛呂彦の超偏愛！映画の掟』（共に集英社新書）、『岸辺露伴ルーヴルへ行く』（集英社）など多数。

漫画家・荒木飛呂彦が三〇年以上にわたって描き続ける『ジョジョの奇妙な冒険』（以下、『ジョジョ』）。その作中には、孤独なヒーローやヒロインが数多く登場する。膨大な数の映画を鑑賞、分析し、自らの創作の糧としてきた荒木にとって、孤独とはあらゆるエンターテインメントの必須要素であり、飽くなき探求の対象のようだ。

数あるジャンルの中でも荒木が特に「心地のよい孤独」を感じるというゾンビ映画、その魅力を繙《ひもと》けば『ジョジョ』創作にも通じる哲学が見えてくる。

――これまでに『ジョジョ』で描かれてきた主人公たちの性格は、「極限的な不条理や災難に屈することなく自らの力で道を切り拓いていく」という点で共通しているように思えます。荒木先生はかねてより、「ヒーローとは孤独に世界に立ち向かっていく存在であり、だからこそ泣ける」とおっしゃっていましたが、これは三〇年以上続く『ジョジョ』のヒーロー、ヒロインたちにも一貫していますね。

荒木　そうかもしれません。ヒーローの第一条件は、「たとえ社会に認められなくとも、自分の信じる道を突き進んでいる孤独な人であること」です。これは僕が最も敬愛しているクリント・イーストウッドの作品に登場するヒーローたちにも共通していることなので、映画からの影響も大いにあると思います。

――映画や小説、漫画などのエンターテインメント作品で描かれるさまざまな「孤独」には、観客や読者を惹きつける何かがあるのでしょうね。

荒木　そうですね。僕の場合は、趣味でよく観ているゾンビ映画に「心地のよい孤独」を感じることが多いですね。

「孤独」という観点から見れば、ゾンビ映画で描かれる絶望はその究極形かもしれません。多くのゾンビ映画では、文明や社会のルールが崩壊した世界に主人公やヒロインだけがポツンと残されていますよね。彼らは誰にも頼ることができず、時には生き残った数少ない人間や仲間からも裏切られ、自分の力だけで極限状態をサバイブしていかなければなりません。そして、そんな絶望的な状況にいる人たちの物語を、自宅のソファーに座ってくつろぎながら観ているときの逆説的な幸福感……これこそがゾンビ映画を鑑賞する醍醐味です。安全なこちら側の世界にいながらにして、極限状態の人々を観察し、「自分ならどうやって切り抜けるだろうか?」と想像を巡らせる。そんな時間がとても好きなのです。

——確かに、多くのゾンビ映画ではすでに文明が破綻した世界が描かれているので主人公たちは否応なく社会から断絶しています。

荒木　ええ。しかし、その一方で、ゾンビが闊歩《かっぽ》する街中には、人類の「遺産」がそのままに残っているわけです。たとえば、ウィル・スミス演じる科学者が、廃墟と化したニューヨークの街を舞台に戦う映画『アイ・アム・レジェンド』では、主人公が無人のレンタルビデオショップで好き放題にDVDを借りたり、誰もいない航空母艦の甲板でゴルフを楽しんだりする姿が描かれています。孤独な状況にあっても、街にあるものを独り占めにし、その生活を堪能している彼の姿を見ていると、たとえ一人きりであっても死者が遺《のこ》したものや文明の遺産とつながっていることを実感できれば、それほど寂しくないのかもしれないな、とさえ思えてきます。

——「誰もいなくなった街で、生き残った人間が好き放題に遊んでしまう」というのは、ゾンビ映画のお決まりパターンでもありますね（笑）。

荒木　そうなんです。僕にとってのナンバー1ゾンビ映画は、ジョージ・A・ロメロ監督の『ゾンビ』なのですが、この作品の中にも主人公たちがショッピングモールに籠城し、商品を好き放題に物色する場面があります。絶望的で閉塞された状況にありながらも物質的には満たされている、というシチュエーションは、ゾンビ映画の傑作に多く見られます。

それから、ゾンビには動きが遅いゾンビと速いゾンビがいるのですが、ロメロのゾンビたちは遅いんですよ。なので、一〇メートルくらい先にゾンビが迫っていても、主人公たちは「まだ大丈夫だな」という感じで店内の商品を物色している（笑）。絶望的な状況を「日常」としているあのユルい感じが、見ている側にとっては環境音楽のようにも感じられてとても心地よいです。

――ロメロの『ゾンビ』では、ゾンビの動きが遅いので、囲まれてもダッシュすれば突破できますものね（笑）。

荒木　そうそう、時にはゾンビを舐めすぎて殺されてしまう奴もいたり（笑）。でも、ほかのジャンルの映画であれば見ていて許せなくなるような愚かな行動でも、ゾンビ映画の場合は許せてしまうのです。常に極限状態であり、パニック状態だからこそ、「下の階に逃げればいいのになんで二階に上がるんだよ！」みたいなツッコミどころも許せてしまう。

――荒木先生にとってゾンビ映画は、「人間の愚かな部分を観察できるジャンル」でもあるのですね。

荒木　ゾンビ映画の本質は、まさに人間の醜さや愚かさが浮かび上がる点にあると思っています。それはつまり、一度崩壊した人間社会で追い詰められた主人公たちがいかにして生き残り、社会を再生していくのか、ということです。ゾンビ映画を観ていると、原始の世界で社会が生まれてゆく過程を観察するような面白さがあるのです。

二〇一〇年から二〇二二年までアメリカで放送されたテレビシリーズ『ウォーキング・デッド』も、この面白さを追求した傑作です。ゾンビに襲われる恐怖やスリルだけを求めてこの作品を観ると、物足りないと感じる人もいるかもしれませんが、『ウォーキング・デッド』の本質はそこにはありません。ゾンビがいる世界では、人がどのように振る舞い、争い、共生しながら社会が更新されてゆくのか。それを緻密に描けるのは、長期間にわたって放送されるテレビシリーズならでは、です。この番組の企画会議に参加したいな、と思ってしまうくらい面白い作品ですよ。

『ジョジョ』で描こうとした「孤独」

——現在、第九部まで連載が続いている『ジョジョ』も、ある意味では「更新されていく世界を観察する物語」と言えるのではないでしょうか。主人公が変わり、舞台が変わってもなお、『ジョジョ』の世界は更新され続け、血や意志は継承されてゆく。その大きな潮流が多くの読者を魅了しているようにも思えます。

荒木　結局は世の中って究極の選択の連続で成り立っているものだと思うのです。そして、その選択が正しいのか間違っているのかは、あとになってみないとわからない。ゾンビ映画にも『ジョジョ』にも、そういう側面はあると思いますし、最後は誰にも頼らず、誰のせいにもせずに自分で選択し、その責任をとるというのも、通じている部分かもしれません。

——あくまで個人的な感想ではあるのですが、第八部にあたる『ジョジョリオン』は、これまでの『ジョジョ』の中で最も孤独が強調されている作品のように思えます。主人公の東方定助《ひがしかたじょうすけ》は記憶喪失の完全な孤独者として描かれていますね。

荒木　人は誰しも、家族がいて、幼い頃の記憶があって……と拠り所をもって生きているものですが、定助にはそれがないという点で確かに孤独ですね。「自分は社会とつながっている」という実感や記憶すらない状況で始まったのが定助の物語なので、本人からすればとても怖いはずです。だからこそ、彼には生き残ってほしいし、幸せになってほしいな、と思いながら描いていました。本当は僕自身も、あそこまで孤独な彼の立場や気持ちを理解しきれていないんです。だからこそ、環境を用意し、周囲の人間や設定を固めていくことで定助の物語を浮かび上がらせていく必要があったんです。

——極限状態におかれたキャラクターを観察して、その先を想像（創造）してゆく、という意味では、漫画を描くこととゾンビ映画を観ることは似ているとも言えるのでしょうか？

荒木　そう言われてみればそうですね。『ジョジョ』の場合、いつも物語のクライマックスはあまり考えていません。なので、キャラクターを困難な状況においた場合、こいつの性格ならこういう選択をして切り抜けるだろうな、ということを毎回描くたびに考えています。

ゾンビ映画の面白さも、実はラストではなく、そこに至るまでの過程にありますよね。

『ウルトラジャンプ』（集英社）で連載された『ジョジョリオン』に登場する東方定助は、記憶を失い、身寄りもない主人公として描かれている

最後はめちゃめちゃになってしまったり、ヘリで逃げるだけだったりと、尻すぼみなことも多いですから（笑）。

映画は一人で観たい

――『ジョジョ』を敬愛されていることで知られる冨樫義博先生も、荒木先生と同様に映画を分析的にご覧になり、創作に活かしていると公言されています。やはり、同業者間で映画について議論をしたり、ご自身の創作につながるような意見交換をしたりすることもあるのでしょうか？

荒木　そういう話をすることはあるのですが、僕はゾンビ映画に特化しているので、同じ趣味の人はなかなかいないかな……（笑）。あ、でも高橋和希《かずき》先生とは、熱く語り合ったことがありますね。僕はゾンビ映画だけど、高橋先生はサメ映画を相当観ているんです。なので、ゾンビ対サメで、かなり議論しました。

――ゾンビ対サメ……どんなことを語られたのでしょうか？（笑）

荒木　それぞれのジャンルにおける必須要素は、いったい何なんだろうね？　という議題でひとしきり（笑）。最終的には、サメ映画の必須要素は「エロ」だという結論に至りました。必ずビキニの女の子が出てくるサービスシーンがあるんですよ。一方で、ゾンビ映画の必須要素は「ボスの不在」です。やはり、ボスを倒せば助かるという世界では甘すぎるんです。だから面白いゾンビ映画の多くにはゾンビのボスがいません。

——なるほど（笑）。では一方で、ゾンビ映画とサメ映画に共通点はあるのでしょうか？

荒木　それはもう、どちらにもB級のものすごくくだらない作品がたくさんあることですね（笑）。でも、くだらなかったり、つまらなかったりする作品こそ、「どうしてこういう作品をつくったのか」「どうすれば面白くなるのか」という製作者の視点で観ると、とても勉強になるのです。

ゾンビ映画の場合、ストーリーは単純でも、あの世界観と哲学を理解できるかどうかで見え方がまったく変わるので、案外難しいジャンルとも言えます。エンターテインメントでありながら、芸術作品でもあるのです。

——先生は今も日課として膨大な本数のゾンビ映画をご覧になっているとのことですが、映画を観る際には一緒にいるご家族の反応なども観察されていますか？

荒木　もちろん家族と映画を観に行くこともあるのですが、最近ではほとんど一人で観るようにしています。僕にとって、映画は癒しなので、観るというよりは「浸る」という感覚なのです。誰かと一緒に観に行くと、相手がつまらなそうにしていたり寝ていたりしていると気になってしまうじゃないですか。なのでこれからも、ゾンビ映画は孤独に愉しみたいですね。

ノンフィクションライター

石戸 諭

ジョン・ル・カレが描くスパイの孤独

いしど さとる　ノンフィクションライター。一九八四年、東京都生まれ。立命館大学卒業。毎日新聞社、BuzzFeed Japan を経て、独立。著書に『リスクと生きる、死者と生きる』(亜紀書房)、『ルポ 百田尚樹現象：愛国ポピュリズムの現在地』(小学館)、『ニュースの未来』(光文社)、『東京ルポルタージュ』(毎日新聞出版)、『視えない線を歩く』(講談社)がある。

イギリスの諜報機関ＭＩ６に勤めていたことが知られているミステリー作家ジョン・ル・カレ。彼の描くスパイたちにつきまとう深い孤独、その正体を『スパイたちの遺産』（二〇一七年）を軸に探っていく。

「もし本物の真実というものがあるとすれば、それは事実のなかではなく、物事の機微《ニュアンス》のなかにある」

スパイ小説の巨匠、ジョン・ル・カレ（一九三一〜二〇二〇）は自伝的なエッセイ集『地下道の鳩』（二〇一六年）で、こんな言葉を書いている。僕は、ル・カレの『スパイたちの遺産』を読みながら思う。彼の作品のなかに漂うスパイたちの孤独をこれほど的確に表現した言葉はない、と。

彼らの孤独は、表層的な事実のなかに真実は宿っていないと知っていることにある。時にスパイの常識は、この社会の常識と真っ向からぶつかる。スパイといえば時に法を犯してでも情報を奪い、敵国を追い込み、国家に殉じるというイメージがある。これは一面では当たっているだろう。

だが、ル・カレが描くのはそれだけではない。作品に漂うのは組織の論理と個人の良心の間に生じる葛藤であり、多くの偽りのなかに生きていかざるを得ないスパイたちの悲哀だ。悲哀はどこまでいっても個人のものであり、誰にも代替できず、最後まで理解されることはない。それは孤独の源泉である。

『スパイたちの遺産』（早川書房）

彼らはマシーンではなく人間であり、人間であるからこそ組織と個人の良心のズレに苦しむ。彼らが苛《さいな》まれる孤独は立場を超えて、歴史を超えて「僕」の孤独と接続する。

『スパイたちの遺産』も例外ではない。この作品はル・カレが生み出した老スパイ、ジョージ・スマイリーが活躍する『寒い国から帰ってきたスパイ』（一九六三年、以下『寒い国〜』とする）、二〇一一年に映画化した『ティンカー、テイラー、ソルジャー、スパイ』（一九七四年）の続編にあたる。主人公はスマイリーの右腕として活躍したピーター・ギラム（映画ではベネディクト・カンバーバッチが演じた）である。

「遺産」というのはポジティブな意味ではない。大まかな筋はこうだ。——ある日、引退したギラムのもとに一報が入る。ギラムの友人であり『寒い国〜』である作戦の犠牲になったスパイの子供たちがイギリス諜報部《ちょうほう》を相手取り、訴訟を起こすという。作戦に関与したスマイリーとギラムの責任を問う構えだ。法的な視点で事実だけ捉えれば、冷酷無比なスマイリーらが旧東ドイツの諜報機関を弱体化させるために立てた「失敗必至で大言壮語で準備不足の作戦」で、親は死んでいったというストーリーが成り立つ。冷戦後を生きる子供たちはそう考えている。

冷戦期の「遺産」騒動に巻き込まれた現役の諜報部員たちが、訴訟に先立ち作戦の詳細を調べようとしても、当時の資料が丸ごと消えており何もわからない。すべてを知るはずのスマイリーの行方もつかめず、追及の矛先はギラムに向かう。最初はシラを切っていたギラムもついに資料を引き渡す。

作戦の裏にあったギラムと友人の関係、そしてギラムが本名を隠したまま深く愛した女性の存在が次々と明かされる。彼自身も過去を調べるなかで生じた疑念を、見つけ出したスマイリーにぶつけようとするのだが——。
「物事の機微」はいったいどこにあるのか。

個人と思想の重さ

ル・カレが描くスパイ小説、特にスマイリーが登場する作品群の優れた点をあげることはそう難しいことではない。テーマに即して二点に絞っておこう。

第一に徹底的なリアリズムに基づいて組み立てられた人間像とストーリーである。冷戦期、旧ソ連の諜報機関を率いるカーラとスマイリーの緻密な頭脳戦が描かれたスマイリー三部作（七〇年代に発表されたスマイリーを主人公にした三つの長編を日本では特にこのように呼ぶ）は一言で言ってしまえば地味だ。

スマイリーは「007」のように、都合の良い秘密兵器や超人的な身体能力で危機を突破することはない。真っ白なタキシードを着込んで戦うこともない。服装に頓着せず、小太りかつ猫背で分厚い眼鏡をかけている。もちろん派手なアクションシーンとも無縁で、ひとりで机に座り黙々と資料を読むほうが似合っている。そんなスパイである。

ル・カレは英国の諜報機関で働いていたこともあるので、情報戦は人間関係が複雑に絡み合うものであることを知っていた。作品に描かれるのは組織にありがちな誰かに認められたいという欲、失敗を取り戻したいという思い、理想、愛情である。それは時に人間の弱点となり、誰かが利用しようとする。

完全無欠なスパイはどこにもいないのが現実だ。『スパイたちの遺産』のなかで、ある人物はスマイリーを評してこんなことを言っている。

「ジョージはもともとスパイゲームのプレーヤー向きじゃない。(中略) 何もかも自分の肩に背負ってしまうからな」

第二にスパイたちの孤独をシーンで表現することだ。池澤夏樹はル・カレの作品を評して「イギリスの作家だからもちろんイギリス側から書いているけれど、情報戦の空しさという点では両サイドを同じように扱っていた」(『池澤夏樹の世界文学リミックス』)と書いている。

その象徴的な場面はカーラに勝利を収めた『スマイリーと仲間たち』のラストシーンだろう。戦いを終えたスマイリーは橋をながめる。何か変化があったのだろうかと問いながら。しかし、橋は何も変わっていない。「風がいくぶん強まったような気もしたが、雪はあいかわらず前後左右に乱れ舞っていた」だけだ。

ギラムがスマイリーの腕に触れながら「行こう」と言う。スマイリーはツイードのコートからネクタイを引っ張り出す。例の分厚い眼鏡を外して、タイの大剣で拭くのだ。車に向かって歩きながらギラムは言う。「ジョージ、あんたの勝ちだ」。

「『わたしの？』」スマイリーはきき返した。『うん。そうだな、そうかもしれない』」

情報戦の勝利という事実は聞こえがいい。しかし、真実は多くの犠牲を払った空しいものであることをスマイリーは知っている。彼もカーラも人間関係のなかに弱点を抱え、お互いにそこを突こうとした。ギラムに言わせればスマイリーは「他人の弱みはすべて知っているのに、自分の弱みは禁欲的なほど認めたがらない」人だ。

ル・カレは『寒い国〜』を通じて言いたかったことは「個人は思想よりも大切である」という考え方だったと語っていた。スマイリーもまたカーラと同様に人を利用し、作戦を実行に移していく。個人よりも思想を優先するというスマイリーが顔を出しているように読める。

だが、である。スマイリーが冷酷なスパイならば、ラストシーンで高らかに勝利を宣言し、「よしピーター、祝杯をあげよう」とでも言って終わっただろう。彼はそんなことはしない。本当に勝ったのかと疑問を持ち「そうかもしれない」と歯切れの悪い言葉を残すだけだ。

思考の積み重ねの先に

スマイリーやギラムは正しいか否かというありがちな問いを立てれば、その答えは見方によって変わるとしか言えない。人間の感情を巧みに利用しながら、作戦を立てるスマイリーは倫理的に「正しくはない」。しかし、イギリス側の視点から西欧民主主義を守るためソ連の諜報機関と戦うという観点で評価すれば「正しい」となる。

単純な二項対立はスパイが抱えるニュアンスを消失させることがわかるだろう。

ここでもう一つの対比軸から考えてみたい。人間にとって悪とは何か。政治哲学者のハンナ・アーレントはその昔、ナチスドイツでホロコーストに加担したアドルフ・アイヒマンについて「凡庸な悪」と述べたことがある。

裁判を通じて、ナチスの残虐さを象徴する異常な人物であると思われていたアイヒマンが、どこにでもいる「普通の人間」だったことがわかる。彼は、自分は殺人をしていないと主張した。なぜか。国家の指示と命令を実行するためのメカニズムに組み込まれた、一本の小さなネジに過ぎなかったからだ。

メカニズムに組み込まれたからと上からの命令を、淡々と深く考えずに処理する。結果として、引き起こされることがどれほど重大であっても命令だからと苦悩しない。アイヒマンが言っていることは「組織にいる以上、仕方ない」ということに過ぎない。価値観を選ぶことも、機微もない。重大な悪は、無思考の積み重ねから生まれる。それは、ロシアによるウクライナ侵攻にゆれる二一世紀も変わらない。

スパイたちも国家のメカニズムに組み込まれている。組織のせい、当時の情勢のせいと言えばいい。だが、彼らは人知れず苦悩している。ギラムは『スパイたちの遺産』のラストでやっとスマイリーを見つける。

「何かわたしを責めるつもりで来たんだろう、ピーター。当たりかな?」「それはわれわれがしたことについてかな？　あるいは、なぜしたのかということについて?」

優しい口調でギラムに問いかけながら、彼はこれまで誰にも吐露していなかったであろう理想を語る。当惑の笑みを浮かべながら語った後、深く、長い沈黙があった。ギラムが推測するように当惑は自身に向いている。

スマイリーは理想を語ったところで、人間としての罪が許されるとは思っていない。行動と理想の間に矛盾をはらんでいることも、その葛藤が誰にも理解されないことも知っている。そこにあるのは「物事の機微」を知り尽くしてしまったがゆえに抱えてしまった深すぎる孤独である。「事実」を並べるだけでは、その背後にいる人間は見えてこない。

機微は人の心に宿る。真実を知るとは、人間を知ることだ。組織の論理を優先し、自分の良心を押し殺すことがあったとしても考え続けることはできる。

その先にあるのが孤独だとしても、自分に罪はないと言うよりはるかに人間的要素《ヒューマン・ファクター》が詰まっているのだ。老スパイの当惑する笑みと沈黙がそれを教えてくれる。

吉川浩満

文筆家・編集者

サピエンス——孤独な種の恍惚と不安

よしかわ ひろみつ　文筆家・編集者・ユーチューバー。一九七二年生まれ。慶應義塾大学総合政策学部卒業。関心領域は哲学、卓球、犬猫鳥、ロック、映画、単車など。著書に『人間の解剖はサルの解剖のための鍵である 増補新版』『理不尽な進化 増補新版』(共にちくま文庫)、『人文的、あまりに人文的』(山本貴光との共著、本の雑誌社)などがある。

ヒトの先祖は進化の過程で何度も枝分かれし、かつては何種類もの人類が同時に地球上に存在していた。唯一残った人類である私たちホモ・サピエンスは、孤独を抱えたままどのような未来へ進もうとしているのだろうか。

孤独な種

ホモ・サピエンスは孤独な生物種である。

生物分類学上は脊索《せきさく》動物門哺乳《ほにゅう》綱霊長目ヒト科ヒト属に分類される。ヒト科にはオランウータン、ゴリラ、チンパンジーが含まれるが、ヒト属の生物にはホモ・サピエンスしか存在しない。

ヒト属の生物は人類とも呼ばれる。だからホモ・サピエンスが人類を自称するのは間違いではない。だが、より正確を期するなら、それは「現生人類」と呼ばれるべき存在である。かつては多くの種類の「人類」が共存していたからだ。

これまでに何種類の人類が登場してきたのだろうか。諸説あるが、新種の設定に慎重な研究者でも一〇種類、新種の設定を好む研究者にいたっては二〇種類と見積もっているという。それだけではない。これら複数の人類は同時代に共存していた。わずか四万年前まで、ホモ・サピエンスはネアンデルタール人（ホモ・ネアンデルターレンシス）と時と所を共有していたといわれている。

いまでこそ人類といえばすなわちホモ・サピエンスのことであるが、人類の歴史においては、複数の人類が共存していた時代のほうがずっと長い。それでも多様な人類は姿を消し、サピエンスだけが残ってしまった。

「撰《えら》ばれてあることの恍惚《こうこつ》と不安と二つ我れにあり」とは、フランス象徴派の詩人ヴェルレーヌの言葉であった。生き延びるということは選ばれるということであり、それは自然から祝福されるがごとき恍惚の経験であろう。だが、勝者の孤独というものがある。それは、たったひとり取り残されたことに対する、寂しさと不安の経験をもともなうに違いない。

孤独の恍惚

この世界でサピエンスが孤高の存在を気取っていることは周知の事実であろう。そのもっともエクストリームな、そしてもっともポピュラーな担い手であったキリスト教文明は、サピエンスの卓越性を繰り返し確認することを楽しみとしてきた。聖書の記述に見られるとおり、人間は神のごひいきによって、ほかの生き物たちと明確に区別されただけでなく、彼らを意のままに利用する許しも得た。人間だけが神との特権的なつながりを有しており、周囲の動植物はすべて、神が人間のために用意したプレゼントなのである。

この人間至上主義は、宗教の権威が弱まり世俗化の進んだ近代においてはどうなったか。衰弱しただろうか。逆である。弱まるどころか、よりパワーアップした思想へと更新された。その思想はヒューマニズムと呼ばれる。サピエンスの意志、幸福、諸権利を神聖視するヒューマニズムは、資本主義と科学技術の力を得て、いままさに我が世の春を謳歌している。

調和的自然観が特徴といわれる東洋やイスラームの世界においても事は同様である。グローバリゼーションなどという言葉を持ち出すまでもなく、いまや人間文明といえば、すなわち資本主義と科学技術をともなったヒューマニズムの文明である。これに異を唱える者は、不合理な悪をなすことでしか、つまりカルトとなることでしか自らを表現できなくなっている。

その結果、たかだかひとつの生物種にすぎないはずのホモ・サピエンスの活動が、地球全体に対して深甚な影響を及ぼすにいたった。象徴的な事例が「人新世《ひとしんせい》」の登場である。地層のできた順序を研究する層序学によれば、現在は一万一七〇〇年前に始まった新生代第四紀完新世の時代である、というのが従来の定説だった。それが現在、すでに完新世は終わっており、じつは新たな地質年代に突入しているのだとする学説が有力視されている。現代文明の基礎であるコンクリート、アルミニウムやプラスチック、さらには核実験による放射性物質の堆積がその証拠である。遠い未来の地質学者は、この時代に森が農地に、農地が都市に転換されるなど地球環境に大きな変化があったこと、あるいは度重なる核爆発によって放射性物質が地球全体に降り注いだことを認めるだろう。

件《くだん》の新たな地質年代は「人新世」と命名された。「人類の時代」という意味である。

孤独の不安

我が道を歩むサピエンスの行状には、どこか孤独な独裁者を思わせるところがある。頂点に登りつめたからには、あとは好きなように自らの幸福と安寧を追求すればいい。そのはずだったのだが好事魔多し。敵のいない状態ほど不安をかきたてるものはない。信じるに足る相棒がいないだけではない。天敵が不在であるために、自分の力のほどを、本当のところは確信することができないのである。

そのような存在は、甘やかされた子どもと同じで、これの次はそれ、それの次はあれと際限なくわがままを通すことによって、自分の力がどこにまで及ぶのかを、どこまでも試しつづける。ホモ・サピエンスの生活様式における顕著な特徴のひとつは、世界中の生息可能な地域へとあくなき移住をつづけたことにある。この点、おもにアジアに暮らしていたホモ・エレクトゥス、ヨーロッパに暮らしていたネアンデルタール人とは大きく異なる。ほとんど強迫的といえる移住癖によって、サピエンスは地球上のほとんどあらゆる場所にまで拡散するにいたった。

サピエンスの移住先で起こったのは、大型動物の相次ぐ絶滅である。自らの力を試しつづけるサピエンスは、周囲の動物を次々と葬り去っていった。なかでも、アメリカ大陸やオセアニアに生息していた巨大動物たちは壊滅的な打撃をこうむった。サピエンスが移住した先々において、マンモスをはじめ、メガテリウム（巨大ナマケモノ）、グリプトドン（巨大アルマジロ）、ディプロトドン（巨大ウォンバット）、プロコプトドン（巨大カンガルー）、スミロドン（巨大トラ）、ダイアウルフ（巨大オオカミ）、ホラアナグマ（巨大クマ）、アメリカライオン（巨大ライオン）、オオツノシカ（巨大シカ）、エラスモテリウム（巨大サイ）、メガラニア（巨大トカゲ）、メイオラニア（巨大カメ）、テラトルニスコンドル（巨大ハゲタカ）らが姿を消した。

なお、最後まで残った二種の人類、ホモ・エレクトゥスとホモ・ネアンデルターレンシスも、サピエンスの活動によって歴史の表舞台から追いやられた可能性が高い。サピエンスはまるで死に神である。

昭和の終わりごろ、『ギザギザハートの子守唄』という曲がヒットしたことがある。若者に人気を博した国民的ポップスバンドのデビュー曲であった。そこには繊細で尖《とが》りすぎているがために周囲の者すべてを傷つけてしまうアンファン・テリブル（恐るべき子どもたち）の心象風景が痛切に歌われている。彼らは叫ぶ。理解してくれとは言わないが、しかし、そんなに自分たちが悪いのだろうか？　……おそらく悪い。たしかに、意図して殺し尽くしたわけではないのだろう。だが、こうなることは薄々わかっていたはずだ。未必の故意による殺戮《さつりく》、あたりが妥当な判定ではないだろうか。

孤独の行方

イスラエルの歴史家のユヴァル・ノア・ハラリは、サピエンスの近未来を次のように予測する。ヒューマニズムという名の人間至上主義は今後、人工知能とバイオテクノロジーという前代未聞のテクノロジーを活用して、かつてないレヴェルにまで人間の健康と幸福と力を増進させようとするだろう、と。

これまでサピエンスは、長い時間をかけて、外敵や気候変動などの外からやってくる脅威を克服してきた。今後はテクノロジーの力によって、戦争、病気、死といった内なる脅威をも克服するかもしれない。周囲の敵を一掃し尽くしただけでなく、魔法のようなテクノロジーをも手にした以上、生物として次なるステップへと進もうというわけである。

だが、その後にサピエンスを待ち受ける運命についてのハラリの見通しは暗い。サピエンスは自らをテクノロジーによってアップデートし、神のごとき力をもつ存在（ホモ・デウス）になろうとするが、それによってかえって身を滅ぼすだろうと彼は語る。当初こそ人間に奉仕するテクノロジーだが、いつしか人間にはコントロール不可能な存在になり、しまいにはサピエンスを主役の座から引きずりおろしてしまうだろうと。（『ホモ・デウス——テクノロジーとサピエンスの未来』上下、柴田裕之訳、河出書房新社）

いっけん荒唐無稽にも思えるが、これまでのサピエンスの素行を考えれば、十分にありそうなシナリオである。かつてサピエンスによって大型動物たちがこうむった災厄を、こんどはサピエンス自身がこうむることになるのかもしれない。それもサピエンスの、サピエンスによる、サピエンスのためのテクノロジーによって。

はたしてサピエンスは自滅の運命から逃れることができるだろうか。この先は正真正銘の自分との戦いになる。もうトラックには自分のほかには誰も走っていない。これからが正念場だ。本当の孤独のレッスンが始まろうとしている。

角幡唯介

作家・探検家

単独行がもたらす究極の孤絶

かくはた ゆうすけ　作家、探検家。一九七六年、北海道生まれ。開高健ノンフィクション賞、大宅壮一ノンフィクション賞、新田次郎文学賞、講談社ノンフィクション賞など受賞歴多数。二〇一八年に『極夜行』（文藝春秋）で本屋大賞ノンフィクション本大賞受賞。主な著書に、『空白の五マイル』（集英社文庫）、『漂流』（新潮社）、『新・冒険論』（インターナショナル新書）などがある。

冒険家と聞いて思い描くのは、隊を成して挑む者たちの姿か、あるいは単身で目的地を目指す者の姿か。

チベットの峡谷・人類未踏部踏破や、北極探検などを単独で行ってきた冒険家が、過去に行った複数人での探検経験も踏まえながら、単独行の本質に迫る。


以前から気になっていた謎がある。

それは、なぜ日本人冒険家にはやたらと単独行者が多いのか、という謎だ。

もちろん欧米の冒険家にも単独行者はいるが、多いのは二、三人で編成する隊であり、単独行者はあくまで少数派だ。それに対して日本人は単独行者が多く、右を見ても左を見ても単独行者ばかりという印象がある。

冒険史を振り返ってみても、一つの傍証になるだろう。登山界でいえば新田次郎の小説のモデルで有名な加藤文太郎《ぶんたろう》、ヨーロッパアルプス三大北壁を冬季に登った長谷川恒男、パタゴニアやヒマラヤでの困難な登攀《とうはん》で著名な山野井泰史はいずれも単独行で名を成した登山家だ。植村直己もアマゾン川筏《いかだ》下りから北極点到達に至るまで活動の多くが単独だし、極地関係でいえば日本人で初めて北極点徒歩到達を達成した河野兵市《ひょういち》も、北極海や南極大陸の徒歩横断に成功した大場満郎《みつろう》も単独だった。日本人の著名冒険家のほとんどは単独行者といっても過言ではなく、日本人には単独行でなければ冒険ではないという思考回路さえあるように思われる。

一体これはどうしたことだろう。

不思議なのは、様々な観点から見て、単独行は隊を組んだ場合に比べて不利だからである。

まず成功へのハードルが高くなる。確かに隊員間で力や意欲に大きな差があると、仲間の存在がお荷物になる場合がある。だが、それは特殊なケースだ。荷物も分担できるし、悪場《わるば》があらわれたら協力して対処できるわけだから、基本的には単独行よりは仲間と隊を組んだほうが合理的である。それに単独行は危険度が段違いに高い。個人的な実感からいえば、単独行のほうが仲間がいる場合より最低でも一〇倍は危険だと思う。それなのに日本人冒険家は非効率的で危険な、この単独行という行動形態をあえて選ぶのである。

かくいう私も単独で活動することが多い。『空白の五マイル』という作品で描いたチベ

単身で臨んだ2018年2月の北極探検。自分の写る写真が少ないのが、単独行だ。犬は相棒のウヤミリック。撮影＝角幡唯介

ット・ツアンポー峡谷空白部の二度の探検も単独行だったし、近年の北極における活動もほとんど単独だ。特に二〇一六～一七年冬は極夜探検（八〇日）、二〇一八年三～五月は白夜放浪（七五日）と、三カ月近くにもおよぶ超長期単独行を実践した。

　そのせいか、最近私は、なぜ日本人に単独行者が多いのかという件《くだん》の謎への答えがなんとなく見えてきた気がする。そもそも自分がその張本人なのだから、自分が単独行をする理由を考えれば、それがそっくりそのまま日本人が単独行をする理由になるはずだ。

ニューギニア遠征隊の失敗

私が積極的に単独行を始めたのは大学五年生のときだが、今でもはっきりその理由をおぼえている。

それは一緒に行く同レベルの仲間がいなかったことだ。

当時私は大学探検部に所属しており冬山や沢登りに力を入れていた。ところが自分と同じレベルのモチベーションで山に登っている部員は他に見あたらなかった。意欲の低い部員と一緒に山に行くと途中で下山したいと言い出すことがあり、そうなると隊全体の雰囲気がそれに引きずられ、登山が失敗することがある。そんなことを幾度となく経験し、部員と一緒に登るより一人で行ったほうがやりたい山登りができると考えるようになった。それが単独行をはじめたきっかけだ。

それがはじまりだったが、その後の探検や登山で、単独行のほうがうまくいく可能性が高いという考え方がつよまっていった。今振り返ってみても大きかったのが、大学卒業時に参加したニューギニア遠征隊での経験である。

この遠征隊はFさんというベテランクライマーが隊長で、私とTさんという女性歌手が隊員というか従僕みたいな存在として参加した、少々へんてこりんな探検隊だった。あくまでFさんという魅力とカリスマに満ち溢《あふ》れた圧倒的な個性により率いられた隊であり、彼の考え方や志向がすべてに優先された。そのため私は途中でFさんの考え方についていけなくなり、結局、最後は隊を離れて日本に帰国することになった。

ではこのとき、具体的にFさんのどこに反発をおぼえたのかというと、それは遠征の進め方、すなわち探検の方法論だった。

私は昔からすべて自分で物事を進めたいタイプの人間で、登山や探検でも基本的にガイドやポーターに頼らず、人数や物量を少なくしてシンプルに自力で目標を達成したいという思いがつよい。当時もそれはおなじだった。それに対してFさんは、昔の大規模なヒマラヤ遠征のスタイルに慣れ親しんでいたためか、大量の装備や食料を現地に持ち込み、現地人をたくさん雇い、規模をどんどんふくらませた。結局このやり方は途中で地元民にポーターを拒否されたことで行き詰まり、それが原因で遠征の目的を果たすことができなかったのである。

この出来事がきっかけで、私は、自分の理想とする探検を実現するには仲間を増やして規模を大きくするのではなく、逆に物量や人員を少なくして、なるべくシンプルかつスピーディーに行動したほうが正解だと考えるようになった。そしてそのためのベストの方法が単独行だった。

〈俺と地球〉的感覚へ

このようにやり方によっては単独行はパーティーを組むより有利な場合がある。でも、単独行の本当の魅力は行動論に集約されるものではない、と私は考えている。それはもっと冒険の秘密——人はなぜ冒険をするのか、冒険で何を感じるのか——と密接に関係している。

冒険の魅力はどこにあるのだろう。

極地で何十日間にもわたり橇《そり》を引いて旅したり、酸素の希薄な高峰で雪をかき分けながら頂上を目指したりするとき、冒険者は危険や苦しみと引き換えに日常生活では決して享受できない、自分は今生きているという圧倒的な手応えを得ることができるが、では、その生きている手応えはどのような仕組みで感得することができるのか。

冒険をするとき、その冒険者が何をしているかといえば、それは恒常的で連続的な判断である。

たとえば次第に風が強まり気象条件が悪化してくると、前進するか、その場にとどまりテントで悪天候をやり過ごすか決めなければならない。前進して悪天が襲来する前に悪場を突破できればいいが、もしかすると悪場で手こずっているあいだに悪天につかまると窮地に陥るだろう。かといって、その場にとどまればいいというわけではない。たしかにテントで悪天はやり過ごせばリスクは少ないが、長期的にみれば時間が足りなくなって予定期日に目的地に到達できなくなるかもしれない。それはそれで危険だ。どちらを選択するのが最も安全に目的を達成できるか。冒険者は大なり小なりこうした判断を常時繰り返している。

この判断は今見た例からもわかるとおり、危険を避けるための判断であり、最終的には自分の命に直結している。つまり冒険とは天候、周辺環境、残された時間、ゴールまでの距離、現在の自分の体力や精神力など、あらゆる要素をトータルに考慮したうえで次の行動を決定する一連の判断のことなのだ。その判断が上手くいき危機を突破して生還できたり、予定どおり目的地に到達できたとき、日常世界では味わうことのできない無上の喜びを経験できる。つまり行動判断が命に直結していること、それが冒険で生きている手応えが与えられるメカニズムとなっている。

この冒険のメカニズムの意味をさらに敷衍《ふえん》すると、当然のことながら単独行のほうが生の手応えを濃密に感じられるということになるだろう。

単独行とは命の管理を一から十まで自分一人でこなすために、あえて他のあらゆる人間から切り離され、自然のなかで孤絶するための作法である。もちろん、孤絶し、すべての状況を自力で処理するためには単独行だけでは不十分であり、できれば衛星電話など外部と連絡をとる手段も断ち切り、テクノロジー的な点からも人間界から切り離された状態で自然環境に閉じこもることが望ましい。ちょっとやそっとでは人間界に帰還できないほどはるかな遠隔地で、かつ何かあっても助けを呼ぶことができないテクノロジーオフの状態で、たった一人ですべてを判断し行動を続け、おのれの命をコントロールする。このような完全孤絶状態を実現できたときに初めて、その行為は、単独行的観点から見て筋の通ったものとなる。

気になるのは、このような完全孤絶状態に入ることができたとき、人は何を感じることができるのかということだろう。

完全孤絶状態で感じられるもの、それは地球との圧倒的な対峙《たいじ》感である。完全孤絶状態においては、冒険者はひたすら単独で判断を繰り返す一個の行動主体と化す。判断して命を管理することで、身体の内側で実存が完結し、自分という存在が明瞭な輪郭線をもった一個の肉の塊として知覚されるのだ。その一個の肉の塊である私が、無辺に広がる茫漠《ぼうばく》とした大地のなかで、他のあらゆる人間から隔絶された状態で、ぽつねんと立っている。自分一人が大地に屹立《きつりつ》している。それは、今、自分は身体的な塊としてここに存在しているという強烈な実在感といってもいいだろう。

このとき個別的存在としての冒険者が向き合っているのは、ただ地球のみである。他の余分な存在はいっさい排除される。他の人間も、日々の煩雑な事情も、家族でさえ切り離され、冒険者は完全に自由な状態に身をおいているのだ。

すなわち俺と地球——。

孤絶がもたらすのはこうした地球との対峙感であり、自然への没入感だ。私が基本的に単独行で行動するのは、この〈俺と地球〉的感覚が病みつきになっているからなのだと思う。

冒頭の問いにもどると、単独行を好む傾向がある多くの日本人冒険家は、おそらく心のどこかで、私と同じような自然への没入感を求めているのだと思う。冒険というプロジェクトの達成を最優先し、あくまでゴールという目標地点を目指すだけなら、隊を組んだほうが合理的だ。チームで冒険にいどむ傾向のある欧米人はあくまで到達や達成に向かうために効率的手段を選ぶ。

しかし単独行を好む日本人はそうではない。おそらく日本人冒険家が求めているのは、冒険プロジェクトの達成という結果だけでなく、結果に至るまでの過程で自然の本源と一体化することを重視しているのである。ここには双方の明確な自然観の違いが現れている。

おわりに

『孤独のレッスン』はいかがでしたでしょうか。孤独を感じながら本書を手にとってくださった方々は、今孤独についてどのようなことを考えているでしょうか。

執筆者それぞれの考えに触れる中で、自分の内面に向き合って自分を高めたり、考え方一つで楽しめたりなど、寂しいだけじゃない孤独のいろいろな面が見えてきたのではないでしょうか。読書をはじめ、一人でなければできないことがたくさんあるのだと気づかされます。

孤独を考えることで、人間、社会、そして人生についても深く考えることのできる、そのようなきっかけを提供できていたら幸いです。

人とのつながりが声高に言われるこの時代に、本当に大切なつながりを見出すために必要な時間、それが孤独の極意だと本書を編んで思う日々です。皆さまのこれからの孤独がより良いものでありますように祈念いたします。

ｋｏｔｏｂａ編集部

本書は、集英社クオータリー『ｋｏｔｏｂａ』二〇一九年冬号の特集『孤独のレッスン』に加筆・修正したものです。

写真クレジット
◆54ページ ©Courtesy Everett Collection/amanaimages
◆69ページ ©Pictorial Press Ltd/Alamy Stock Photo/amanaimages
◆74ページ ©The Granger Collection/amanaimages
◆89ページ ©朝日新聞
◆198ページ ©荒木飛呂彦／集英社

孤独のレッスン

インターナショナル新書一一九

二〇二三年四月一二日　第一刷発行

著者　齋藤《さいとう》孝《たかし》／中条《ちゅうじょう》省平《しょうへい》
奥本《おくもと》大三郎《だいさぶろう》／南條《なんじょう》竹則《たけのり》
鈴木《すずき》雅生《まさお》／岸見《きしみ》一郎《いちろう》
新元《にいもと》良一《りょういち》／適菜《てきな》収《おさむ》
下重《しもじゅう》暁子《あきこ》／岸《きし》惠子《けいこ》
田中《たなか》慎弥《しんや》／高村《たかむら》友也《ともや》
林《はやし》望《のぞむ》／荒木《あらき》飛呂彦《ひろひこ》
石戸《いしど》諭《さとる》／吉川《よしかわ》浩満《ひろみつ》
角幡《かくはた》唯介《ゆうすけ》

発行者　岩瀬朗
発行所　株式会社 集英社インターナショナル
〒一〇一-〇〇六四
東京都千代田区神田猿楽町一-五-一八
電話 〇三-五二一一-二六三〇

発売所　株式会社 集英社
〒一〇一-八〇五〇
東京都千代田区一ツ橋二-五-一〇
電話 〇三-三二三〇-六〇八〇（読者係）
〇三-三二三〇-六三九三（販売部）書店専用

装幀　アルビレオ
印刷所　大日本印刷株式会社
製本所　加藤製本株式会社

Printed in Japan　ISBN978-4-7976-8119-2　C0210

インターナショナル新書

072

ランボーはなぜ詩を棄てたのか

奥本大三郎

一九世紀フランスの天才詩人アルチュール・ランボー。二〇歳で詩作を棄てるまでの半生を、著者による詩の新訳とともに追う。そして難解な散文詩「イリュミナシオン」から「詩を棄てた理由」を読み解く、意欲作。

078

カミュ伝

中条省平

コロナ禍において再び大きな話題を呼んだ『ペスト』の作者アルベール・カミュ。彼の波瀾に満ちた生涯と思想・哲学、『異邦人』などの代表作を徹底的に論じる。フランスを代表するノーベル賞作家の決定版評伝。

100

リベラルアーツ

「遊び」を極めて賢者になる

浦久俊彦

リベラルアーツの本質は「人生を遊びつづけるためのわざ」。その極意を江戸の暮らしなどから学び、具体的に仕事や教育にどう活かすか、古今東西の名著を引きながら論じる。画期的なリベラルアーツ本。

107

独学の教室

読書猿、佐藤優 ほか全14名

なぜ、我々は独学したいのか? 独学の意義と方法から、英語、ビジネス、美術、読書、ノート術、漫画、数学、物理学、はては冒険まで、多彩な執筆陣が寄稿。独りで学ぶことの魅力・意味を探る。

インターナショナル新書

116
捨て去る技術
40代からのセミリタイア
中川淳一郎

時代の先端から突如セミリタイアし、地方に移住。その行動はネット、スマホ、仕事、友人、家族との訣別であり、バカがあふれる日本を捨て、去り、切ることだった。著者の半自伝にして、捨て方の指南書。

120
英語の極意
杉田 敏

これからの英語学習で最も重要なのは、英語圏の人々が共有する「文化」を知ることだ。ギリシャ神話、聖書、シェイクスピアから、ことわざ、迷信、広告スローガンまで、豊富な実例と共に学ぶ。英語学習者必携の書。

121
亜宗教
オカルト、スピリチュアル、疑似科学から陰謀論まで
中村圭志

宗教研究者とたどる、人間の〝妄想力〟をめぐる旅路。「亜宗教」とは、「近現代に生まれた非科学的で宗教めいた信念や言説」を指す。亜宗教の数々を取り上げ、「人間にとって〝信じる〟とはどういうことか」を暴き出す。

122
元素で読み解く生命史
山岸明彦

あらゆる物質は元素でできており、生物も例外ではない。生命はどうやって生まれたのか。元素はどのようにつくられたのか……元素に着目し、生命の起源と人類文明誕生の謎に迫る。

人物から読む

幕末史の最前線

町田明広

Mac

インターナショナル新書　132

はじめに

歴史の叙述とは、執筆者による「解釈」に基づいたものである。例えば、「小松《こまつ》・木戸《きど》覚書」（いわゆる薩長同盟《さっちょう》）について、直接的な史料は尺牘《せきとく》（龍馬裏書《りょうま》）のみしか残されていない。これは、木戸孝允《たかよし》（桂小五郎《かつらこごろう》）が慶応二年（一八六六）正月に交わされた「小松・木戸覚書」の内容について、六カ条にまとめて坂本龍馬に確認を求め、相違ないと龍馬が朱書で返答したものである。同じ史料を見ている歴史家の間でも、軍事同盟であったのか、歴史的意義はどの程度のものなのか、意見が分かれており、今なお論争となっている。そうした「解釈」の違いが、歴史の叙述にも大きく反映されることになる。

「解釈」の違いが生じる原因は、どこにあるのだろうか。それは、「解釈」する際に着目する史料や先行研究の違いであり、その読み込みの程度の差である。また、「解釈」の対象となる歴史的事象について、その周辺事情に関するものを博捜《はくそう》（史料・文献などを広範囲にわたって探し求めること）するレベルや、研究の深化の度合いからも生じるものである。「小松・木戸覚書」で言えば、筆者は尺牘（龍馬裏書）を「解釈」するために、中央政局における朝廷や幕府の動向、薩摩《さつま》藩や長州《ちょうしゅう》藩の内部状況などについて、可能な限り関連するものを博捜している。それらを総合的に調査・研究することによって、「小松・木戸覚書」の実相や歴史的意義を「解釈」している（拙著『新説　坂本龍馬』参照）。

人物の叙述においても、執筆者それぞれの研究成果から導き出された「解釈」を基に叙述される。人物から歴史を叙述する機会は数多いが、その際にはさらなる配慮が必要であろう。そもそも、執筆者は自らが選定する人物に対して、何らかの興味関心があるはずであり、その人物に対するイメージは、プラスに傾いていることは否めない。人物を通して歴史を叙述する場合、その人物の好悪や先入観を極力遠ざけ、客観的にその人物をとらえることが必要である。人物顕彰に陥ってはならず、マイナス部分にも目配りすべきである。

ところで、筆者の研究にも様々なキーマンが登場する。人物を通じて歴史を叙述することが、研究上の特徴の一つとなっている。近世から近代への変化が、本質的にどのような内容を持つ変化だったのか、それはどのような人々によって、どう担われたのかといった問題認識が研究をする際の意識の基底に伏流している。では、筆者の人物研究の在り方を分析視角・研究手法の観点から説明してみよう。

分析視角として、思想や行動をその人物の個性のみに求めるのではなく、それらを規定した同時代の秩序・観念や政治・経済・社会・文化といったすべての生活領域に及ぶ規範から、人物を丁寧に説き起こすことを意識している。また、研究手法としては、伝説化された側面が強い人物については、主として一次史料に基づいて虚構を排除し、歴史に埋もれた無名に近い人物については、史料群の中から再発見し、実像を体系的に明らかに描き出すことを主眼としている。その上で、俯瞰《ふかん》的にその人物の歴史的な意義を探ることに結びつけようと心がけている。

つまり、伝説化された人物には、政治史と人物像の乖離《かいり》を正しく認識し、人物把握と政治史との照合を丹念に行い、政治史における人物評価をやり直すことによって、歪《ゆが》んでしまった政治史に矯正を施す必要がある。一方で、歴史に埋もれた人物については、政治史における人物発見を行い、人物研究を実証研究へ取り込み、実証研究における人物的視角の重要性を十二分に意識しながら、人物研究から見える新たな政治史を構築する必要がある。いずれも、人物論が政治史の研究に必須であることを強く示している。こうした分析視角・研究手法を用いて、人物研究を行うことによって、政治過程そのものの検討を深化させることができると確信している。

本書で扱う人物は、井伊直弼《いいなおすけ》・吉田松陰《よしだしょういん》・ペリー・徳川慶喜《とくがわよしのぶ》・平岡円四郎《ひらおかえんしろう》・島津久光《しまづひさみつ》・渋沢栄一《しぶさわえいいち》・松平容保《まつだいらかたもり》・佐久間象山《さくましょうざん》・坂本龍馬・五代友厚《ごだいともあつ》という、綺羅星《きらぼし》のような多士済々の一一人である。今回は〝人物から読む幕末史の最前線〟と銘打った新書にふさわしく、比較的なじみがあると思われる人物を取り上げてみた。とは言え、名前はそこそこ知られているものの、いざ幕末維新史にどのような足跡を残した人物で、その存在意義は何だったのかを問われると、意外にも答えにくいのではなかろうか。

例えば、五代友厚である。五代と言えば、もともと明治時代初期の大阪経済を立て直した人物であり、明治十四年政変で北海道開拓使官有物の払い下げ事件にかかわった悪役として、教科書にも必ず登場した人物であった。さらに、ドラマで取り上げれたことによって、一気に知名度は増したものの、その理解はこれまでの域を出るまでには至らなかった。しかし、五代の幕末期の活躍は筆紙に尽くし難いレベルであり、五代の事績を紐解《ひもと》くことで、あらたな幕末維新史の側面が浮き彫りになってくる。本書では、その事実を最新研究の動向とともに明らかにしたい。

五代に限らず、本書ではその人物の生涯を必ずしも網羅的に紐解くのではなく、その人物に関する最新の研究動向からトピック的な側面を抽出し、当時の政治動向にも目配りしながら、読者の皆さんに新たな幕末維新史の知見を提供できればと考えている。なお、今回はオンラインメディアJBpressで連載したものをベースにして、大幅に加筆訂正を加えている。

本書の目的は、伝説化された人物、また無名に近いとは言えないが、その事績が歴史に埋もれた人物を取り上げ、それぞれの人物を通じて幕末維新史の最前線をお示しすることである。新しい政治と人物論に触れていただき、幕末維新史のユニークさ、面白さをあらためて感じていただければ幸いである。

目次

藩／下田渡海事件と松下村塾／安政の大獄と松陰の死／長州藩の対外思想（認識）の系譜／松陰を形作る皇国思想と陽明学／松陰の行動原理／下田渡海事件に見る松陰の対外思想／即時攘夷から未来攘夷へ／松陰に大きな影響を与えた佐久間象山／松陰のペリー刺殺目的説を否定する／象山の対外思想／未来攘夷から読み解く下田渡海事件／松陰の死とその遺伝子／松陰の積極的開国論／通商条約の締結と松陰の即時攘夷化／裏目に出た松陰の至誠／安政の大獄と松陰の刑死

第三章　マシュー・ペリー
——日本開国というレガシーを求めて

幕末の起点はペリー来航／ペリーとは何者か／ペリーはなぜ日本にやって来たのか／ペリー艦隊の出航／ペリー来航と早く帰った理由とは／ペリーの再来航はなぜすぐだったのか／幕府・阿部正弘の対応「ぶらかし」／老中阿部正弘の言路洞開の方針／日米和親条約の締結とその内容／日米和親条約によって開国せず／日米和親条約とアヘン戦争の関係とは／幕府外交は弱腰にあらず／ペリーにとっての和親条約

と薩摩藩との関係／関東下向と天狗党の乱／周旋家から経済官僚への転身／慶喜の将軍就任と渋沢の動向／渋沢の渡仏およびヨーロッパでの動向／渋沢の幕府瓦解・慶喜への不満

第八章 松平容保
——京都守護職の苦悩と元治期の政局

会津藩の悲劇／戦国から江戸初期にかけての会津地方／保科正之と会津藩／松平容保とはどのような人物か／松平容保の京都守護職就任／会津藩・松平容保と長州藩の激突／会津藩と薩摩藩の対立はどのように始まったのか／帰藩できない松平容保と江戸からの嫌疑／京都家臣団の日増しの苦悩／松平容保の決断と会津藩の悲劇

表記は原則として常用漢字、現代仮名づかいに準拠した。また、読みやすさを考慮して引用資料に適宜振り仮名や句読点を補った。

第一章　井伊直弼

――植民地化から救った英雄か？

いい・なおすけ（1815-60）
幕府の大老。彦根藩13代藩主（豪徳寺蔵）

イメージが先行する井伊直弼

井伊直弼《なおすけ》は誰もが知っている、幕末史における重要人物の一人である。大老として諸外国との通商条約を締結し、一四代将軍を徳川家茂《とくがわいえもち》にすることで将軍継嗣《けいし》問題に片を付けた。そして、反対派を安政の大獄で弾圧し、桜田門外の変で暗殺された激動の人生を送った人物である。このような経緯はよく知られているが、彼がどのような思いや判断からそうした事態を招いたのか、そう問われると言葉に詰まるのではないだろうか。

直弼は、評価が分かれる人物でもある。責任を一身に背負いながら、通商条約を結び日本を開国に導き、近代日本の礎《いしずえ》を作り、日本を植民地化から救ったと英雄視される。その一方で、安政の大獄での苛烈極まりない処断から、血も涙もない専制的な悪人のイメージも付きまとう。読者は、どちらの直弼を思い浮かべただろうか。

これほどの重要人物であり、しかも広く知られているにもかかわらず、イメージ先行で語られてしまう井伊直弼の知られざる実像について、その人生を紐解《ひもと》いてゆこう。

井伊直弼の生い立ちと藩主就任

井伊直弼は文化一二年（一八一五）一〇月二九日、彦根《ひこね》藩三五万石の一一代藩主である直中《なおなか》の一四男として彦根城内に生まれた。母は側室お富《とみ》の方で、江戸麹町隼町《こうじまちはやぶさちょう》伊勢屋《いせや》十兵衛《じゅうべえ》の娘と言われる。当時としては、父は五〇歳、母は三二歳とかなり年齢がいってからの子であり、直中は既に家督を直亮《なおあき》（三男、一二代藩主）に譲っていた。そのような事情から、両親は直弼を溺愛したようで、かなり過保護に育てられた。

直弼が不遇の時代を過ごした「埋木舎」。自らを花の咲くこともない（世に出ることもない）埋もれ木と同じだと直弼本人が名付けたという。

　天保二年（一八三一）、直弼は一七歳となり、井伊家の家風に従って藩から三〇〇俵の宛行扶持《あてがいぶち》をもらい、彦根城中の槻《けやき》御殿を出て、第三郭《くるわ》の尾末町《おすえちょう》の北の御屋敷に移った。この北の御屋敷を「埋木舎《うもれぎのや》」と名付け、弘化三年（一八四六）に直亮の養子となるまでの一五年間、ここで部屋住みの生活を送った。この埋木舎時代に「なすべき業《わざ》」として、直弼は禅、居合、兵学、茶道などの教養を積んだ。特に茶道は一級品であり、茶書『茶湯一会集《ちゃのゆいちえしゅう》』を著した。

　さらに、運命的な出会いが待っていた。国学者長《なが》野義言《のよしとき》（のちに主膳《しゅぜん》）と知り合い、彼から国学、歌道、古学などを学び、藩主就任後には長野を重用した。直弼はこの長野の協力を得て、将軍継嗣問題を有利に運び、また安政の大獄を推し進めることになる。

嘉永三年（一八五〇）、直亮の死去により直弼は彦根藩一三代藩主に就任し、掃部頭《かもんのかみ》と称した。そもそも、直弼は一四男であり、藩主の座に就くことなどあり得ないはずだが、井伊家の男子が次々に早逝するなどの条件が重なった。本来、就くはずがない立場、地位に就いた人は、より一層その立場にふさわしい人物でありたいと思い、張り切ってやり過ぎる傾向が見られるが、直弼はその典型かも知れない。それは、大老就任時にも発揮される。

将軍継嗣・条約締結問題と大老就任

ペリー来航という時代の大転換期において、将軍継嗣問題という厄介な徳川家の「お家騒動」が起こっていた。事の発端は、一三代将軍の徳川家定《いえさだ》は暗愚で病弱であり、この将軍では未曽有《みぞう》の国難を乗り切れないと評価されたことである。そのことを主張するグループは、賢明・年長・人望の条件を満たす一橋慶喜《ひとつばしよしのぶ》を次期将軍として推したため、一橋派と呼ばれた。一方で、あくまでも血統を第一として、紀州《きしゅう》藩主徳川慶福《よしとみ》（のちの家茂）を推したグループは南紀派と呼ばれた。この二つの派閥が形成されて政争を始めたが、見方を変えれば改革派（一橋派）と守旧派（南紀派）の権力闘争に他ならない。

安政三年（一八五六）七月、アメリカ総領事タウンゼント・ハリスは日米和親条約で開港された下田《しもだ》に上陸し、玉泉寺《ぎょくせんじ》を総領事館と定めて直ちに江戸行きを希望した。これは江戸で通商条約交渉の開始を期待したからであり、幕府にとっては来るべきものが来たという感じであったろう。この時、幕政を主導したのが老中首座の佐倉《さくら》藩主堀田正睦《ほったまさよし》であった。

ハリスの江戸行きの見通しが立たない中で、堀田の指示により、安政四年（一八五七）五月に下田奉行の井上清直《いのうえきよなお》らは、日米和親条約の付録協定である日米約定《やくじょう》（下田条約）を調印している。知られざる条約であるが、極めて歴史的な意義があり、長崎の開港、下田・箱館《はこだて》での居留の許可、片務《へんむ》的領事裁判権（治外法権）などが謳《うた》われている。領事裁判権とは、外国人が現在居住する国の裁判権に服さず、本国の法に基づいて本国領事の裁判を受ける権利であり、日米修好通商条約にもそのまま取り入れられ、不平等条約の要因となった。

ようやく江戸行きを認められたハリスは一〇月一四日、江戸に到着し、二一日に江戸城において家定に謁見して、ピアース大統領の親書を渡した。だが、徳川斉昭《なりあき》（前水戸藩主）

安政5年の日英修好通商条約交渉の際に撮られた写真で、後列左が岩瀬忠震(ビクトリア&アルバート博物館蔵)

をはじめ通商条約へ反対する者もおり、交渉は進捗《しんちょく》せず、ハリスはいら立ちを強めた。そこで、艦隊の派遣や戦争の開始を示唆《しさ》するなど、武力を背景にした砲艦外交をハリスは実行したため、一二月三日に下田奉行の井上清直と堀田老中の懐刀の岩瀬忠震《いわせただなり》を全権に任じ、交渉が遅まきながら開始された。岩瀬とハリスのぎりぎりのやり取りの結果、安政五年(一八五八)一月一二日に一応の妥結が見られた。しかし、幕府独断で即時調印をせず、条約に反対する諸大名を抑えるために、堀田は朝廷から勅許を得ることにした。ハリスも六〇日間の猶予を与え、その結果を下田で待った。

幕府は堀田を京へ上らせて通商条約の勅

許を求めたが、まさかの孝明《こうめい》天皇の拒絶という事態となる。堀田がむなしく江戸へ戻った三日後の四月二三日、井伊直弼が突如として大老に就任した。一般には、堀田による一橋派の領袖《りょうしゅう》である松平慶永《よしなが》（春嶽《しゅんがく》。越前《えちぜん》藩主）の大老就任工作を南紀派が事前に察知し、老中松平忠固《ただかた》を味方につけて大奥の取り込みに成功、直弼の大老就任に漕ぎつけたとされる。しかし、将軍家定の強い意向がそこにはあったのだ。家定は、それまでの老中たちが自分を軽視して政治を行うことを不満に思っていたようだ。その点、直弼は家定を立てて忠実であった。家定の信任を勝ち得た井伊直弼は、いよいよ政治の表舞台に登場することになる。

井伊大老の始動と条約問題

幕府は通商条約の勅許の獲得は容易であると考えていたが、朝廷・孝明天皇の思わぬ拒絶に狼狽《ろうばい》した。そもそも、朝廷は幕府に大政委任しているはずであり、またその台所は幕府からの援助で成り立っていた。朝廷と一蓮托生《いちれんたくしょう》とも言える幕府の申し出を、いまだかつて拒絶したことがない朝廷の想定外の対応は、幕府にとって大変なショックであったことは疑いない。ただし、孝明天皇は条約勅許に条件を付した。大名の総意であれば、勅許も

ハリス（1804-78）　初代駐日領事として来航。

あり得ると言うことである。

直弼は大老に就任すると、一橋慶喜ではなく慶福を将軍継嗣と決め、かつ通商条約については、堀田らの幕府専断による締結やむなしの意見を退け、あくまでも孝明天皇からの条件である大名の総意を踏まえた勅許獲得に固執した。

直弼は単純な開国派ではなく、むしろ慎重派であり、そして、対外戦争よりも朝廷との軋轢《あつれき》が元となった内乱の発生を一層恐れていた。

ハリスは三月五日に江戸に来ており、堀田の帰りを待ちわびていた。四月二四日にようやくハリスは堀田との会談に漕ぎつけた。堀田は不勅許の事実を隠蔽し、大名の総意を得るためとして、さらに六カ月の猶予を希望したため、ハリスも渋々に九〇日間の猶予を認めて下田に戻った。ところが、六月一三日、米国軍艦ミシシッピ号が下田に入港し、アロー戦争（イギリス国旗を掲げた清国《しんこく》船アロー号が清国官憲の取り調べを受け、国旗がひき降ろされた事件を契機として、清とイギリス・フランスとの間で戦われた戦争）におけるイギリス・フランス連合軍の勝利と、天津条約の締結および両国使節の来航を告げたことから事態は急変する。ハリスは堀田に書簡を認《したた》め、両国連合艦隊が大挙して江戸湾に来航して、通商条約の調印を迫ることは必至であると伝えた。幕府は窮地に追い込まれたのだ。

条約調印を巡る直弼の態度

ハリスは堀田に対し、イギリス・フランスは日米修好通商条約の草案では調印に賛同しないことは目に見えており、両国に対して既成事実として示すために、至急アメリカと通商条約を締結することを勧告した。安政五年六月一七日、ハリスは軍艦ポーハタンに乗船して下田を出発し、小柴《こしば》沖（現在の横浜市金沢《かなざわ》区柴町《しばちょう》にある小柴海岸の沖合）に碇泊《ていはく》して再度堀田に勧告を行い、岩瀬忠震らとの会見を要求した。

翌一八日、それに応じて岩瀬・井上清直は米艦に赴《おもむ》いて、ハリスと談判に臨んだ。岩瀬はハリスに対し、日米が結んだ通商条約をイギリス・フランスが万が一拒否した場合、ハリスが調停者となって幕府と両国の斡旋《あっせん》をする誓約書を求めた。何とも都合が良い話だが、ハリスは条約締結を急いでおり、それに同意したため、誓約書を受け取った岩瀬らは直ちに江戸城に戻った。

今後の方針を決めるべく、一九日に江戸城中で大評議となったが、想像以上に混迷を極めた。現実を直視できずに逡巡《しゅんじゅん》し調印の先送りを唱えた直弼を、岩瀬らは罵倒した。大老にそのような態度を取ったことが、のちに岩瀬らの命取りになることを彼らは気がついていない。直弼は、まだハリスとの約束の猶予期間が四〇日ほど残っており、その間に勅許を得て、さらには岩瀬ら海防掛《かいぼうがかり》などの敵対者の一掃を密かに企んでいたのだ。

結局、直弼の裁断は勅許を得るまでの調印延期であった。しかし、岩瀬・井上は再び米艦に赴き、なんとその日のうちにハリスと日米修好通商条約一四カ条・貿易章程七款に調印した。この時、岩瀬らは調印延期の交渉を一切していない。勅許獲得に固執した直弼が、一方では全権委任した岩瀬らに窮した場合は調印をしてもよいとの言質《げんち》を与えたため、実行されたというのが真相である。

結果論ではあるものの、外患から解放された直弼の政治的な主眼は内政一本に絞られていく。さしあたって、岩瀬らの弾圧・追放であり、その流れは安政の大獄につながっていく。

作られた直弼像とその実像

安政五年六月一九日、結果として、井伊直弼は調印内諾の言質を岩瀬らに与え、怒濤《どとう》の一日を終えて藩邸に戻った。直弼は最も信頼する側近の一人である宇津木六之丞《うつきろくのじょう》に対して、岩瀬らとの城中での激論、すなわち再派遣に至る経緯を説明した。宇津木が内諾の撤回を求めたのに対して、『公用方秘録《こうようかたひろく》』写本（『開国始末』）によると、直弼は「勅許を待たざる重罪は、甘んじて我等壱人に受候《うけそうろう》決意につき、また云う事なかれ」と諭した。

この一言は、井伊を肯定する場合に必ず引用されてきた言葉である。同時代人の勝海舟《かつかいしゅう》も、この言葉から、直弼は「大丈夫」と高く評価している。直弼は剛毅果断《ごうきかだん》の性格で、我が国を開国に導き、欧米列強の植民地化から日本を救った偉人とするイメージも、ここから出発しているのだ。斯《か》くいう筆者も、直弼の一身に責めを負うその姿勢に感銘を覚えた一人である。

しかし、昭和六〇年（一九八五年）代になって、彦根藩の公式記録「公用方秘録」写本は改竄《かいざん》されていたことが判明した。実際のやり取りは、真実と大きく異なるのだ。公開された『公用方秘録』オリジナルの写し（「木俣《きまた》家本」）によると、宇津木は、朝廷から言われた通り、調印が諸大名の総意を確認してからではなかったため、朝廷をないがしろにしたと批判する者がそこかしこに現れ、また、孝明天皇の逆鱗《げきりん》に触れると直弼を諌《いさ》めるように直言した。

宇津木の指摘に対し、落ち度に気づき、後悔する直弼の言葉が残されていた。「無念の至り、身分伺いするより致し方ない」。直弼は、その点に気がつかなかったことは残念であるとし、大老職の辞任すらほのめかしている。これまでの井伊直弼のイメージとは一線を画するものであり、剛毅果断さを感じることは難しいのではなかろうか。英雄譚《たん》とは違った、直弼の人間臭さが感じられる。それにしても、直弼は評価が難しい。

ところで、事実上の通商条約締結の推進者は岩瀬忠震である。彼は目付・海防掛・外国奉行として安政五カ国条約（アメリカ・オランダ・ロシア・イギリス・フランス）すべての交渉を主導し、実際に署名している。開国の恩人は直弼ではなく、本来は歴史から忘れられている岩瀬である。もちろん、最終的な責任を負ったのは直弼、その人ではあるのだが。

一橋派の敗北と戊午の密勅

安政五年六月一九日の日米修好通商条約を皮切りに、井伊直弼は同年中にオランダ・ロシア・イギリス・フランスとも調印、安政五カ国条約を締結した。実際の交渉や署名をしているのは岩瀬忠震であるが、最終的な責任を負ったのは上司にあたる直弼であった。これ以降、直弼の政治姿勢は激変する。反対勢力を粉砕すべく、政治権限を最大限に行使したのだ。

六月二三日、直弼は堀田正睦・松平忠固の両老中を罷免《ひめん》し、無断調印の罪を被せた。同日に一橋慶喜と対面すると、違勅である無断調印について詰問された。翌二四日に徳川斉昭、尾張藩主徳川慶勝《よしかつ》、水戸藩主徳川慶篤《よしあつ》は江戸城に無断で登城し、直弼による条約の無断調印を面責した。また同日、松平慶永も登城して老中久世広周《くぜひろちか》に将軍継嗣発表の延期を求めた。直弼は二五日に慶福から名を改めた家茂の継嗣発表を実行し、七月五日には慶喜に登城停止、斉昭・慶永らに隠居・謹慎を命じ、ここに一橋派の敗北が確定した。

直弼による政敵排除の嵐が吹き荒れる中で、水戸藩・斉昭による巻き返し工作が秘密裏に進められていた。そして八月八日、いわゆる「戊午《ぼご》の密勅」事件が起こる。孝明天皇はこの密勅の中で、勅許がないにもかかわらず、幕府が通商条約に調印したことを強く非難し、御三家および諸藩には幕府に協力して公武合体の実を挙げること、また幕府には攘夷推進の幕政改革を成し遂げることを命令した。

それまでの幕府に大政委任をしていた政治体制を、朝廷自らが否定して水戸藩に天皇の命令である勅諚《ちょくじょう》が下賜されたのだ。この勅諚は諸藩にも写しが内々に配られており、極めて意義深い事件である。

そもそも、朝廷と大名は直接接触することは禁止されており、朝廷から下される官位のやり取りなどもすべて幕府を経由していた。ましてや、勅命が幕府を飛び越えて諸藩にもたらされることなど、言語道断な行為であった。幕府にとっては、朝廷と結びついた勢力に政権を奪われる可能性も出てくるわけで、これだけは許せない政治案件なのだ。

本来の勅諚は、関白の裁可を経て幕府に伝達されるものであるが、今回は関白をスキップして幕府でなく水戸藩に下賜されるという前代未聞の形式であり、内容的にも幕府の面目は丸つぶれであった。

安政の大獄

戊午の密勅は、水戸藩を中心とする朝廷工作によるもので、井伊直弼は徳川斉昭が黒幕と睨《にら》んで、徹底的な捜査を命令した。これこそが、安政の大獄の始まりである。結局、斉昭の関与は証明できなかったものの、捜査範囲は広がり続け、未曽有の大弾圧事件に発展し、処罰者は一〇〇人を超えることになった。主な処罰者を見ておこう。隠居・謹慎となったのは、一橋慶喜、徳川慶篤、徳川慶勝、松平慶永、伊達宗城《だてむねなり》（宇和島《うわじま》藩主）、山内豊信《やまうちとよしげ》

（土佐《とさ》藩主）、堀田正睦といった諸侯クラスと、川路聖謨《かわじとしあきら》（江戸城西丸留守居）、大久保忠寛《おおくぼただひろ》（江戸城西丸留守居）といった幕臣も含まれる。

死刑・獄死となったのは、吉田松陰《よしだしょういん》（長州《ちょうしゅう》藩、斬罪）、橋本左内《はしもとさない》（越前藩、斬罪）、頼三樹三郎《らいみきさぶろう》（京都町儒者、斬罪）、梅田雲浜《うめだうんぴん》（小浜《おばま》藩、獄死）、日下部伊三治《くさかべいそうじ》（薩摩《さつま》藩、獄死）らであった。特筆すべきは水戸藩への処罰であろう。安島帯刀《あじまたてわき》（水戸藩家老、切腹）、鵜飼吉左衛門《うがいきちざえもん》（水戸藩、斬罪）、鵜飼幸吉《こうきち》（水戸藩、獄門）が犠牲となっているが、家老まで断罪されるなど、苛烈を極めた。もちろん、黒幕の徳川斉昭も永蟄居《えいちっきょ》とされており、これが桜田門外の変の誘因となる。ちなみに、岩瀬忠震（作事奉行）、永井尚志《ながいなおむね》（軍艦奉行）ら幕臣も免職・差控となった。直弼は、有能な幕府の人材まで処罰してしまったのだ。

直弼の矛先《ほこさき》は宮・公家にまで及んでいる。青蓮院宮《しょうれんいんのみや》（隠居・慎《つつしみ》・永蟄居）、近衛忠熙《このえただひろ》（左大臣、辞官・落飾）、鷹司輔熙《たかつかさすけひろ》（右大臣、辞官・落飾・慎）、鷹司政通《まさみち》（前関白、隠居・落飾・慎）らが処分された。戊午の密勅に直接かかわりがなくても、反幕府姿勢を問われた者もいた。

安政の大獄によって、橋本左内をはじめとする近代日本のリーダーシップを取れる人材を多数失ってしまった。一橋派を中心とした挙国一致的国家構想はここに潰《つい》え、革新的かつ現実的な内外政略や適材適所の人事政策に則った、日本のもう一つの近代化の可能性が断たれたのだ。

桜田門外の変の実相とその意義

安政七年（一八六〇）三月三日、桜田門外の変が勃発した。大老就任以来、疾風《しっぷう》怒濤の政局を牛耳ってきた井伊直弼の死は、あまりにも突然であった。襲撃犯は水戸藩から一七名、薩摩藩から一名の浪士一八名であった。彼らは大雪の中で身を潜めて、直弼の行列が来るのを待ち伏せた。森五六郎《もりごろくろう》が駕籠訴《かごそ》を装って行列の供頭《ともがしら》に近づき、制止しようとした供侍に即座に斬りかかり、護衛の注意を前方に引きつけた上で、黒澤忠三郎《くろさわちゅうさぶろう》がピストルを駕籠めがけて発射した。これを合図に浪士本隊が全方向からの駕籠への抜刀襲撃を仕掛けた。

ところで、事件から約一カ月後に実行犯の一人である関鉄之介《せきてつのすけ》から聞き取った生々しい情景が、鳥取藩士の安達清風《あだちせいふう》の日記に記述されている。それによると襲撃の際、「同志ト示シ合セ相図（合図）ノヒストン（ピストル）ヲ打出シ」たところ、供の者たちは直弼の乗った駕籠を放して退いた。そこで駕籠の戸を開けたところ、「ヒストンノ玉（弾）胸先ニ中《あた》リテ死シ居リヌ」と、弾が命中して井伊は既に絶命しており、引きずり出してズタズ

「桜田門外之変図」。襲撃者のひとり蓮田市五郎が、事件直後細川家中御預中に描いたもの（茨城県立図書館蔵〈茨城県立歴史館保管〉）

タに切りつけて、直弼の首を唯一の薩摩藩士である有村《ありむら》次左衛門《じざえもん》が討ち取ったという。実は、直弼は通説とは違って即死状態であったのだ。

この時に使用されたピストルは、ペリー艦隊が嘉永七年（一八五四）、再度来航した際に将軍や幕府閣僚などに贈呈した最新型コルトM1851を徳川斉昭が入手し、藩内で模倣して製造したものであった。まさに、斉昭と直弼は刺し違えたといっても過言ではなかろう。

さて、この暗殺劇が成功した要因であるが、井伊家側の油断が考えられる。藩邸から江戸城は至近距離であり、藩士二六人を含む総勢六四人が供をする厳重な警戒下であった。ここに切り込んでくるとは想像できず、隙が生じていた。しかも、悪天候のため刀には柄袋《つか》を着装しており、すぐに抜刀できず戦闘態勢が取れなかったこと、事前の警戒を促す注進も無視していたことも重なった。なお、戦闘で犠牲となった藩士は八名おり、二年後に重傷者六名は藩領・下野国《しもつけのくに》佐野《さの》へ流され揚屋《あがりや》に幽閉され、事件当時の軽傷者は切腹、無傷の者は斬首という厳しい処分が科せられた。

幕末維新に起こった数多くの暗殺事件の中で、唯一、政局に重大な影響を与えた大事件が、この桜田門外の変であった。それだけ、井伊直弼の存在は大きいのだ。幕末の騒乱が本格化し、明治維新が加速度的に早まる契機となった、まさに時代を動かした稀《まれ》にみる日本史上の暗殺劇である。

第二章　吉田松陰

――長州藩の帰趨を左右した対外思想

よしだ・しょういん（1830-59）
思想家・教育者。萩藩士（山口県立山口博物館蔵）

吉田松陰は悲劇のヒーローか

幕末維新史の主役と言えば、長州藩《ちょうしゅうはん》を思い浮かべる読者は多いのではなかろうか。そのイメージは、尊王攘夷運動の旗頭であり、下関《しものせき》で攘夷戦争を実行するなど、即時攘夷を牽引し続け、最後に倒幕を成し遂げた西国雄藩の代表だろう。

また、吉田松陰《しょういん》は長州藩を代表する過激な尊王攘夷家であり、松下村塾《しょうかそんじゅく》を主宰して多くの尊王志士を育て上げた。しかし、大老井伊直弼《なおすけ》による安政の大獄に巻き込まれ、刑死した悲劇のヒーローとして、広く知られた偉人である。

しかし、歴史を紐解《ひもと》くと、長州藩、そして吉田松陰は最初から最後まで即時攘夷に一辺倒であったわけではない。未来攘夷と即時攘夷を行ったり来たりしながら即時攘夷に至ったのだが、その間の経緯は必ずしも知られていないのではないだろうか。吉田松陰の対外思想を中心に据えながら、長州藩がいかに松陰の世界観に影響を受けたのか、その実相に迫ってみたい。

吉田松陰の生い立ちと少年時代

まずは、吉田松陰とは一体どのような人物であったのか、やや詳しく説明しよう。文政一三年（一八三〇）八月四日、無給通《むきゅうどおり》（給地を支給されない下士等《かし》）二六石取の杉百合之助《すぎゆりのすけ》の次男として生まれた。志士、思想家、教育者であり、幼名は寅之助《とらのすけ》、通称は大次郎《だいじろう》・寅次郎、名は矩方《のりかた》、号は二十一回猛士《もうし》であった。

幼くして吉田家に養子となったが、同家は大組《おおぐみ》という上級藩士であり、禄高は四〇石、山鹿《やまが》流兵学師範の家であった。この養子縁組が、松陰の運命を大きく変えたのだ。

松陰は叔父の玉木文之進《たまきぶんのしん》や兵学者の山田宇右衛門《やまだうえもん》、山田亦介《またすけ》から兵学に関する教育を受けた。天保九年（一八三八）、九歳の時に藩校明倫館《めいりんかん》で山鹿流兵学の講義を初めて行ったが、以降は毎年一定期間、明倫館で教授することになった。

天保一一年（一八四〇）、一一歳の時に藩主毛利慶親《もうりよしちか》（敬親《たかちか》）の前で「武教全書《ぶきょうぜんしょ》」を講義し、そのあまりの巧みさに藩主を驚かせた。さらに、弘化元年（一八四四）、一五歳の時に再び藩主に講義する機会に恵まれたが、激賞されて褒賞を下賜される栄誉に浴した。まさに、天才少年である。

青年時代の活動と脱藩

嘉永元年（一八四八）、松陰は一九歳で明倫館師範となった。この時、明倫館再興に関する意見書を提出した。また、翌二年（一八四九）には御手当御用掛となり、山陰海岸の砲台を巡視して、海防についての報告書を提出している。

嘉永三年（一八五〇）、松陰は藩府の許可を得て九州を遊学し、熊本で生涯の盟友となる宮部鼎蔵《みやべていぞう》と出会う。そして、翌四年（一八五一）、二二歳の時に兵学研究のため藩主に従って江戸へ出た。そこで、松陰は運命的な出会いとなった佐久間象山《しょうざん》に師事した。

同四年、東北視察に出発するが、藩府の許可を得ておらず、無届による出奔《しゅっぽん》であった。時に松陰は、信念や友情を貫くために、突飛な行動を取って周囲を慌てさせたが、この脱藩行為もその一つであったのだ。

翌五年（一八五二）になって帰藩したが、脱藩の罪を問われて士籍と禄高を没収されてしまった。しかし、藩主慶親の特別の恩恵を受けることが叶い、一〇年の諸国遊学が許された。長州藩は松陰のみならず、若者には飛びきり甘い藩であった。

下田渡海事件と松下村塾

安政元年（一八五四）、松陰が二五歳の時、浦賀《うらが》に再度来航したペリー率いるアメリカ軍艦に乗り込み、同志であり最初の弟子である金子重之助《かねこしげのすけ》とともに海外渡航を企てるが失敗し、下田《しもだ》奉行所に自首した。いわゆる、下田渡海事件である。その後、江戸の伝馬町《てんまちょう》の獄舎に入牢したものの、幕府は海外密航という国禁を企てた松陰を処罰せず、その処分を長州藩に委ねてしまったのだ。

松陰は萩《はぎ》に護送されて、野山獄《のやまごく》に入牢した。安政二年（一八五五）、二六歳の時に出獄を許され、実家である杉家に幽閉の処分となった。当初、松陰は家族に対して「武教全書」の講義を行ったが、安政四年（一八五七）に叔父の玉木文之進が主宰していた塾を引き継ぎ、杉家の敷地に松下村塾を開塾した。

松下村塾からは、久坂玄瑞《くさかげんずい》、高杉晋作《たかすぎしんさく》、吉田稔麿《よしだとしまろ》、入江九一《いりえくいち》、山縣有朋《やまがたありとも》、前原一誠《まえばらいっせい》、伊藤博文《いとうひろぶみ》、品川弥二郎《しながわやじろう》、山田顕義《やまだあきよし》、野村靖《のむらやすし》など、幕末維新期を彩る数多《あまた》の尊王志士や明治官僚を輩出した。松陰の遺志を継いだ若者たちによって、時代は回転したのだ。

安政の大獄と松陰の死

安政五年（一八五八）、松陰は大老井伊直弼《なおすけ》が孝明《こうめい》天皇の勅許を得ずに、日米修好通商条約を締結したことを知り、大いに激怒した。そして、老中間部詮勝《まなべあきかつ》が孝明天皇への弁明のために上洛する機会をとらえ、間部要撃策（間部を暗殺すること）を提言した。

塾生の同志一七名と血盟し、目的達成のために藩の重臣らに計画を吐露して後援を求める大胆な行動に出た。当然のことながら、彼らは松陰を危険視して再び投獄したのだ。松陰は獄中でも間部要撃策に固執し、この策を推進するため門人に働きかけるが賛同を得られず、唯一賛同した入江九一・野村靖の兄弟も投獄されてしまった。

翌六年（一八五九）、松陰は幕府の命によって江戸に護送された。取り調べにおいて、松陰は幕府もつかんでいなかった間部要撃策を自ら告白してしまい、同年一〇月二七日、伝馬町の獄で刑死した。享年三〇。松陰は安政の大獄の犠牲者の一人として、記憶されることになったのだ。

このように、松陰の人生はジェットコースターのようにスリリングで、壮絶であったが、その存在はその後の長州藩、ひいては日本の行く末に大きな影響を与えることになった。

長州藩の対外思想（認識）の系譜

吉田松陰の対外思想は、松陰刑死後も長州藩に多大な影響を与え続けた。と言うのも、文久期（一八六一～六三）に藩政の中枢を牛耳って即時攘夷を実践したのは、松下村塾で直接松陰から教えを受けた塾生が中心であったからだ。

木戸孝允（1833-77）

久坂玄瑞（1840-64）
（山口県立山口博物館蔵。木戸も）

その筆頭と言えるのが、久坂玄瑞であろう。久坂は高杉晋作とともに松門《しょうもん》の双璧と言われ、そこに吉田稔麿、入江九一を加えて四天王と称された。また、久坂らが兄のように慕った桂小五郎《こごろう》（木戸孝允《たかよし》）は、嘉永二年（一八四九）に藩校明倫館で山鹿流兵学教授であった松陰から兵学を学んでいる。桂は松下村塾の門下生ではなかったが、終生松陰のみを師として仰いだのだ。

さらに、藩の重役である周布政之助《すふまさのすけ》は、松陰のよき理解者の一人であった。つまり、松陰の影響力は、その死後も持続しており、弟子たちに留まらず、その思想的系譜は広く藩内で継承されており、対外思想も当然のことながらそこに含まれた。

松陰を形作る皇国思想と陽明学

松陰の対外思想を語るには、下田渡海事件を避けては通れない。下田渡海事件とは、嘉永七年（一八五四）三月、日米和親条約の締結後も下田に留まるペリーに対し、海外渡航を直訴《じきそ》するためにポーハタン号へ赴《おもむ》いたものの、拒絶された一連の経緯のことである。松陰は自首し、その後、国禁を犯したとして江戸伝馬町の牢屋につながれてしまったことは、先述した。では、松陰がなぜ渡航を企てるに至ったのか、その対外思想の変遷を考えてみよう。

そもそも、長州藩は長い海岸線を持ち、交通の要衝・下関が孫藩である清末《きよすえ》藩の支配下にあった。また、長州藩は江戸時代を通じて、朝鮮とのパイプ役であった対馬《つしま》藩との交流が深かった。このような地理的な条件は、必ずしも松陰でなくとも、長州藩に生まれた者であれば多かれ少なかれ、対外危機を敏感に感じ取ることができたはずだ。特に松陰は、山鹿流兵学師範であり、国防問題への関心は人並み以上であった。

また松陰は、強烈な皇国思想の持ち主であった。皇国思想とは日本の歴史が朝廷（皇室）を中心に形成されてきたことに着目し、万世一系の天皇を国家統合の中心ととらえる思想である。しかも、松陰にはそれを裏打ちする陽明学に根差した直情的な信義が存在した。

陽明学とは、明《みん》の王陽明《おうようめい》が始めた儒学の一派である。陽明学は、現実を批判して心の中の道徳心を追求し、実践に活《い》かそうという知行合一《ちこうごういつ》の立場を貫いた。そのため、現実社会の矛盾《むじゅん》を改めようとする革新性を持っていた。つまり、危険思想の一つとされていたのだ。

松陰の行動原理

松陰の行動は、何が何でも朝廷や藩への忠誠を全うすることを前提に置いており、自分の信義が正しいと判断すれば、他人の忠告などには一切耳を傾けなかった。そのため、計画性がなく、感情的になることも少なくなかった。こうした松陰の言動は、同時代人から見ても突飛なものとしてとらえられることが多々あったのだ。それどころか、松陰の行動によって、藩が窮地に陥る可能性すら感じ、松陰を苦々《にがにが》しく思う者もいた。

松陰は、確固たる行動原理を必ずしも持ち合わせておらず、どちらかと言えば、相手の意見に感化されやすかったが、裏を返せば、柔軟な対応力を持ち合わせていたと言えよう。しかし、一度琴線に触れて信義と連動した場合、実力行使もいとわない、過激で頑固な一面も有していた。この行動原理が、松陰を死地に陥れることになったのだ。

下田渡海事件に見る松陰の対外思想

松陰の対外思想は、未来攘夷と即時攘夷を行ったり来たりすることになる。ここであらためて、未来攘夷と即時攘夷の違いを説明しておこう。

未来攘夷とは、現状の武備ではまったく西欧諸国と互角に戦うことなど叶わないと認識し、無謀な攘夷を否定したものの、攘夷の方針自体は堅持して通商条約を容認し、その利益で富国強兵、海外進出を企図した攘夷思想である。また、即時攘夷とは外国人殺傷や外国船砲撃といった過激な行為に走ったり、あるいは、勅許も得ずに幕府が締結した通商条約を、一方的に廃棄したりすることを主張し、それによる対外戦争も辞さないとする攘夷思想である。

嘉永六年（一八五三）六月のペリー来航にあたって、一方的に我が国法（鎖国）を破り、長崎回航の要請も無視して、堂々と浦賀に停泊したことに対し、松陰には激しい憎悪があった。しかも、和親と通商、つまり開国を押し付ける夷狄《いてき》（外国）に対する敵愾心《てきがいしん》は旺盛で、その要求を鵜呑みにしかねない幕府への猜疑心《さいぎしん》があったのだ。

即時攘夷から未来攘夷へ

ペリーの再来航時の松陰は、「墨夷膺懲《ぼくいようちょう》」（夷狄であるアメリカを征伐してこらしめること）を志向していた。時と場合によっては、ペリーを暗殺することすら躊躇《ちゅうちょ》しない心積もりであった。まさに、即時攘夷である。

しかし、下田渡海事件の際には、「墨夷膺懲」の方向性を必ずしも断念したわけではなかったものの、ペリー暗殺はあきらめて、渡航計画に邁進《まいしん》することになった。つまり、未来攘夷へ転身したことになるのだ。

確かに、この段階では、通商を回避した日米和親条約が締結された事実があった。通商条約の締結を阻止するために、ペリー暗殺を企てるという大義名分は、すでに失われていたことは間違いない。では、松陰の即時攘夷から未来攘夷への転身は、その事実のみが影響したのだろうか。

松陰が著した『幽囚録《ゆうしゅうろく》』にもある通り、即時攘夷から未来攘夷への方針転換の最大の理由は、彼の師である佐久間象山の言説に触れたことによる。象山によって、松陰の思考は柔軟性を呼び覚まされ、現実的な国際感覚を取り戻したのであろう。松陰にとって、象山の存在は極めて大きいものであったのだ。

松陰に大きな影響を与えた佐久間象山

佐久間象山は、松代《まつしろ》藩士で兵学者・朱子学者・蘭学者・思想家として広く知られ、江戸で塾を開いていた。松陰をはじめ、幕末維新期に活躍した勝海舟《かいしゅう》、河井継之助《かわいつぎのすけ》、加藤弘之《かとうひろゆき》、山本覚馬《やまもとかくま》、坂本龍馬《さかもとりょうま》などが門下生である。

元治元年（一八六四）には、幕府から海陸備向《そなえむき》掛手《て》付雇《つけやとい》を命じられ、幕府の臨時雇いとして京都で活躍した。象山は二条城で将軍家茂《いえもち》に謁見するなど、中川宮《なかがわのみや》（朝彦《あさひこ》親王）、山《やま》階宮晃《しなのみやあきら》親王、関白二条斉敬《にじょうなりゆき》、一橋慶喜《よしのぶ》などとも面会を繰り返すなど、幅広い人脈を形成していたのだ。しかし、象山は同年七月に、三条木屋町《きやまち》で河上彦斎《かわかみげんさい》らとされる一団に暗殺されてしまう。

その象山と松陰との出会いは、嘉永四年（一八五二）にまでさかのぼる。それ以降、松陰は象山を最大の師として畏敬の念を持ち続けており、両者の交友は濃密に継続していた。象山は、松陰の密航を支持しており、そのために下田渡海事件に連座して投獄されている。これなど、その段階で松陰と最も気脈を通じていたのが象山であった証拠ではなかろうか。

松陰のペリー刺殺目的説を否定する

ところで、松陰の計画は渡航ではなく、あくまでもペリー刺殺であったとする説がある。しかし、筆者はあくまでも渡航が目的であったと考える。確かに、盟友である肥後《ひご》藩士の宮部鼎蔵とのやり取りから、松陰にその思いもあったことは間違いない。しかし、最終的には、松陰は象山の言説に触発されたのだ。

そもそも、象山の現実主義的な対外思想から判断すると、刺殺を松陰に対して教唆《きょうさ》することなどありえない。また、累《るい》が及ぶ可能性から、松陰が計画に賛同した宮部ら友人を守るため、渡航と虚偽を申し立てたとする説も説得力が乏しい。松陰の人生を俯瞰《ふかん》した場合、どのような状況に置かれても、信念を曲げてまで虚偽を申し立てるとは考えられない。

なお、松陰は獄中で渡航の動機を『幽囚録』に著した（その内容については46ページ「未来攘夷から読み解く下田渡海事件」参照）が、刺殺説では、これも刺殺計画を隠すカムフラージュのためとする。しかし、普通に考えれば、誰の目に触れるかも分からない『幽囚録』の中で、そのような手の込んだことを、この段階で無名の松陰がする必要はなかろう。やはり、松陰の真の目的は海外への渡航以外にはありえないのだ。

象山の対外思想

ところで、松陰の対外思想（認識）に影響を与えた象山の対外思想とは、どのようなものだったのか。象山は、日本の現状の実力ではとても攘夷の実行は不可能であると断言する。そして、弱肉強食の国際環境の中では、強い者しか生き残れず、強者である欧米列強と伍《ご》していくためには、対等の西洋技術を習得する以外ないと力説する。

そのためには、象山は有為な人材を西洋諸国に送り出し、「夷情探索」、つまり欧米列強のありのままの実情を探り、それを作り出しているものを調べることを強く推奨する。あわせて、陸海にわたる軍事技術や海防・築塁方法を習得させることが肝要であると説いたのだ。

象山の対外思想は、未来攘夷と言えるものであった。しかし、一方では将来的な攘夷実行にも懐疑的であった。これは、日本の実力が欧米列強に接近できたとしても、それを超えることは至難の業《わざ》であり、科学者でもある象山は、そのような状態での戦争は難しいと判断したことによろう。象山の先見性・近代性には、もっと高い評価を与えるべきである。

未来攘夷から読み解く下田渡海事件

下田渡海事件の際、松陰は押し付けられた通商条約による開国には、断固として反対であった。このような対等でない通商条約の締結によって、鎖国から開国への国体の変革は屈辱的であり、独立国家としての日本のメンツが丸つぶれであると考えたのだ。

松陰は、幕府の弱腰な対応では欧米列強から蔑視され、侮られるだけであると嘆じる。その先には、皇国の植民地化も懸念されると思い悩んだ。ここはいったん、すべての列強からの要求を拒絶し、あらためて対等な通商条約を皇国から持ちかけるべきであると主張した。

しかし、象山から言われた通り、今の実力差はどうにもできないレベルであり、西洋技術を習得する以外には、列強と対等に渡り合うことはできないことを理解した。そのためには、有為な人材をヨーロッパに派遣すること、つまり「夷情探索」を積極的に支持した。

しかし、海外渡航が国禁であるため、松陰自身が死を覚悟してこの壮挙を行うことにしたのだ。松陰の命を賭してまでの覚悟たるや、簡単に真似できるものではない。

松陰の死とその遺伝子

松陰は、将来の攘夷の実行そのものには、象山と違って疑問の余地を挟まなかったが、海外渡航については積極的に師に賛同した。その思想の遺伝子は長州ファイブの渡航における井上馨《いのうえかおる》の思想にそのまま見ることができる。面白いことに、松陰の海外渡航の系譜は弟子ではない井上に連なるが、これは長州藩そのものに松陰の遺伝子が残ったことによるものだろう。

先述の通り、幕府は国禁を犯した松陰を刑死させず、その処分を長州藩に委ねた。その結果、松下村塾が生まれ、そこから巣立った若者たちが幕府と対峙《たいじ》し、結果として倒幕を成し遂げる一角を占めたことは、歴史の皮肉であろうか。

松陰の積極的開国論

松陰は、下田渡海事件の前後に即時攘夷から未来攘夷に転換した。その後の松陰の対外思想の変転について、積極的開国論、未来攘夷を声高に主張した段階から見ていこう。

下田渡海事件後、萩に戻った松陰は、安政の大獄後に長州藩の藩是《はんぜ》（藩の基本方針）となった、「航海遠略策」（長州藩士長井雅楽《ながいうた》が提唱、通商条約の容認を前提に日本の対外進出を推進する政策論）にもつながる意見を述べている。

安政五年（一八五八）四月に著した『対策一道《たいさくいちどう》』（『吉田松陰全集』）によると、松陰は、国家百年の大計を立て、雄大な計略を用いて夷狄を御することを望めば、開国通商でなければならないとの航海通市策（海外に乗り出して積極的に貿易すること）を訴える。当時の幕閣と大差のない、積極的開国論を主張したのだ。

そして、もしも「封関鎖国」（開国せず鎖国を堅守）策を採れば、座して敵を待つことになり、国威はくじかれ国力は衰えて、滅びることを待つのみであると警鐘を鳴らす。松陰は続けて、航海通市策は雄大な計略の素となり、実は我が国の祖法である。一方で、鎖国政策は一時しのぎの安楽をむさぼる行為であり、末代までの悪政であると断言し、通商条約を容認する。

このように、松陰はむしろ積極的に通商を容認し、その利益によって富国強兵を目指し、その先には、夷狄征服を念頭に置いていた。これはまさに、未来攘夷そのものである。

しかし、これはあくまでも皇国（日本）として挙国一致で行わなければならず、松陰の中では、すでに藩とか幕府とかのレベルは超えていた。現行の幕藩体制は維持しながらも、朝廷・幕府・藩が一致協力した未来攘夷の実現を求めたのだ。

通商条約の締結と松陰の即時攘夷化

安政五年六月、幕府は勅許を得ずして日米修好通商条約を締結する。下田渡海事件以来、積極的開国論、その先の未来攘夷を唱えていた松陰であったが、これを機に過激な言動を繰り返すことになる。

松陰は決して、通商条約自体に反対の立場ではなかった。しかし、松陰はあくまでも押し付けられたものではない、対等な立場での条約締結を求めていた。さらに、当然のことながら、挙国一致のためにも、そもそも我が国が皇国である以上、孝明天皇の勅許は必要不可欠との立場であった。松陰の怒りが収まらないのは、至極当然であろう。

松陰は、今回の条約は幕府がアメリカに媚《こ》びへつらい、誰もが認める正当なものと偽って結んだものと弾劾する。偽ったものにもかかわらず、それを国是と定めたと幕府を痛烈に批判する。さらに松陰は、幕府には我が国の存亡の危機との認識がなく、国辱であることを顧みることもせずに、ついには勅許も得ずに調印したと突き放した。

松陰は通商条約の締結を機に、未来攘夷から即時攘夷へ転換した。しかも、松陰の幕府に対する怒りは止まることを知らずに、その言動は飛躍的に激化した。そのことが松陰の運命を決めることになったのだ。

裏目に出た松陰の至誠

その後の松陰は、討幕をも視野に入れ、周囲が狼狽《ろうばい》するほど過激な言動を繰り返した。例えば、「大原重徳《おおはらしげとみ》西下策」（公家の大原を長州に招き入れ、倒幕の挙兵をする）や先述した「間部詮勝要撃策」などを画策した。

藩の政務役の周布政之助はこれを憂慮し、藩主毛利慶親に進言して、松陰を再び野山獄に収監した。藩政府としては、藩にまで累が及びかねない松陰を放置し続けることはできなかったのだ。

幕府からも嫌疑を受けた松陰は、安政六年（一八五九）六月に江戸へ護送された。その後、三回の取り調べを受けた後、一〇月二七日に刑死した。こうして松陰は、安政の大獄による犠牲者の一人となった。そもそも、松陰の罪状はなんであったのか。

松陰の罪状とは、小浜《おばま》藩士梅田雲浜《うんぴん》と萩で会って政治的謀議を行ったのではないかということ、京都御所内で幕政批判の落とし文が見つかり、その筆跡が松陰のものではないかということ、この二点に過ぎなかった。

松陰は罪状認否にあたり、理路整然と反論したため、あっけなく疑惑が晴れた。しかし、幕吏《ばくり》から今の世の中をどう思うかと問われた際、それに気軽に応じて、老中間部詮勝要撃策を白状したことから、一気に重罪人に仕立てられてしまった。松陰は、この計画を幕府は当然つかんでいると思っていたのだ。松陰の軽率な面が招いたことではあるが、幕吏も正論で説得できると信じていた松陰の、至誠に満ちた性格が裏目に出てしまったと言えよう。

安政の大獄と松陰の刑死

松陰は、幕府も知らない間部要撃策などを自白したため、刑死したと言われるが、評定所の審判は遠島であった。しかし、大老井伊直弼が最終的に死刑に変更したとされる。井伊は安政の大獄に松陰を巻き込み、その命を奪ったことになる。松下村塾の松陰の弟子たちは、幕府に大きな恨みを抱き、その恨みは長州藩全体に蔓延《まんえん》することとなった。

これが、幕府の命脈を縮める一因になろうとは、井伊自身もさることながら、幕閣は露ほども思わなかったであろう。

第三章　マシュー・ペリー

――日本開国というレガシーを求めて

Perry, Matthew（1794-1858）
アメリカの軍人。東インド艦隊司令官となり、
1853年浦賀沖に来航（メトロポリタン美術館蔵）

幕末の起点はペリー来航

嘉永六年（一八五三）六月三日、ペリー艦隊は浦賀《うらが》に入港した。二〇二三年でちょうど、一七〇年である。幕末がいつから始まったかについては、諸説あるものの、幕末の動乱の幕が切って落とされたのは、ペリー来航を起点としても異論はなかろう。

ペリー来航によって、教科書的に言えば、日本は砲艦外交にさらされて、なす術《すべ》もなくその武力の前に沈黙し、日米和親条約を結ばざるを得なかった。これによって、日本は開国したとされている。果たして、その時点で日本は本当に開国したのだろうか。そもそも、アメリカはなぜ日本の開国を欲していたのだろうか。

こうした疑問に答えながら、一七〇年前のペリー来航の意義、そして日米和親条約によって、本当に日本は開国したのかを、あらためて考えてみたい。

ペリーとは何者か

最初に、日本を幕末の動乱に追い込んだマシュー・カルブレイス・ペリー（Matthew Calbraith Perry）について、紹介しておこう。

ペリーはアメリカ海軍の軍人で、一七九四年四月一〇日、父クリストファー・レイモンドの三男として、現在のロードアイランド州ニューポートに生まれた。父は海軍大尉であり、兄二人も海軍軍人となった軍人一家であった。一八〇九年、海軍に入り、西インド諸島、地中海、アフリカなど各地で勤務した。

一八三三年一月、ニューヨークのブルックリン海軍工廠《こうしょう》の造船所長となり、一八三七年にはアメリカ海軍最初の蒸気船フルトン号を建造し、海軍大佐に昇進した。こうした功績から、一八四一年に同海軍工廠司令官に就任した。

ペリーは、蒸気船を主力とする海軍力の強化策を強力に推進し、さらには、士官教育の振興や灯台施設の改善などにも大いに尽力した。このように、ペリーはアメリカ海軍の近代化の基礎を築くことに貢献した。

米墨戦争（一八四六〜四八）で活躍した後、一八五二年三月、東インド艦隊司令長官となると、日本と通商条約を結び、開国させる使命を与えられた。日本への二回の来航（一八五三・五四）については、追々詳しく見ていきたい。

二回目の来航の帰途、ペリーは琉球《りゅうきゅう》王国と琉球修好条約を調印した。その後、香港《ホンコン》、オランダを経由して一八五五年一月一一日、帰国した。そのわずか三年後、一八五八年三月四日、ニューヨークで死去した。

なお、ペリーによる日本遠征の公式記録として、フランシス・ホークスを編纂《へんさん》主幹とする遠征記、『ペルリ提督日本遠征記』三巻（一八五六～六〇）が刊行されている。これによって、私たちは当時の状況をアメリカ側から知ることができるのだ。

ペリーはなぜ日本にやって来たのか

ペリーは日本を開国させるために来航したことは明らかであるが、そもそも、アメリカはなぜ日本を開国させる必要があったのだろうか。

当時のアメリカは、カリフォルニアが空前のゴールドラッシュを迎えていたこともあって、領土が西海岸にまで達していた。さらに、アメリカでは産業革命が進展しており、特に綿製品の輸出先として、太平洋の先にある大市場の中国（清《しん》）への進出を目論《もくろ》んでいた。

そして、アヘン戦争（一八四〇～四二）によって南京《なんきん》条約（一八四二）がイギリスと清の間で結ばれたが、それに便乗して、アメリカは望厦《ぼうか》条約（一八四四）を締結した。これによって、清への進出の足がかりを獲得したため、中継基地として日本の港が必要不可欠であったのだ。

また、最盛期を迎えていた捕鯨産業は、北太平洋から日本沿岸に漁場を求めており、薪《しん》水《すい》や食料の補給が大きな課題となっていた。加えて、操業中に頻発する漂流民の安全確保も、極めて深刻な問題であった。

日本は貿易対象国として、当初は重きを置かれていなかったものの、中継基地として必要不可欠であり、さらに優良な鯨漁場に位置していた。このことから、日本の存在はアメリカのみならず、世界的に注目を集めていたのだ。

ペリー艦隊の出航

こうした事情を踏まえ、アメリカはペリー派遣を決定した。ペリー自身も、海軍軍人の集大成として、日本開国の使命を全うしようとの思いを強くしていた。いわゆるレガシーを作り上げることを、何としても実現したかったのだ。

一八五二年一一月、フリゲート艦ミシシッピ号を旗艦《きかん》として、ペリーはバージニア州ノーフォークを出航した。その後、ケープタウン経由でシンガポール、香港、上海《シャンハイ》、琉球（沖縄）、小笠原《おがさわら》を経て、一八五三年七月八日（嘉永六年六月三日）浦賀に入港した。ペリーは出航前に日本研究を十分に行い、砲艦外交が最も適切な交渉術と判断し、それを実行に移そうとしていた。

ペリー来航と早く帰った理由とは

嘉永六年（一八五三）六月三日、ペリー艦隊は浦賀に入港した。長崎への回航要求を頑《かたく》なに拒み、その上、江戸湾を北上して測量を強行するなど、示威行動を繰り返した。なす術がない幕府は九日に、とうとう久里浜《くりはま》においてペリーと会見せざるを得なくなったのだ。

ここで、「和親」と「通商」を求めるフィルモア大統領からの国書などを受け取った。しかし、この段階では一切外交交渉はなされず、ペリーは一年後の再来を予告して、早くも浦賀入港から九日後の一二日には出航した。

これは一カ月以上の食料や水の備蓄がなかったこと、太平天国《たいへいてんごく》の乱（一八五一〜六四）による中国（清）の政情不安から、居留民を保護するため、軍艦を差し向けねばならなかったことが、大きな理由であった。ペリーの一存で、何もかも進めることは叶わなかったのだ。

また、幕府が回答までの時間を引き延ばすことが、容易に想定できた。交渉の進展が見られず、満足すべき回答がないまま時間が経過し、結局出航せざるを得なくなることも懸念された。これによって、日本が勝利したと解釈され、今回の使命に大きな汚点を残すことが考えられたからだ。

『日本遠征記』より、ポーハタン艦上での正餐。ペリーは1854年2月29日林大学頭らを旗艦ポーハタン号に招いた。

ペリーの再来航はなぜすぐだったのか

こうして、ペリーの一回目の来航は、短期間で終わったものの、再来航は思いの外《ほか》早かった。一年後と言い残し、立ち去ったペリーであったが、嘉永七年（一八五四、一一月二七日に安政に改元）一月一六日、半年程度で早くも再来を果たしたのだ。旗艦サスケハナ号以下、軍艦七隻を率いて江戸湾金沢沖に至り、条約締結を強硬に求めた。

ペリーがこれだけ急いだのは、日本への再航に障害が生じるのではないかと、焦燥感を募らせたことによる。その理由として、ピアース新大統領が対中国（清）政策に重点を置き、ペリーの使命に対して消極的になったことがある。

また、清国駐在公使マーシャルがペリー艦隊に居留民保護の援助を求め、早く出港したいペリーとの間で軋轢《あつれき》が生じたことも、ペリーには日本行きの妨げになると感じたのであろう。もともと、ペリーはマーシャルとは気が合わなかったらしい。

ペリーは、中国進出の中継基地として、また捕鯨産業の維持・発展に極めて重要な日本を開国させた名誉を、何としても手に入れたかった。彼のレガシー獲得に向けた情熱は、尋常なレベルではなかったのだ。

幕府・阿部正弘の対応「ぶらかし」

これを迎え撃つことになった、老中阿部正弘《あべまさひろ》を首班とする幕閣の対応を見てみよう。阿部は実力者である前水戸藩主の徳川斉昭《なりあき》を取り込むため、嘉永六年七月に海防参与に任命した。斉昭は盛んに建白をしたが、その中で「内戦外和」の主張を繰り返した。

その中身は、国内では危機感を煽って武備を充実させ、それまでは交渉を引き延ばそうという消極策である。外国（アメリカ）に対しては、のらりくらりと避戦を貫く、いわゆる「ぶらかし」戦法である。そして、一一月一日に幕府はペリーの再来航を見越し、大号令を発してどのように対応するか方針を世に示した。

それによると、「弥《いよいよ》来年、致渡来《とらいいたし》候共、御聞届之有無ハ申聞せず、可成丈《なるべくだけ》此方よりハ平穏に為取計《とりはからわせる》」（『幕末外国関係文書』）と、ペリーの要求に対する返答は留保したままで、なるべく平穏に処理するという漠然としたレベルのものであった。まさに、「ぶらかし」戦法そのものであったのだ。

また、アメリカが武力を行使する可能性に対する覚悟を促し、「万一彼より兵端を相開《あいひらき》候ハヾ、一同奮発毫髪《ごうはつ》も御国体を不汚《けがさぬ》候様、上下挙而《あげて》心力を尽し忠勤を可相励《あいはげむべし》」と、開戦やむなしを厳命した。

しかし、その主意はあくまでも「ぶらかし」にあって、本心から戦闘をする意志など毛頭なかったのだ。

老中阿部正弘の言路洞開の方針

阿部は、徳川斉昭に諮《はか》って対外方針を決定する一方で、諸侯・幕閣・幕臣らに大統領国書の訳文を示して、広く意見を聴取した。その結果、おおむね「ぶらかし」論に沿った意見が中心で、祖法である鎖国体制を堅持し、武備充実までは交渉を引き延ばすというものであった。残念ながら、将来的な生産性のある意見は乏しかった。

勝海舟（1823-99）
（大田区立勝海舟記念館蔵）

　一方で、勝海舟《かいしゅう》など一部の幕臣は、寛永期（一六二四〜四四）以前、鎖国は祖法ではなかったとし、通商を認めて貿易の利潤によって軍艦を建造するなど、武備充実を図ることを提言した。しかし、大号令はこれら少数意見を斟酌《しんしゃく》せず、採用しなかった。とは言え、人材登用の参考として活用した。

　このように、阿部は本来政治に参画できなかった勢力、御三家・御家門・外様大名をはじめ、広く幕臣にまで意見を求めた。今まで、幕政は譜代大名から選ばれた老中による独占状態にあったが、挙国一致を目指す阿部によって、大きな風穴が開けられた。こうした方針転換によって、言路洞開《げんろとうかい》（上に対して意見を述べる道が開かれていること）が常態化した。

　これは諸刃《もろは》の剣《つるぎ》で、幕政批判が公然と行われるようになり、尊王志士の派生にも大きな影響を与えた。結果として、阿部の政策は幕府の首を絞めることにつながり、この潮流は公議輿論《こうぎよろん》（欧米の議会制を導入し、権力の再編または創設を図ろうとする国家権力構想）の勃興を促し、幕府の瓦解に直結することになったのだ。

日米和親条約の締結とその内容

嘉永七年一月一六日、ペリーは前年に続いて、二回目の来航を果たした。その後、オランダ語を介して交渉が重ねられ、三月三日に日米和親条約がペリーと日本側全権の林復斎《はやしふくさい》との間で締結された。

主な内容としては、下田《しもだ》と箱館《はこだて》の開港とそこでの薪水・食料など物資の供給、漂流民の救助と保護、そして、アメリカへの最恵国待遇であった。開港というと、まるで開国したような印象を受けるが、そうではない。日本中のすべての港で物資の供給などをすることは不可能であり、そのため、この二港を指定したという意味合いである。開港というよりは、寄港を許したとする方がより正確であろう。

また、アメリカ人の行動の自由が保障された。しかし、行動範囲は厳しく制限されたため、これをもって外国人の国内への侵入を許すことになったわけではない。あくまでも、物資の供給を受けるための一時的な滞在を認めただけであり、恒久的な居住を認めたわけではないのだ。この点は、極めて重要である。

日米和親条約によって開国せず

日米和親条約において、日本にとっての最大のポイントは、通商を回避して和親にとどめたことである。つまり、後世の私たちが開国と位置づけている日米和親条約は、当時の日本人にとってみれば、アメリカとは国交を樹立したものの、物資の供給（施し）を認めたに過ぎず、鎖国政策を遵守したことに他ならないのだ。

確かに、国家間の正式な条約ではあったものの、これ以前に天保一三年（一八四二）七月に幕府が発令した薪水給与令（外国船が薪水・食料の欠乏を訴える場合、事情を聞いて望みの品を与えて帰帆させる）があり、内容的にはその考え方と何ら矛盾していない。これは、極めて東洋的な撫恤《ぶじゅつ》（哀れみ慈《いつく》しんで、ものを与えたりすること）政策と言えるものであった。

撫恤政策は、外国船を追い払う鎖国と、貿易を開始し外国人を国内に受け入れる通商の中間のような政略である。もちろん、日米和親条約は国家間の正式な条約であり、一時的であれ滞在を認めた事実があり、また欠乏品の供給時に金銭と交換した事実などから、天保の薪水給与令から通商に大きくシフトしたことは否めない。

とは言え、日米和親条約はあくまでも鎖国の枠内であり、この段階では開国はしていないのだ。一年半後にその報告を受けた孝明《こうめい》天皇が嘉納《かのう》、つまり了解している事実からも、鎖国体制の堅持と同時代人は認識していたと言えよう。和親と通商では、それほど大きな違いがあった。

日米和親条約とアヘン戦争の関係とは

幕府はアヘン戦争や南京条約の締結について、十分な情報を入手していた。戦争には負けたものの、清は南京条約を和親条約と位置づけており、現に正式な通商を認めていないことが、その後分かってきた。アヘン戦争によって、清がイギリスの植民地になったような物言いもされるが、それは決して事実ではない。

清は東アジア的華夷《かい》思想の中にまだ浸っており、イギリスに対して撫恤を施したとしか認識していなかったのだ。このことから、幕府にはアメリカも和親条約で了解するとの読みがあったのかも知れない。

ところで、清が文字通り、欧米列強による帝国主義的な支配を受け、植民地にされ始めたのは、アロー戦争後の天津《てんしん》・北京《ぺきん》条約（一八五八・六〇）によってである。なお、この戦争の余波によって日米修好通商条約の締結に至る。

幕府外交は弱腰にあらず

通商を求めたペリーに対し、日本全権である大学頭《だいがくのかみ》（江戸幕府に仕えた儒官の長の役職）の林復斎は、人権を振りかざすペリーを逆手に取った。今回の来意は、漂流民の救助と禁錮や虐待の禁止を求めるためであり、通商は人命にはかかわらないと論破した。そして、和親は受け入れるものの、通商は断固として拒否したのだ。

この通商拒否に対して、ペリーは熟考の後、通商条約の締結をあきらめ、棚上げにすることを了承している。こうした交渉の経過は、幕府が単なる弱腰外交一辺倒でなかった証拠である。幕府は簡単に、砲艦外交に屈したわけではなかったのだ。

とは言え、この事実はアメリカが日本との貿易に多くを期待していなかったこととの裏返しでもある。フィルモア大統領からの国書にも、貿易については五年ないし一〇年間は試験的に実施し、利益がないことが分かれば、旧法に復する、つまり貿易を取り止めることもできると明記されていた。

ペリーにとっての和親条約

しかし、ペリーにとって、和親条約では必ずしも使命達成とはいかなかった。ペリーは退役が近づいており、日本を開国させたという名誉をもって退く決意であった。通商条約を結べなかったペリーであるが、アメリカに帰国後、あたかも通商を開始し、日本を開国させたというプロパガンダをメディアに対して行っている。確かに、ペリーは日本を開国に導けなかったが、しかし、彼によって間違いなく、日本の開国は秒読みに入ったと言えよう。

その後のペリーであるが、アルコール依存症、痛風《つうふう》、リウマチを患った。そして、一八五八年三月四日、ニューヨークで死去した。享年六三だった。日米和親条約からたった四年、ハリスによる日米修好通商条約が結ばれた年でもあったことは、歴史の皮肉であろうか。

第四章　徳川慶喜

——真の姿が見えにくい「強情公」

とくがわ・よしのぶ（1837-1913）
江戸幕府15代将軍。写真は禁裏御守衛総督時代
（茨城県立歴史館蔵）

徳川慶喜の人物像

徳川慶喜《よしのぶ》は、知っての通り「最後の将軍」である。江戸幕府の最後の征夷大将軍としての一五代将軍であるとともに、建久三年（一一九二）に源 頼朝《みなもとのよりとも》が征夷大将軍に任じられて以来、およそ七〇〇年にわたった武家政権における最後の将軍でもあるのだ。

幕末とは、一般的には嘉永六年（一八五三）六月のペリー来航から始まり、慶応三年（一八六七）の王政復古クーデター、または翌四年（一八六八、九月八日に明治に改元）一月の鳥羽伏見《とばふしみ》の戦いまでとされる場合が多い。この間、わずか一五年である。

短期間に多くの人物が登場し、また事件が頻発する。しかし、この間を通じて登場する人物はほぼ存在しないが、松平春嶽《しゅんがく》（慶永、越前《えちぜん》藩主）、そして慶喜が数少ない人物として挙げられる。しかも、慶喜は主役級の役割を果たし続ける。つまり、慶喜の生涯を追うことは、幕末史を語ることに他ならない。

慶喜は、大政奉還を成し遂げ、新政府に恭順を貫いて内乱を防いだ名君として評価される一方で、政権を投げ出し、抵抗もせずに降伏した暗君として語られることも少なくない。慶喜は自分の言葉で語ることが少なく、そのため真意が伝わり難い。その結果、慶喜は極めて分かり難い人物となっている。

これほどの重要人物でありながら、十分に理解されてこなかった明治維新史の巨人である徳川慶喜。彼の幕末期の人生を追いながら、その人物像を解きほぐし、慶喜の実像に迫りたい。

慶喜の生い立ちと斉昭の謹慎

天保八年（一八三七）九月二九日、徳川慶喜は水戸徳川家三五万石の第九代当主である徳川斉昭《なりあき》（烈公と諡号《しごう》）の七男として、江戸小石川《こいしかわ》藩邸で生まれた。幼名は、七郎麻呂《しちろうまろ》と称した。生母は、京都の有栖川宮《ありすがわのみや》家出身の正室・登美宮吉子《とみのみやよしこ》であった。つまり、慶喜は徳川御三家の水戸家と皇族の宮家という血統を引き継いだ、まさに貴種であった。慶喜は幕府だけでなく、朝廷とも濃密な血縁関係にあり、このことが慶喜の人生に大きな影響を与えた。

徳川斉昭（1800-60）
（京都大学附属図書館蔵）

慶喜は、生後わずか半年余りで国許《くにもと》の水戸に送られた。斉昭の方針に基づいて、江戸の華美な風俗に染まることがないように、厳しく水戸風（例えば質素な衣服、食事は一汁一菜）で養育されたのである。学問・武芸について、慶喜は四歳の頃から藩校の弘道館《こうどう》で学び始めたが、『新論《しんろん》』を著した会沢正志斎《あいざわせいしさい》や弘道館頭取の青山量太郎《あおやまりょうたろう》（延光《のぶみつ》）が彼の侍読《じどく》を務めていた。慶喜は徹底的な英才教育を施され、それに応えた英邁《えいまい》さは、幼くして世間の評判を博するまでになっていた。斉昭は少年の慶喜を、「天晴《あっぱれ》な名将となるか、さもなければ手に余るようになる」と評価していた。天保一一年（一八四〇）、斉昭は水戸に帰藩し、それ以降、慶喜は父・斉昭の厳しい薫陶《くんとう》を受けることになった。

斉昭は、能力主義を掲げて門閥にかかわらず下士層から藤田東湖《ふじたとうこ》、武田耕雲斎《たけだこううんさい》らを抜擢して藩政改革に邁進《まいしん》し始めた。斉昭に登用された改革派は、のちに「天狗党《てんぐ》」と呼ばれるようになる。斉昭はやることが常に派手であり、しかも幕府に対して海防問題などを繰り返し直言したため、幕閣から煙たがられる存在となっていた。

また、お膝元の藩内でも、斉昭の急進性に批判的な勢力、いわゆる門閥派を中心とした「諸生党《しょせい》」が生まれ、彼らは幕府に内通して斉昭の行動を讒言《ざんげん》した。幕府は水戸藩の急進的な改革に批判的となり、天保一五年（一八四四）五月、斉昭は老中から隠居・謹慎を沙汰され、長男の慶篤《よしあつ》が家督を継いで一〇代藩主に就任した。水戸藩は冬の時代を迎え、藩内は斉昭を支持する天狗党とそれに対抗する諸生党に分断され、抗争は激化していくことになるのだ。

斉昭の復権と慶喜の一橋家相続

隠居・謹慎をさせられた徳川斉昭であったが、その復権はそう遠くはなかった。対外情勢の深刻化が増すと、国内改革が急務となり、その要《かなめ》としての斉昭の存在が俄然《がぜん》クローズアップされたのだ。弘化三年（一八四六）、斉昭を支持する改革派による復権運動も相まって、斉昭は謹慎を解除された。そして、嘉永二年（一八四九）、斉昭は藩政復帰を許された。

嘉永六年（一八五三）六月三日、アメリカ東インド艦隊司令長官ペリーが浦賀《うらが》に来航し、和親と通商を求めた。いよいよ、幕末史の幕開けである。ペリーが一年後に再来航することを言い残して出航した一〇日後の六月二二日、さらなる衝撃が幕府を襲った。斉昭を嫌っていた一二代将軍家慶《いえよし》が急死したのだ。この一連の経緯は、斉昭にとって画期となった。七月三日に斉昭は海防参与に任命され、幕政に関与することになった。満を持して、斉昭が国政の舞台に登場したのだ。

ところで、徳川慶喜であるが、弘化二年（一八四五）八月、幕府から慶喜による一橋《ひとつばし》家相続の打診が斉昭にもたらされた。斉昭は、御三家である紀州《きしゅう》・尾張《おわり》両藩からの内々の養子縁組の依頼を断っていたが、今回は迅速に、しかも前向きな対応を行った。老中阿部正弘《まさひろ》から将軍家慶の内諭《ないゆ》と伝言され、また、家慶の世子《せいし》である家定《いえさだ》が虚弱で暗愚であるとの評判もあり、斉昭は「慶喜が将軍継嗣《けいし》となる可能性があるのでは」と判断したのであろう。

弘化四年（一八四七）九月、慶喜に対して一橋家相続の沙汰と一橋領一〇万石付与の伝達が同時にもたらされた。慶喜、この時弱冠一一歳であった。一二月一日、慶喜は元服に際し、七郎麻呂を慶喜と改めて従三位中将に補任され、これ以降は刑部卿《ぎょうぶきょう》と呼称された。いよいよ、徳川慶喜が歴史に登場したことになる。

将軍継嗣問題の勃発

弘化四年、徳川慶喜は御三卿の一つである一橋家を相続したが、嘉永六年（一八五三）のペリー来航の直後に就任した一三代将軍家定の継嗣決定をめぐる政争、いわゆる将軍継嗣問題に巻き込まれることになった。一橋慶喜を推す一橋派と紀州藩の慶福《よしとみ》（のちの家茂《いえもち》）を推す南紀派が、家定の継嗣である一四代将軍の座をめぐって対立し、幕府を二分するほどの政治問題と化したのだ。そして、この将軍継嗣問題は安政の大獄の一因となっていく。

家定は暗愚・病弱とされており、とても子どもができる健康状態とは思えなかったため、一二代家慶時代から家定の次の将軍の問題は憂慮されていた。その上、徳川斉昭はペリー来航時に衆望を集めていたが、いたずらに攘夷実行を声高に叫び、実際の対外政略もペリーの要求にまともに回答せず、時間を稼いであきらめさせる「ぶらかし」戦法を唱えるレベルであった。そのため、期待外れの感は否めず、将軍継嗣問題がクローズアップされる事態となった。

将軍継嗣問題では、一橋派と南紀派が政争を繰り広げたが、一橋派の推進者は松平春嶽、島津斉彬《なりあきら》（薩摩《さつま》藩主）ら有志大名、安島帯刀《あじまたてわき》ら水戸藩関係者、一橋家側近の平岡円四郎《えんしろう》、老中阿部正弘、そして岩瀬忠震《ただなり》を代表とする海防掛らであった。彼らは英明・年長・人望の三要素を持ち合わせた将軍の下で、幕府権威の再強化を目指し、かつ自己の幕政参画を期待したのだ。記録に残る最も早い一橋派の運動は、嘉永六年八月一〇日、春嶽が阿部に慶喜を継嗣にすべきことを申し入れたことである。阿部は同意したものの、時期尚早と判断し、春嶽に口外することを戒めている。

一方で、南紀派の推進者は現状の徳川公儀体制の維持を図る譜代大名が中心であった。また、紀州藩附家老の水野忠央《みずのただなか》（妹は家慶の側室）によって大奥工作が図られ、そもそも、慶喜の実父の斉昭を嫌う大奥を南紀派に取り込むことに成功した。なお、南紀派の領袖《りょうしゅう》となる井伊直弼《なおすけ》（彦根《ひこね》藩主）は、安政元年（一八五四）五月、また翌二年一月に老中松平乗全《のりやす》に具体的な名前は挙げなかったものの、将軍継嗣の早期決定の必要を伝達している。南紀派は血統の重視・外部意見の拒否・斉昭に対する嫌悪といった要素から結束していたが、当時においては、血統重視は当たり前のことであり、むしろ能力主義を唱える一橋派の方がイレギュラーであった。

一橋派の動向と通商条約問題

安政三年（一八五六）七月、アメリカ総領事タウンゼント・ハリスが通商条約の調印を求めて下田《しもだ》に来航した。これを契機に同年九月、松平春嶽は蜂須賀斉裕《はちすかなりひろ》（徳島藩主）、伊達宗城《むねなり》（宇和島《うわじま》藩主）と提携して徳川慶勝《よしかつ》（尾張藩主）に働きかけ、一橋慶喜を将軍継嗣として推す計画を実行に移した。なお、一一月に行われた島津斉彬《なりあきら》（薩摩藩主）の養女である篤姫《あつひめ》の一三代将軍家定への輿入《こしい》れは、幕府からの要請であって将軍継嗣問題に絡む権謀術数ではなかったが、大奥工作に篤姫は協力することになる。

安政四年（一八五七）三月二七日、島津斉彬は慶喜と初対面を果たした。その目的は、一橋派の諸侯を代表して、多分に慶喜の値踏みをすることにあった。斉彬は春嶽に対し、「実に早く西城（将軍継嗣）に奉仰候御人物《おおせたてまつり》」（春嶽宛書簡、四月二日）と、その結果を伝えており、将軍継嗣にふさわしい人物と高く評価している。一方で、斉彬は慶喜の自信過剰な態度を戒める必要を助言することを忘れなかった。いずれにしろ、当時随一の賢侯として広く知られた斉彬から、将軍継嗣にふさわしいとお墨付きをもらった慶喜に対する期待が、一層高まったことは想像に難くない。

ところで、将軍継嗣問題と同じ頃に持ち上がった大問題として、ハリスから要求された通商条約の締結の是非があった。阿部正弘の後を引き継いで、積極的開国論を唱えた老中堀田正睦《まさよし》は、ハリスの砲艦外交を利用して通商条約締結へ舵《かじ》を切った。しかし、徳川斉昭ら反対意見も少なからず存在したため、安政五年（一八五八）二月、堀田自ら上京して朝廷から勅許を得ようと試みた。折しも、将軍継嗣問題が過熱し、一橋・南紀両派は朝廷を味方にしようと京都を舞台に政治工作を繰り広げていた。堀田は一橋派に与《くみ》して、ともに朝廷工作を図ったものの、孝明《こうめい》天皇の拒絶の前にむなしく江戸へ帰らざるを得なかった。また、一橋派による慶喜の継嗣決定に関する内勅の獲得も失敗し、将軍継嗣問題は予断を許さない状況となっていた。

井伊大老の登場と慶喜の謹慎

老中堀田正睦が上京していた間、南紀派も黙ってはいなかった。安政五年四月二三日、井伊直弼が突如として大老に就任したのだ。六月一九日には現場の判断とは言え、結果として孝明天皇の勅許もないままに、日米修好通商条約を違勅調印したことになったが、井伊はその責任を押しつけて、六月二三日に堀田・松平忠固《ただかた》両老中の罷免《ひめん》を行った。

その翌二四日、徳川斉昭、徳川慶勝、徳川慶篤は不時登城し、井伊を条約の無断調印の罪で面責した。実際には、斉昭らも通商条約の調印はやむなしという立場であったが、それを口実に決められた登城の日時を無視して押しかけており、その背景として将軍継嗣の公表を遅らせる深謀があったのだ。春嶽も登城し、老中久世広周《くぜひろちか》に将軍継嗣発表の延期を求めている。

慶喜も動いた。六月二三日、慶喜は井伊と対面し、違勅による無断調印を詰問した。しかし、井伊はまともに答えようとしなかった。暖簾《のれん》に腕押し状態である。なお、慶喜は将軍継嗣を井伊に直接確認し、慶福内定を聞かされた。本心を語らない慶喜なので、本当のところは分からないが、ホッとした気持ちと残念な気持ちが入り交じった複雑な心境であったかも知れない。

六月二五日に正式に慶福改め家茂の継嗣発表がなされた。あたかも井伊の独断のようにも言われるが、あくまでも将軍家定の意思であった。一橋派は家定を軽視しすぎた嫌いがある。そして七月五日、慶喜に登城停止、斉昭・春嶽らに隠居・謹慎の沙汰が下され、ここに一橋派の敗北が確定した。慶喜がこの段階で隠居・謹慎にならなかったのは、事前に面会を求めた慶喜が、井伊に登城を促された事実による。さすがの井伊も、不時登城をしていない慶喜をそこまで罰することができなかった。

しかし、安政六年（一八五九）八月二七日、慶喜にも隠居・謹慎の沙汰があった。慶喜は必要以上の謹慎を自分に強《し》いたが、「強情公」らしい徹底した謹慎生活であった。慶喜の冬の時代が始まったが、春はそう遠くはなかった。

慶喜の復権と文久の改革

安政七年（一八六〇、三月一八日に万延に改元）三月三日、桜田門外の変により、大老井伊直弼は水戸浪士などによって暗殺された。安政の大獄で失脚していた勢力は、徐々に復権を果たすことになるが、徳川慶喜も例外ではなかった。万延元年九月四日に慎《つつしみ》が解除、文久二年（一八六二）四月二五日に他人面会・文書往復の禁が解除となり、五月七日には将軍家茂に謁見したことで、完全に失脚前の立場に戻った。そして、七月六日、慶喜は再び一橋家を継ぎ、将軍後見職に補任された。

慶喜は、復権を果たしたばかりでなく、幕政に参画することになった。その背景には、島津斉彬の没後に藩主となった忠義《ただよし》の実父であり、薩摩藩の実権を掌握し国父と称された島津久光《ひさみつ》の率兵上京があった。久光は、文久二年四月一六日に一〇〇〇人の兵を率いて入京を果たし、その後、勅使下向《げこう》による幕政（人事）改革を朝廷権威によって実現するために、自らも兵を率いて江戸に乗り込んだ。

久光は慶喜を将軍後見職、松平春嶽を政治総裁職に就けるべく圧力をかけ、幕府はそれに屈する形で受諾した。慶喜と久光の融和と対立を繰り返す腐れ縁はこのようにして始まったのだ。また、慶喜と春嶽という将軍継嗣問題から続く腐れ縁も復活したことになる。慶喜は政治総裁職に就いた春嶽とともに、文久の改革を実施し、参勤交代の緩和（三年に一度に改め江戸在留期間一〇〇日。大名妻子の帰国許可）、幕府陸軍の設置、西洋式兵制の導入をはじめとする軍制改革などを実現した。これ以降、慶喜は国政に関与し続けることになる。

慶喜の上京と周旋の失敗

文久二年一一月二七日、攘夷別勅使《じょういべつちょくし》（正使三条実美《さんじょうさねとみ》・副使姉小路公知《あねがこうじきんとも》）が江戸城に乗り込み、幕府に対して破約攘夷（通商条約を破棄し、攘夷を実行）を要求した。慶喜は当初、条約遵守を唱えていたが公武融和を優先し、一転して奉勅攘夷（天皇の意思に従い、攘夷実行）に同意した。こうした変わり身の早さも、これ以降、慶喜という人物を分かり難くする大きな要因となる。そして、文久三年（一八六三）一月五日、慶喜は将軍家茂に先立ち、朝幕間の周旋と京都情勢の探索のため、初めて上京した。

京都の情勢は、即時攘夷派に席巻されており、既に手も足も出ないほど深刻な事態に陥っていた。二月一一日、久坂玄瑞《げんずい》らが攘夷期日の決定などを関白鷹司輔熙《すけひろ》に迫ったことから、三条実美らは勅を奉じて慶喜の宿所を訪れ、速やかに攘夷期日の決定を命じた。慶喜の許に松平春嶽《しゅんがく》（政治総裁職）・松平容保《かたもり》（京都守護職・会津《あいづ》藩主）・山内容堂《ようどう》（幕政参与格・前土佐《とさ》藩主）らが急遽参集し、徹夜で協議した結果、将軍が江戸へ戻った二〇日後に攘夷を実行する旨を、返答せざるを得なかった。

三月七日、慶喜は上洛した家茂とともに、孝明天皇に拝謁して大政委任を奉上した。大政委任とは、朝廷が政治全般を幕府に委ねることであり、それまでは当たり前のように考えられてきた。しかし、幕府権威が衰えてきたことから、あらためて幕府は大政委任のお墨付きを朝廷に求めたのだ。幕府に親和的な孝明天皇自身は容認したものの、即時攘夷派に与《くみ》する関白鷹司輔熙は、国事は直接諸藩へ沙汰するとの勅書を家茂に与え、大政委任を事実上、否定した。つまり、将軍の役割は国政全般ではなく、攘夷実行に限定されることになる。慶喜は食い下がったものの、大政委任には至らなかった。また、攘夷実行の期限について、幕府はその明言を先送りしていたが、とうとう四月二〇日に、追い詰められた家茂は実行期限を五月一〇日と奏上する。これを言質《げんち》とした長州《ちょうしゅう》藩は、攘夷実行（下関《しものせき》戦争）を開始し、対外戦争が現実のものとなってしまった。慶喜も、できもしない破約攘夷を強要され苦境に追い込まれたが、為《な》す術《すべ》がなかった。

禁裏御守衛総督への就任と禁門の変

文久三年五月一〇日を皮切りに、長州藩は攘夷実行を繰り返したが、他藩は傍観を決め込んでおり、孤軍奮闘の様相を呈していた。その状況を打破し、攘夷実行を各藩に迫るため、長州藩は孝明天皇による大和行幸《やまとぎょうこう》を計画した。天皇を御所から担ぎ出して、陣頭に立てて、問答無用で諸藩から出兵を強要しようとしたのだ。しかし、即時攘夷では方向を一にしていたはずの天皇から、長州藩は過激すぎると嫌悪されてしまい、天皇の意思を踏まえた朝彦《あさひこ》親王（中川宮）・会津藩・薩摩藩の連携による八月十八日政変に結びつき、三条実美ら過激廷臣と長州藩は京都から追放されてしまった。

政局の劇的な転換から、島津久光、松平春嶽、伊達宗城らの有志諸侯が上京を始め、徳川慶喜も将軍家茂の上洛に先駆けて一一月に再度上京し、当初は久光と蜜月関係を築いて朝政参与（いわゆる参与会議）の実現に向けて奔走した。その結果、元治元年（一八六四）一月、慶喜は春嶽・久光・宗城・山内容堂・松平容保とともに、朝政参与に任じられて朝議に関わることとなった。しかし、そもそも参与会議は朝議の諮問《しもん》機関に過ぎない形式的なものであり、かつ慶喜は朝廷に深く関わる久光に対する警戒を猛烈に強めたため、両者は激しく対立して参与会議はあっけなく瓦解してしまった。

慶喜は関白二条斉敬《なりゆき》、朝彦親王との連携を強め、三月二五日に側近を通じて朝廷に働きかけた念願の禁裏御守衛総督・摂海防禦《せっかいぼうぎょ》指揮に就任し、かつ一会桑《いちかいそう》勢力（慶喜、容保、京都所司代・桑名《くわな》藩主松平定敬《さだあき》）を形成した。朝廷は参与諸侯が京都を去るのを待って、一月に上洛していた家茂に対し、四月二〇日に大政委任を正式に沙汰した。なおこの間、慶喜の意向を受けて周旋活動を実際に行ったのは、側近の平岡円四郎《えんしろう》と黒川嘉兵衛《くろかわかへえ》であった。

五月に将軍家茂が江戸に戻ると、慶喜が京都を含む西日本の最大の軍事権者となったが、最大の難問は長州藩の動向であった。八月十八日政変で京都を追われて以降、繰り返し復権を期して、長州藩は使者を朝廷に派遣したものの、入京すら叶わなかった。そこで、福原越後《ふくはらえちご》・国司信濃《くにししなの》・益田右衛門介《ますだうえもんのすけ》の三家老は率兵上京し、事態の打開を図ろうと試みるも失敗、七月一九日に松平容保ら君側《くんそく》の奸《かん》の排除を名目に御所に向かって進軍を開始した。これが禁門の変である。

慶喜は長州藩征討の勅許獲得のため、朝議において、並み居る親長州藩の廷臣を論破し、また実際の戦闘でも薩摩藩・小松帯刀《こまつたてわき》と連携し、官軍の総司令官として獅子《しし》奮迅の活躍を示し、長州藩を撃退することに成功した。慶喜の活躍を朝彦親王は「此時若《も》シ一橋カ押切リタル言ナキ時ハ、暴論ノ堂上中尚ホ勢ヲ得テ天窓ニ上リ、種々ノ奸論ニモワタルヘカリシヲ、一橋カ其時ハ眼差モ平日トカワリ奮発ノ様子言外ニ顕《あら》ハレタリト」（『忠義公史料』）と、慶喜が切言していなければ長州藩に肩入れする公家たちは勢いを失わず、孝明天皇に様々な奸計を奏上するところであったが、慶喜の眼差しも平時と違って奮発の様子が顕然としていた、と絶賛している。

また、小松も鹿児島の大久保利通《おおくぼとしみち》に、「朝廷内の動揺が激しく、親長州藩廷臣の勢いが甚だしかったが、慶喜の尽力によって鎮静したことを感謝している」と伝えている。慶喜

禁門の変の戦闘の様子。復権を狙った長州藩は、幕府側に迎撃され敗走
（「蛤御門合戦図屏風」会津若松市蔵）

の鬼気迫る活躍はまさに禁裏御守衛総督の名に恥じないものであった。そして、時代はより一層、慶喜を必要とし始める。

慶喜に対する幕府の警戒と朝廷の信頼

元治元年七月、禁門の変において、徳川慶喜の抜群の働きで長州藩は撃退され、その余勢を駆って第一次長州征伐が計画された。しかし、将軍家茂は江戸から出発せず、また、幕府は、長州征伐の総督に慶喜が就くことを許さなかった。結局、長州征伐は一一月まで実施されず、総督の徳川慶勝（元尾張藩主）は薩摩藩・西郷《さいごう》隆盛《たかもり》を頼り、実際には首謀者として率兵上京した長州藩家老の切腹などで総攻撃は中止し、さらに、三条実美ら五卿の太《だ》宰府《ざいふ》への移転を前提に、一戦も交えることなく解兵してしまった。

慶喜はその間も禁裏御守衛総督として京都に居て、孝明天皇・朝彦親王・関白二条斉敬と強靱《きょうじん》な連携体制を維持し、一会桑勢力の結合も進められ、幕府本体（江戸）から警戒される存在となっていた。そこに追い打ちをかけるように、大きな問題が起こった。一一月、天狗党の乱の残党浪士らが武田耕雲斎らに率いられ、慶喜を頼って西上を開始したのだ。幕府の方針は、賊として討伐することに決まったが、幕府は水戸出身の慶喜が天狗党と合体するのではないかと警戒していた。

慶喜はその嫌疑を察し、禁裏御守衛総督として諸藩兵を率いて大津《おおつ》へ出陣した。武田らは慶喜と争う気は毛頭なく、慶喜に心情を訴えることが無謀の策であることを悟り、一二月一七日に加賀《かが》藩に降伏を申し出たため、慶喜の命令で加賀藩は武田らを敦賀《つるが》に禁錮《きんこ》した。幕府による彼らの処分は苛烈を極め、武田以下三五〇人余を斬首に、四五〇人余を流罪・追放に処した。慶喜にしてみると、断腸の思いであったことは想像に難くない。しかし、禁裏御守衛総督として、征討を試みようとしたことは当然の責務であったのだ。

その後、元治二年（一八六五、四月七日に慶応に改元）二月、老中の本荘宗秀《ほんじょうむねひで》と阿部正外《まさと》が、計三〇〇〇人もの幕兵を率いて相次いで上京した。その目的は、慶喜を江戸に連れ帰ることであり、あわせて京都守護職・所司代を罷免することであった。さらに、諸藩の勢力を京都から駆逐して幕府が制圧するためでもあり、また再三要請されていた将軍家茂の上洛の取り止めの伝達も目的に含まれていた。しかし、両老中が参内したところ、関白二条斉敬は、慶喜が江戸へ帰ること、および将軍家が長州征討へ出発しなかったこと等につき、語気を荒らげて激しく詰問し叱責したため、両老中は萎縮して前言をすべて撤回した。朝廷にとって、慶喜は絶対的な存在であり、京都を不在にするなどあり得る相談ではなかったのだ。

慶喜による長州再征・通商条約の勅許獲得

将軍家茂は慶応元年閏《うるう》五月二二日、入京して参内し長州再征（第二次長州征伐）のための上洛であることを朝廷に伝えた。そして、二五日には大坂城に入り、ここに江戸・京都に分断していた幕府機構は一本化され、畿内政権とも言える新しい政治体制が発足した。なお、慶喜は基本的には在京しており、時折会議などのために大坂城に出向いた。慶喜に対する警戒は継続していたものの、新体制の中では緩和されつつあった。

幕府は最初から、本気で長州藩に攻め込むことは考えておらず、将軍が大坂城に入れば恐れ入って贖罪《しょくざい》の使者を派遣してくるものと高をくくっていた。そして、長州支藩主や宗藩家老に大坂召還の幕命を発し続けたものの、その要求は病気を理由にことごとく拒否されて膠着《こうちゃく》状態に陥った。九月一六日、痺《しび》れを切らせた家茂は征長勅許の奏請のため上京し、幕命に対し長州藩が一切応じない現状を、朝廷の権威によって何とか打破しようとする、窮余《きゅうよ》の一策に打って出た。これに応じて、一会桑勢力は勅許を獲得すべく、二条関白・朝彦親王に接触し、特に慶喜の怒濤《どとう》の活躍で二二日零時に、幕府は長州征伐の勅許を獲得した。

時を同じくして、幕府には大きな難問が降りかかった。九月一六日、英国公使パークスをはじめとする仏・米・蘭の四カ国代表は、三条件（下関戦争の賠償金三〇〇万ドルのうち三分の二を放棄する代わりに、大坂・兵庫の早期開市・開港、通商条約の勅許、輸入関税の引き下げ）を要求するため、軍艦九隻を率いて兵庫沖に到着した。薩摩藩の諸侯会議の開催によって、対応を決定すべきであるとの建白を退け、一〇月五日、兵庫開港は不可としたものの、通商条約は勅許された。この際にも、慶喜が朝廷に猛烈な働きかけをしており、慶喜がいなければ勅許などとてもあり得なかった。こうして、安政五年（一八五八）の調印以来、我が国を未曽有《みぞう》の内乱状態に陥れた条約問題は、七年の時間を費やしてようやく勅許された。

さらに大事件が起きる。九月二九日、朝廷が兵庫開港を幕議した老中阿部正外・松前崇《まつまえたか》広《ひろ》の官位を剝奪・罷免したのだ。一〇月一日、家茂はこの状況に絶望し、将軍辞職を朝廷に申し出る騒動に発展してしまった。しかし、ここでも慶喜が奔走して家茂に直接強く迫り、翻意させることに何とか成功する。それにしても、慶喜の存在は、幕府にとってかけがえのないものになっており、ここにきて慶喜への警戒はようやく収まったのだ。

しかし、将軍の辞職騒動によって朝幕間には大きな亀裂が生じてしまった。そこで幕府は大胆な人事改革に取り組む。一〇月九日に老中格小笠原長行《おがさわらながみち》を老中に、翌一〇日に慶喜を政務輔翼《ほよく》に、そして二二日に備中松山《びっちゅうまつやま》藩主板倉勝静《いたくらかつきよ》を老中とし、ここに板倉・小笠原体制が確立した。慶喜の幕閣内での地位は格段に向上しており、老中は慶喜をはじめとする一会桑勢力と協調しながら、第二次長州征伐（幕長戦争）に邁進することになった。

幕長戦争と慶喜の宗家相続

慶応二年（一八六六）六月七日、幕府艦隊による周防大島《すおうおおしま》への砲撃から幕長戦争が勃発した。散兵戦術に長け、薩摩藩の名義借りで購入した近代兵器を使いこなす長州軍に幕府は大敗を喫した。追い打ちをかけるように、七月二〇日に将軍家茂が大坂城で脚気衝心《かっけしょうしん》によって急逝する事態に見舞われた。まさに、踏んだり蹴ったりとはこのことである。

家茂の遺言は、将軍候補として田安《たやす》徳川家の七代当主田安亀之助《かめのすけ》（静岡藩初代藩主家達《いえさと》）であったが、まだ四歳であり、和宮《かずのみや》などが反対したため、実現はしなかった。家茂は、かつて将軍継嗣問題で争い、また英邁と誉れ高い慶喜に対して、最後まで複雑な思いがあったのかも知れない。将軍職を継げるものは、誰がどう考えても慶喜しかいないことは自他ともに認めるところであった。しかし、慶喜はそれを拒み続ける。

そんな慶喜に対して、老中板倉勝静と松平春嶽は連日にわたって説得を試み、七月二七日に、ようやく慶喜は徳川宗家の家督相続を承諾したものの、将軍職は固辞したのだ。そもそも、徳川宗家の家督相続と将軍就任を分けて考える発想自体が、慶喜にしか思いつかない芸当であり、周囲を困惑させたが、何とか宗家相続にまで漕ぎつけた。将軍職について、慶喜の本心としては、実は手に入れたいと思っていたのではなかろうか。しかし、長年にわたって慶喜は幕閣から警戒されていた立場にあり、将軍職を欲しがることは新たな疑念を生じさせる可能性もあった。また、幕長戦争が思うように進まない、この段階での就任は憚《はばか》られたのかも知れない。いずれにしろ、宗家を相続した慶喜の将軍就任は秒読み段階に入った。

慶喜の裏切りと将軍就任

慶喜は、将軍職は固辞したものの徳川宗家の家督を相続し、幕長戦争の指揮を執ることになった。八月八日、松平春嶽らの反対を退け、慶喜は参内して自らの出陣を訴え、勅許された。これは、慶喜の希望もさることながら、孝明天皇による戦争継続の意思表示に他ならなかった。

しかし、九州方面での敗報が届くと、慶喜は手のひらを返し、八月一三日に関白二条斉敬に征長出陣中止の勅命を内密に請うた。孝明天皇は当然のことながら難色を示したが、慶喜に押し切られて一六日に勅許した。この慶喜の「裏切り行為」に、慶喜と連携して政局にあたっていた朝彦親王と二条関白は激怒した。その影響は朝廷のパワーバランスにも及び、八月三〇日には廷臣二十二卿列参事件が起こり、朝彦親王らの権威は失墜した。また、幕長戦争の継続を強く求めた会津藩・桑名藩も慶喜に対する不信感を強くし、一会桑勢力も意思疎通を欠く事態となった。

一方で、慶喜は長州征討の休戦の勅命まで獲得し、同時に諸大名を召集して天下公論で国事を決める姿勢を示した。そして八月一六日、軍艦奉行勝海舟を大坂から召して広島に派遣し、長州藩との休戦交渉を命じた。なお、幕府は二〇日には慶喜の宗家相続を公布し、上様と呼称することを沙汰している。事実上、新将軍の誕生である。

宗家のみ相続した慶喜に対し、孝明天皇はその裏切り行為にもかかわらず、相変わらず厚い信頼を寄せていた。天皇の信頼を背景に、慶喜は着々と準備を進め、一二月五日に、在京諸侯の推戴《すいたい》を得たとして将軍に就任した。いよいよ、最後の将軍徳川慶喜の誕生である。

慶喜の政局運営と兵庫開港問題

将軍に就いた慶喜は、政局運営を安定させるために、有力諸侯との連携を模索する姿勢を示し始めた。しかし、就任してわずか二〇日後、慶喜の最大の庇護者である孝明天皇が天然痘で一二月二五日に薨去《こうきょ》したのだ。慶喜の心中は、察して余りある。慶喜は諸侯との連携を一層強く意識せざるを得ず、例えば、側近の原市之進《はらいちのしん》を薩摩藩家老小松帯刀の許にしばしば派遣した。そして、明治天皇の践祚《せんそ》（皇位継承）を機に行われた大赦や五卿の京都への復帰問題などについて、意見調整をさせている。

慶喜の政敵とも言える薩摩藩は、慶喜サイドからのアプローチによって、慶喜が西国雄藩と連携をして政局運営を図るのではないかとの希望を抱いた。折しも、長州問題に加え、兵庫開港問題が切迫していたため、小松はこの機会を逃さず、諸侯会議を至急開催して外交権を幕府から朝廷に移管することにより、武力発動をせずに慶喜を一諸侯に引きずり下ろし、事実上の幕府の崩壊、「廃幕」に持ち込もうと画策したのだ。

一方で、慶喜は慶応三年（一八六七）二月六・七日に仏公使レオン・ロッシュと会見し、連携して薩長両藩にあたることを約束するとともに、一二月七日（一八六八年一月一日）に迫った兵庫開港を明言した。そして、慶喜は二月二四日、諸藩に対してこの問題を諮問し、三月一〇日までに回答を求め、かつ上京を命じた。にもかかわらず、慶喜は三月五日、独断で開港勅許を要請し、二二日にも重ねて要請したものの、朝議はそれを拒否した。

しかし、慶喜は三月二八日、英仏公使・蘭総領事、四月一日に米公使と大坂城で正式に会見し、条約履行を明言した。明らかに、諸侯をないがしろにした裏切り行為に他ならない。慶喜のこうした行為によって、薩摩藩との関係は完全に断絶してしまい、これ以降の修復は不可能

原市之進（1830-67）

となった。薩摩藩はこの段階で慶喜を見限った。四侯会議はこうした背景の下で開催されることになったのである。

四侯会議と慶喜による幕政改革

四侯会議とは、薩摩藩・島津久光の主導の下に、松平春嶽・伊達宗城・山内容堂が京都に会同し、将軍慶喜の諮問機関の役割を果たして兵庫開港・長州藩処分の両問題を議した会議である。四侯の方針は、長州処分については、藩主毛利敬親《たかちか》の退隠・世子毛利広封《ひろあつ》の家督相続、毛利父子の官位復旧、削地取消という寛典《かんてん》処分の勅命を要求すること、兵庫開港については、開港は認めるものの、幕府の要請に従って勅許を与えるのではなく、天皇が勅命によって幕府に命じる形式を取り、外交権が朝廷にあることを内外に認めさせることにあった。

しかし、四侯会議は三回しか開催されず、二条城で慶喜に謁見したのも五月一四・一九・二一日の三日間のみであり、容堂に至っては一四日のみの出席にとどまった。五月二三日、午後八時から丸一日に及んだ今後の政局を決定づけた重要な朝議、すなわち「慶応国是会議」が開かれた。会議は紛糾を極めたものの、ここでも慶喜の粘りに屈した形で、長州寛典処分・兵庫開港を同時に勅許した。とは言え、長州藩の具体的な処分内容は曖昧であり、しかも、両件とも四侯が同意であると認定されたのだ。

慶応国是会議は四侯の惨敗に終わり、朝議は国是を定める機関としては機能不全の状態にあり、かつ朝議の主宰者である摂政二条斉敬（明治天皇が幼少のため、関白から摂政に転任）に政治家としての資質が欠如していることが露呈した。しかも、慶喜の政略・器量が抜群であり、朝議を主導し続ける可能性が俄然クローズアップされたのだ。特に薩摩藩・島津久光は大いに不満であり、慶喜を排除した上で朝政改革を断行すべきと考えるようになった。長州藩との共闘による、武力発動も辞さないとの方針が、ここに浮上したのだ。

こうした事態の中で、慶喜は「慶応改革」に踏み切った。人材登用・軍事力強化・外交の信義など八カ条の改革綱領を定めた。老中を専任の長官とする「五局体制」（陸軍総裁・海軍総裁・会計総裁・国内事務総裁・外国事務総裁）を確立し、老中首座の板倉勝静を五局の統括調整をする首相役とし、事実上の内閣制度の導入を図った。また、人材登用を強化し、実務能力をもった小栗忠順《おぐりただまさ》・栗本鋤雲《くりもとじょうん》などの親仏派官僚を抜擢し、新税導入による財政改革、旗本の軍役廃止（銭納代替）を実行した。

とりわけ、慶喜はフランスとの関係を強化し、仏公使ロッシュの全面支援の下、シャノワーヌ大尉他のフランス軍事顧問団を招き、その指導によって歩兵・砲兵・騎兵の三兵からなるフランス式訓練を推進して陸軍改革に邁進《まいしん》した。加えて、フランスの経済的な支援を受けて、技師ヴェルニーによる我が国最初の本格的な造船所として横須賀《よこすか》製鉄所の建設を行うなど、海軍強化の実現を目指した。さらに、慶喜はフランスとの間で、超大型の借款《しゃっかん》計画を進めており、薩長両藩との武力衝突に備えたのだ。いよいよ、慶喜による幕末政治もクライマックスを迎えることになる。

小栗忠順（1824-68）

大政奉還と慶喜の決断の背景

慶応三年五月の四侯会議後、薩摩藩は小松帯刀を中心に、西郷隆盛・大久保利通が藩を代表して、長州藩との連携による武力発動路線（「小松・木戸覚書」、いわゆる薩長同盟）による周旋を開始した。しかし、薩摩藩内の反対意見もあり、その後、土佐藩との連携による大政奉還路線（「薩土盟約」）に切り替え、土佐藩参政の後藤象二郎《ごとうしょうじろう》の率兵上京に期待した。

しかし、土佐藩が率兵上京を見合わせたことから、薩摩藩は大政奉還前の挙兵、いわゆる江戸・大坂・京都での三都挙兵計画を画策する。

しかし、ここでも薩摩藩内の反対意見から、薩摩藩兵の出陣が遅れ、長州藩は「失機改図」（戦略見直し・出兵延期）に方針を転換したことから、三都挙兵計画は頓挫した。薩摩藩は当面の策として、土佐藩が提唱する大政奉還および将軍職辞職を実現し、その先の諸侯会議による武力を伴わない廃幕路線に再度方針を転換した。徳川慶喜は、こうした挙兵計画を察知し、また上方での軍事的不利、フランスからの借款不成立などもあいまって、土佐藩・山内容堂の大政奉還建白の受諾に傾斜した。

最終決断の背景には、大政奉還後も政治組織・財政基盤がない朝廷に代わって、慶喜が政治を執れる見通しがあった。なお、慶喜の懐刀である西周《にしあまね》の徳川家中心の政体案「議題草案」によると、西洋官制にならう三権分立を企図し、将軍（大統領）が行政権を掌握して、司法権を便宜上は各藩に委ねるとしている。また、立法権の確立のため、各藩大名および藩士により構成される議政院を設置し、天皇は象徴的な地位にとどまると規定しており、慶喜が新政体をかなり具体的に考えていたことがうかがえる。

一〇月一二日、慶喜は大目付・目付や役人など幕府要人を集め、政権奉還の書付を提示した。翌一三日には二条城大広間に一〇万石以上の諸藩重臣を集め、板倉勝静が大政奉還の上表の諮問案を廻覧した。その後、直々に意見するために土佐藩の後藤象二郎・福岡孝弟《ふくおかたかちか》、薩摩藩の小松帯刀らが慶喜に拝謁したが、小松は慶喜に大政奉還の賛成を表明した。翌一四日に慶喜は大政奉還を朝廷に建白し、一五日に勅許を獲得した。ここに、江戸幕府は理論的には日本政府の座を朝廷に明け渡したことになる。なお、二四日に慶喜は将軍辞職を申し出たが、朝廷は勅許を拒否した。この段階でも、実質的には幕府は朝廷に代わって、政治を代行していたことになる。

王政復古クーデターと慶喜の立場

慶応三年一二月九日、王政復古クーデターが勃発した。薩摩・土佐・広島・尾張・越前の五藩兵が会津・桑名藩兵に代わって御所を固め、「小御所会議《こごしょかいぎ》」が開かれて摂関制・幕府の廃止、総裁・議定・参与の三職の新設などが宣言され、長州藩主子の官位が復旧されて藩士の入京も許可された。実は、慶喜は越前藩から事前にクーデター計画を知らされていたが、対応せずに放置していた。その理由は、慶喜に近い土佐・尾張・越前の三藩がクーデターに参加しており、事後でも挽回が可能と判断したのだ。さらに、慶喜にとっても、

大政奉還の上意書（茨城県立歴史館蔵）

旧態依然とした摂関制度の廃止を伴う朝廷改革は望むところであった。

しかし、慶喜の予期せぬ事態が生じていた。翌一〇日、徳川慶勝と松平春嶽は二条城で慶喜に対面し、小御所会議での決定事項である辞官・納地（内大臣の辞官と幕領半分の二〇〇万石の納地）を伝達した。慶喜にとって、辞官はやぶさかではなかったが、納地は徳川家の勢威を削ぐものであり、幕領四〇〇万石は実収二〇〇万石と弁明して事実上、拒否することを表明した。

その後、慶喜の辞官・納地をめぐって、クーデターに参加した諸藩の中で深刻な対立が生じ、また会津・桑名両藩の藩士はその措置に激昂《げきこう》した。一二月一二日、慶喜は京都での不測の事態を回避するため、大坂城に下向した。そして、一六日に正式に英仏など六カ国の外交団を大坂城に招いて会見し、外国側が日本国内の問題を心配する必要はなく、政府の形が定まるまで外国事務の執行は自分の任務であると表明したのだ。これに対し、各国公使は概ね好意的であり、慶喜に異議を唱えるものはいなかった。

慶喜は、「辞官」は朝廷の御沙汰次第としながらも、「納地」は天下の公論によって、諸藩も含めた石高《こくだか》に応じて公平な決定を強く要請した。徳川家だけに、新政権の財政を担わせるのは不公平であるとの慶喜の主張は、理に適っており、新政府もそれを認めざるを得なかった。こうして慶喜の復権は既定事実となり、慶喜の入京、そして議定就任が内定したのだ。薩摩藩の敗北は目前に迫り、慶喜の大逆転は成功するかに見えた。

戊辰戦争の開戦と政治家・慶喜の退場

慶応三年一二月二五日、三田品川《みたしながわ》戦争（薩摩藩邸焼き討ち事件）が勃発した。関東一円で乱暴狼藉を働く浪士を匿《かくま》っているとし、薩摩藩邸を取り囲んだ庄内《しょうない》・松山（庄内支藩）軍が一斉に砲撃を開始し、邸内に突入した。立て籠もる一七〇名ほどの浪士や薩摩藩士との戦闘は五時間に及び、一帯では烈しい戦闘が繰り広げられた。一部の浪士らは脱出に成功し、追手を攪乱するため放火しながら品川方面に遁走《とんそう》、薩摩藩の軍艦翔鳳《しょうほう》丸で上方への脱出に成功した者もいた。

一二月二八日、薩摩藩に対して強硬派の大目付滝川具挙《たきがわともたか》・勘定奉行小野広胖《おのひろとき》が大坂へ向

薩摩藩邸焼き討ち事件は、フランスの週刊誌「L'Illustration」で紹介された。

かい、議定就任が内定した慶喜に三田品川戦争の一報をもたらした。強硬派に押されたためか、堪忍袋の緒が切れたのか、慶喜は慶応四年（一八六八、九月八日に明治に改元）元旦、滝川に「討薩表」を授けて上京を指示し、二日に率兵上京が始まった。一方で薩摩藩・西郷隆盛は、江戸藩邸を脱出した秋田藩浪士から前年一二月三〇日（大晦日）に三田品川戦争の勃発を確認し、翌元旦に「残念千万之次第ニ御座候」と述べ、新政府内が分断され、薩摩藩が狙い撃ちにされることを懸念していた。

一月三日、鳥羽伏見の戦いが始まった。旧幕兵五〇〇〇人、会津三〇〇〇人、桑名一五〇〇人、これに高松・大垣《おおがき》・浜田《はまだ》・小浜《おばま》・忍《おし》等の諸藩兵が加わった大兵力を擁する旧幕軍は、薩藩兵三〇〇〇人、長州藩兵二九〇〇人の新政府軍と激突した。数的には圧倒的に有利な旧幕軍側が完敗し、六日午後一〇時、慶喜は老中板倉勝静、松平容保、松平定敬、目付榎本道章《えのもとみちあき》、奥医師坪井信良《つぼいしんりょう》らを従えて大坂城を脱出し、開陽丸に乗船して上方から江戸に向かってしまった。旧幕府軍は、大将に見捨てられた格好となったのだ。そして、一月一一日夜に慶喜は品川沖に到着し、翌一二日に江戸城に将軍就任以降、初めて入城を果たした。とは言え、もう将軍ではなかったが。

三田品川戦争という不測の事態から、戊辰《ぼしん》戦争の導火線として鳥羽伏見の戦いが勃発したが、慶喜にとって新政府入り目前に起きた、まさに痛恨事であった。慶喜がこの時、単独で上京していれば、その後の歴史は大きく変わったのではなかろうか。歴史の展開は、まさしく紙一重である。

慶喜の政治生命の終焉と評価

江戸に戻った慶喜は、当初は新政府に対して徹底抗戦を画策し、慶応四年（一八六八）一月中に三回も仏公使ロッシュと会談して援助を受け入れる意思を示した。また、江戸城内では小栗忠順をはじめとした主戦派による徹底抗戦論が沸騰していた。一方で、新政府は一月四日に仁和寺宮嘉彰《にんなじのみやよしあき》親王を征討大将軍に任命し、かつ諸道に鎮撫使《ちんぶし》を派遣して、七日には慶喜を朝敵として追討令を発した。

二月三日に天皇親征の詔《みことのり》が発布され、九日には有栖川宮熾仁《たるひと》親王が東征大総督に任じられた。東海道・東山道・北陸道の鎮撫使を先鋒総督兼鎮撫使に改め、三道から江戸に進撃を開始した。御三家の紀州・尾張両藩、西日本の譜代藩が雪崩《なだれ》を打って新政府側に恭順を示し、厳正中立を唱える欧米列強の動向が追い打ちをかけた。そして、何より朝敵となった事実から、復権は難しいと判断したためか、慶喜は二月に入ると急速に恭順に傾き、一二日には江戸城を辞して寛永寺《かんえいじ》に逼塞《ひっそく》した。

西郷隆盛は東征大総督参謀となり、実質的な軍事責任者として参軍し、三月七日に旧幕府の若年寄格・陸軍総裁の勝海舟の使者、山岡鉄舟《やまおかてっしゅう》と会見し、江戸城明け渡しなどの絶対恭順を条件に、慶喜助命・徳川家存続を約束した。西郷は一四日に勝と正式な会談を行い、江戸城の総攻撃を中止し、四月四日に江戸城を接収した。新政府は、慶喜の死一等を減じ、水戸での謹慎を許可する勅旨をもたらした。慶喜は、一一日に謹慎所の寛永寺から水戸へ出発した。ここに、慶喜の政治生命は終焉《しゅうえん》を迎えたのだ。

慶喜は現代人のような論理性や思考力を持ち合わせ、しかもプレゼンテーション能力がずば抜け、他者を圧倒する人間力が備わっていた。しかし、自分の言葉で相手に伝えることを省き、直感と信念で迅速に行動したため、その動向は理解され難く、ただ「強情」と見えた時もあったかも知れない。一方で、慶喜は近世人として、最も朝廷を遵奉《じゅんぽう》し、孝明天皇に近い人物でもあった。慶喜の生涯は、近世の呪縛から離れることができない、早く生まれすぎた現代人であるという悲劇性に貫かれていたと考えるのは、筆者だけであろうか。

洋装に刃を持つ慶喜
（茨城県立歴史館蔵）

第五章　平岡円四郎

——慶喜の政治活動を支えた周旋家

知られざる偉人・平岡円四郎

平岡円四郎《えんしろう》は、徳川慶喜《よしのぶ》が一橋《ひとつばし》家の当主であった時代に、最側近として活躍した人物である。大河ドラマ『青天を衝《つ》け』においても、キーマンとして登場していた。しかし、その生涯はわずか四〇年余りに過ぎず、しかも、その名前が歴史に登場するのは安政五年（一八五八）の将軍継嗣《けいし》問題の時から、暗殺される元治元年（一八六四）までと短期間であり、現在も語られることが少ない人物である。

しかし、慶喜が歴史に名を残せたのは、平岡の活躍もあってのことである。慶喜の前半生、将軍継嗣問題における慶喜擁立運動、将軍後見職時代の文久の改革、朝政参与時代の薩摩《さつま》藩との暗闘、禁裏御守衛総督・摂海防禦《せっかいぼうぎょ》指揮への就任など、平岡が陰で支えていたことは数えきれないほど多い。

一方で、それだけの実績があるにもかかわらず、その名前が歴史に埋もれていることは実に惜しいことである。これほどの重要人物でありながら、十分な史料が残されていないこともあり、その実像がよく見えない平岡について述べていこう。

平岡の生い立ちと二人の父親

平岡円四郎は、文政五年（一八二二）一〇月七日、旗本の岡本花亭《おかもとかてい》（忠次郎《ちゅうじろう》）の四男として生まれた。実はこの父親が只者《ただもの》ではない。詳しく紹介しておこう。花亭は明和四年（一七六七）一〇月三日生まれ、勘定奉行の下役の幕臣であった。文政元年（一八一八）三月に貨幣改鋳への建議を行ったことから、一一代将軍徳川家斉《いえなり》の大御所時代を牛耳っていた老中首座水野忠成《ただあきら》に嫌われ、小普請に左遷された。

天保八年（一八三七）一二月、花亭は老中首座水野忠邦《ただくに》に抜擢され、信濃中野《しなのなかの》代官となった。翌九年（一八三八）三月の江戸城西の丸の全焼の際、普請助成の賦金が沙汰されると領民に諭書を配布し、二七〇〇〇両の献金を得た。これは花亭の日ごろの民政への腐心が、領民の支持を得ていた証左であろう。ちなみに、同年の冷害にあたっては、幕府に懇請して下賜金を得て領民に分配・減税を施した。このような才覚は、平岡に引き継がれたのではなかろうか。

岡本花亭（1767-1850）

こうした功績から、天保一〇年（一八三九）五月に勘定吟味役に抜擢され、同一三年（一八四二）

五月には勘定奉行に昇進、五〇〇石を加増され勝手方を務め、近江守《おうみのかみ》に叙された。嘉永三年（一八五〇）九月二三日死去、八四歳であった。なお、漢詩人として高名であり、著作に『花亭詩集』などがある。また、花亭は幕臣矢部定謙《やべさだのり》・川路聖謨《としあきら》らと親交があった。

天保九年（一八三八）三月、平岡は旗本・平岡文次郎《ぶんじろう》の養子となった。文次郎と花亭の関係性や、どのような経緯で養子となったのか、などを明らかにする史料は見当たらない。なお、同年、文次郎は南会津《みなみあいづ》の天領地に代官として赴任する。天保一〇年の凶作に際して、江戸からジャガイモを取り寄せ、農民に作付けを指導して大成功を収め、南会津の農民を飢餓から救っている。二人の父親ともに民政に優れ、領民から慕われている共通点がある。いずれにしろ、平岡の聡明さ故の養子縁組であったと考える。

平岡の一橋家への仕官

水戸藩の九代藩主徳川斉昭《なりあき》の七男として生まれた慶喜は、弘化四年（一八四七）に一橋家を相続した。この時、慶喜は一一歳であった。その若き新当主を支えたのが一橋家用人《ようにん》の中根長十郎《なかねちょうじゅうろう》である。中根は七代当主慶寿《よしとし》時代に一橋家へ仕官しており、天保一四年（一八四三）には用人に抜擢された。慶喜相続後も用人を務め、のちには番頭も兼任することになった。なお、水戸藩からは慶喜の側近として井上甚三郎《いのうえじんさぶろう》が派遣されたが、もちろん一橋家の家風など心得ているはずもなく、慶喜の教育は中根が負うことになった。

しかし、慶喜は中根に対して不満を感じていた。確かに能吏《のうり》ではあったものの、中根は水戸家から入った慶喜に対して、やはり相当遠慮していたようだ。慶喜は中根をはじめとする側近に対して、物足りなさを強く感じたため、嘉永六年（一八五三）に、水戸藩からの「直言の士」、すなわち、物怖じせずに慶喜に諫言《かんげん》してくれる、頼りがいのある家臣を派遣してくれるよう、懇請する書簡を斉昭に送っている。ここで白羽の矢が立ったのが、平岡円四郎であった。

当時、平岡は昌平坂《しょうへいざか》学問所の役職を務めていたが物足らず、武芸修行を口実に飛び出してしまい、その後はブラブラして世に出る機会をうかがっていたらしい。どう見ても、ひねくれものの部類に属し、生まれつき人付き合いも悪く、変人扱いされていた。しかし、そんな平岡の本質を見抜く人物が現れる。勘定奉行の川路聖謨である。間違いなく、平岡の実の父岡本花亭との縁であろう。そうでなければ、大身《たいしん》の幕臣である川路が平岡に出会うことは考えにくい。

川路は、平岡が非凡で「直言の士」であることを見込み、日ごろから水戸藩の藤田東湖《とうこ》や戸田忠太夫《とだちゅうだゆう》に対して、平岡の能力や人となりを吹聴していたらしい。ちょうど慶喜が、「直言の士」を斉昭に求めていた時でもあり、東湖は斉昭に平岡を推薦した。斉昭はその提案を受け入れ、平岡を慶喜の小姓《こしょう》とすることに決めた。平岡もそうそう遊んでいるわけにもいかず、取りあえずその申し出を受けることにした。しかし、本心から望んでいるわけではなく、幕臣の出世コースと言える勘定方への出仕を期待していた。つまり、乗り気ではなかったのだ。ともあれ、嘉永六年一二月、平岡は一橋家に仕官して慶喜の近侍《きんじ》に採用された。時に平岡は三二歳、慶喜は一六歳であった。

平岡は、生来の粗野な振る舞いを仕官後も通していて、保守的な一橋家の中では浮きまくっており、なぜあのような者を側に置くのかと陰口をたたかれるなど、顰蹙《ひんしゅく》を買っていた。しかし、面白いことに、その粗暴さがかえって慶喜の気を引くところとなった。まったく空気を読めない平岡に対し、慶喜はさすがにこのままではまずいと感じ、策を講じた。こうして、平岡の半分の年齢の慶喜自身が、平岡に礼儀作法を教えるという珍事が始まったのだ。平岡も平岡で、主君から手ほどきを受けることに疑問を感じない。慶喜は箸や椀の持ち方、飯の盛り方から食べ方など、自ら親しく平岡を教育した。

平岡はこうしたやり取りを通じて、慶喜の英明さに深く心酔するようになり、これ以降は心を込めて慶喜に尽くすようになった。一方で、慶喜も聡明であり、かつ学問好きな「直言の士」、平岡を次第に重用することになった。

将軍継嗣問題と平岡の立場

平岡円四郎が一橋家に出仕したその半年前の六月、幕末の動乱の火ぶたを切るペリー来航という大変事が出来《しゅったい》していた。ペリーは、和親と通商を求める大統領フィルモアの親書などを幕府に渡し、一年後に再来航すると言い残して日本を去った。そのわずか一〇日後の六月二二日、一二代将軍の徳川家慶《いえよし》が急死し、一三代将軍として家定《いえさだ》が後を継いだ。

しかし、家定は生まれながら病弱で暗愚であり、世継ぎの誕生も難しいとされた。既に家慶時代から憂慮されており、ここに将軍継嗣問題が持ち上がり、一橋慶喜を推す一橋派と紀州慶福《きしゅうよしとみ》（のちの家茂《いえもち》）を推す南紀派の抗争に発展した。このいきさつは、井伊直弼《なおすけ》、徳川慶喜の章ですでに述べた通りである。

平岡は一橋家家臣として、慶喜の擁立に奔走することになる。ちなみに、慶喜は自身が将軍継嗣となることに否定的であったとされるが、その真相はどうだろう。そもそも、「ぜひ、私にやらせて欲しい」などと公言することなどできるはずもなく、表向きは「その器でない」と発言することになる。また、慶喜は実父斉昭が大奥の受けが極めて悪いことを知っており、慎重を期したこともあろう。いずれにしろ、最側近である平岡が慶喜の心中をないがしろにして行動するとは思えない。平岡が勝手にしたこととして、慶喜自身も将軍継嗣を期待していたと、筆者は考えたい。

平岡円四郎・橋本左内・西郷隆盛の連携

一橋派の中心にいたのが越前《えちぜん》藩主松平春嶽《しゅんがく》（当時は慶永《よしなが》）であった。春嶽は最側近の橋本左内《さない》を重用し、将軍継嗣問題に奔走させていた。安政四年（一八五七）八月二六日、左内は一橋邸で慶喜側近として、左内同様に将軍継嗣問題に奔走する平岡円四郎と初対面し、意気投合した。そして、同年秋頃、平岡は左内の要請を受け、「慶喜公《よしのぶこう》御言行《ごげんこう》私記《しき》」（詳しくは次項参照）を作成し、これを左内が「橋公《きょうこう》御行状《ごぎょうじょう》記略《きりゃく》」に編集し直し、春嶽が老中や諸大名に配布して、慶喜擁立運動の一助としたのだ。

それに加え、もう一つの一橋派の活動ルートが出来上がる。同年一二月六日、西郷隆盛《たかもり》が江戸に到着し左内の許に向かった。島津斉彬《なりあきら》は春嶽に、西郷を家臣同様に心置きなく、大奥対策などで使うようにと手紙に記していた。西郷は一二月八日、一三日の二日間にわたって左内と会談し、「橋公御行状記略」を大奥で配布して、一橋継嗣を推進する策略を練り上げたのだ。一四日に左内と西郷との間で書簡が三通往復しているが、その時に左内から西郷に「橋公御行状記略」が渡されている。

西郷の左内宛書簡（安政五年一月一九日）によると、篤姫《あつひめ》・生島《いくしま》（大奥女官）・小の島《おじま》（薩摩屋敷老女・篤姫侍女）に働きかけて大奥工作を開始しており、篤姫らから本寿院《ほんじゅ》（家定の生母）の姉である本立院《ほんりゅういん》、幕医の戸塚静海《せいかい》へ慶喜擁立への周旋を依頼している。この時、「橋公御行状記略」が使用されていることは間違いないだろう。

橋本左内（1834-59）

つまり、橋本左内をハブにして、平岡円四郎と西郷隆盛が連携している驚くべき事実が浮かび上がる。両者は面識こそなかったが、当然、左内から様々な経緯を聞く中で、それぞれの名前を聞いたはずであり、慶喜擁立に向けて、一致団結して臨んでいたことになるのだ。

平岡円四郎の「慶喜公御言行私記」

橋本左内からの要請を踏まえ、平岡円四郎が書きまとめた「慶喜公御言行私記」は、慶喜の優れた七つの事績の話から構成されており、慶喜がいかに次期将軍としてふさわしい人物であるかを、広くアピールする内容となっている。筆者が印象に残ったのは、島津斉彬とのやり取りである。

安政四年春、斉彬が一橋家に使者を立て、ペリーが幕府に献上し、今は幕府の御物《ぎょぶつ》となっているライフル銃をぜひ拝見したいと頼み込んできた。筆頭老中の阿部正弘《まさひろ》にそのことを内密に相談したのだが、アメリカから献上された鉄砲は幕府秘蔵のものとなっており、御三卿は特別であるものの、御三家にさえも拝見と称してお下げになるのは難しいと、断られてしまったという。そこで斉彬は、御三卿である慶喜に、鉄砲の拝借願いを幕府に出してもらい、ご覧済みならば斉彬に内々に拝借させてもらえないかと依頼したのだ。

慶喜は斉彬に対し、「厚相含可申《あつくあいふくみもうすべく》（よく考えておきます）」と素気なく回答をしただけであったが、平岡には本心を語った。慶喜は、幕府がライフルを秘蔵の品というのは合点がいくものではなく、外国が我が国へ贈ってきたものは、いわば敵に贈るようなものだから、そもそも、秘密のものとすることは、いかがな料簡《りょうけん》であろうか。幕府が外様や御三家にまで秘密にするのは、どんな理由があるのか理解できないと吐露する。また慶喜は、島津家は将軍家とは姻戚関係にあり、しかも藩主の斉彬は諸侯の中でも随一の人物との聞こえも高い存在である。たかが鉄砲一挺《ちょう》のことで斉彬が不快な感情を抱けば、それは幕府にとってむしろ益にはならないと憤慨する。

慶喜は続けて、ライフルは実用品なので幕府が試作品を製作し、御三家をはじめ国持大名などに一挺ずつでも配ったらいかがと述べ、一挺の鉄砲をけちって有事にあたり、どの諸侯を頼みとして外国に対抗するのか、斉彬の心底を察するに余りあると嘆息した。平岡はそれに対し、「御尤至極御同意《ごもっともごどうい》」と全面的に慶喜に賛同した。そこで平岡は、斉彬の内願通りに取り計らうつもりか確認したところ、慶喜は斉彬に又貸しをしてしまったら、幕府に対して以《もっ》ての外《ほか》の行為である。かといって、このまま斉彬が不快のままであることも問題なので、阿部老中を説得して秘蔵することは止めさせようと回答した。その後、慶喜の計らいで、阿部に掛け合って斉彬にライフルが下賜され、斉彬が大いに満足したことを、慶喜も大変に喜んだ。

平岡は、この一連の慶喜の言動に対し、誠にその論理は緻密《ちみつ》であり、処置も的確と言え、感心したと結んでいる。慶喜がナンバーワン諸侯である斉彬と渡り合い、問題の本質をつかんでうまく解決したことが、このエピソードから読み取れよう。ちなみに、斉彬は当時、一橋派を代表して、慶喜を推戴《すいたい》するに値する人物であるかを探っており、ライフル問題は斉彬が慶喜の値踏みをする口実であったかも知れない。

なお、平岡は慶喜の攘夷論は父斉昭の固陋《ころう》な攘夷論とは異質なもので、事柄に応じて取捨選択をし、一方的に攘夷実行を唱えるのではなく、外国の長所を取り入れようとする柔軟性を持ち合わせていると述べる。これは、慶喜が偏信ではなく聡明で、人を慈《いつく》しみ短所も長所も見抜いて受け入れることができる人物であるからだと賞揚し、東照宮《とうしょうぐう》、つまり家康《いえやす》の神孫であると断言する。「慶喜公御言行私記」に記された慶喜の優れた事績は、家康に直結するものであると声高に強調し、血統では不利である慶喜を擁護している。また、斉昭とも一線を画す人物とも強調しており、斉昭に拒否反応を示す対象者にも対策も施した、将軍継嗣問題のために作られた政治的な広報誌としての役割を見て取れよう。

しかし、実際に配布された「橋公御行状記略」がどの程度、一橋派に益をもたらしたかは分からない。逆に、家定の周辺では、ことさら慶喜を称揚する「橋公御行状記略」に不快感を覚えたかも知れない。いずれにしろ、「橋公御行状記略」は一橋派の必死の工作の一環であったことは間違いない。

安政の大獄と平岡の挫折

紀伊藩主徳川慶福を将軍継嗣に推す南紀派の井伊直弼が、安政五年（一八五八）四月二三日に突如として大老に就任し、辣腕《らつわん》をふるい始めた。井伊は勅許を得ないまま日米修好通商条約を調印するとともに一橋派を押し切って慶福を将軍の継嗣と定めた。井伊は一橋派を厳しく取り締まり、七月五日に慶喜の登城停止、斉昭・春嶽らの隠居・謹慎の沙汰を下した。

慶喜に連座するように、平岡円四郎にも厳しい運命が待っていた。平岡は一橋家・慶喜から引き離され、小十人組《こじゅうにんぐみ》へ降格させられ、次いで小普請組《こぶしんぐみ》入りを命じられ、さらには、甲府勝手《こうふかって》小普請に左遷された。事実上、江戸からの追放である。これは、井伊がいかに平岡の政治力を恐れていたかの裏返しであろう。

慶喜・平岡の復権と中央政局

桜田門外の変で井伊直弼が暗殺されると、万延元年（一八六〇）九月四日に一橋慶喜は慎《つつしみ》解除となり、文久二年（一八六二）四月二五日に他人面会・文書往復の禁も解除となった。そして慶喜は、五月七日に将軍徳川家茂に謁見し、七月六日に再び一橋家を継ぎ、将軍後見職に任じられた。これを踏まえ、平岡円四郎も同年一二月、江戸に戻ることが許された。平岡は、約三年半の事実上の謹慎生活を経て、再び幕末政局に登場したのである。

なお、慶喜は何よりも平岡の復帰を切望しており、折に触れて平岡はいつ甲府から戻るかと、周囲にしきりに漏らしていた。慶喜の平岡に対する信頼は、推して知るべしであろう。

文久三年（一八六三）四月、平岡は勘定奉行所留役当分助《とめやくとうぶんすけ》となり、さらに五月八日に、ようやく一橋家用人として復帰を果たした。実はこの時期、慶喜は初めての上洛をしており、ちょうど江戸に戻った前日の沙汰であった。慶喜が平岡の一橋家への復帰を幕府に働きかけ続けた結果であるが、平岡は復帰すると同時に、再び慶喜の最側近として辣腕をふるうこととなった。

文久三年の中央政局、すなわち京都では即時攘夷を標榜する長州《ちょうしゅう》藩が三条実美《さねとみ》らの過激廷臣とタッグを組み、未来攘夷を志向する幕府勢力（会津《あいづ》藩）や薩摩藩は中央政局からはじき出されそうになっていた。また、孝明《こうめい》天皇も自らが攘夷実行の先頭に立たされそうになっており、実力者の中川宮も窮地に追い込まれていた。ここで薩摩藩が主導する八月十八日政変が勃発し、長州藩と三条らは京都から追放された。そして、未来攘夷派の諸侯が島津久光のイニシアティブの下で上洛を開始するが、一〇月に京都に向かった慶喜もその一人であった。

ところで、慶喜が出発する三日前、一橋家相続以来の側近である中根長十郎が神田雉子《かんだきじ》橋《ばし》で何者かによって暗殺された。中根は平岡に協力して将軍継嗣問題に関わっていたが、その性格は温厚で人の恨みを買うことは考え難かった。なお一説には、即時攘夷派から慶喜が未来攘夷であることを詰問され、その場から言い逃れようとした平岡が中根に責任をなすりつけたためとされる。しかし、平岡がそのような裏切り行為をするとはとても思えない。おそらく、平岡に対する誹謗中傷の類《たぐい》ではなかろうか。いずれにしろ、平岡は中根の役割も求められることになったのだ。

平岡の中央政局での活躍とその死

文久三年一一月、一橋慶喜は二度目の上洛を果たしたが、平岡円四郎も随行し中央政局における慶喜の政治活動を精力的にサポートした。平岡は薩摩藩が進める朝政参与（いわゆる参与会議）の実現に協力し、薩摩藩をはじめ、会津藩、越前藩、土佐《とさ》藩、宇和島《うわじま》藩などとの交渉や朝廷への工作にあたるとともに、情報収集に努めた。その結果、文久四年（一八六四、二月二〇日に元治に改元）一月に朝政参与が実現したが、一方で、この頃に上洛した将軍家茂に対し、孝明天皇から二度下賜された宸翰《しんかん》（天皇自筆の文書）について、平岡は薩摩藩が草稿を作成したことを突き止めた。

これ以降、慶喜と島津久光《ひさみつ》は決定的に決裂したが、慶喜は朝政参与体制の解体を力づくで実現した。さらに、将軍後見職という幕府に従属的な立場から脱して、少しフリーな立場で政局に関与したいと望み、禁裏御守衛総督・摂海防禦指揮の地位を射止めた。これらの根回しを慶喜自身ができるはずもなく、平岡およびもう一人の切れ者の側近、黒川嘉兵衛が中心になって進めたものである。

慶喜から篤《あつ》く信任された平岡は、元治元年（一八六四）二月に側用人番頭を兼務し、五月一五日に一橋家家老並に任命された。そして、六月二日には慶喜の請願により大夫《たいふ》となり、近江守《おうみのかみ》に叙任された。名実ともに一橋家の屋台骨を支える大黒柱に上り詰めたのだ。この当時、世間ではこの状況を、「天下の権朝廷に在るべくして在らず幕府に在り、幕府に在るべくして在らず一橋に在り、一橋に在るべくして在らず平岡・黒川に在り」（『徳川慶喜公伝』）と喧伝《けんでん》した。それにしても、平岡に対する世間の評価は抜群である。慶喜の活躍は、平岡の存在があって初めて実現したのだ。平岡は、もっと評価されてしかるべき人物であろう。

ところで、平岡の京都時代での大きな成果として見逃せないのが、渋沢栄一《えいいち》の一橋家への仕官の道を切り開いたことである。もしも、渋沢が平岡と出会っていなければ、のちに近代日本資本主義の父と呼ばれた渋沢栄一は生まれなかった。平岡は、もちろん政治家として、周旋家として超一流であったが、人を見る目も確実にあったのだ。

しかし、平岡の最期《さいご》は唐突に訪れた。六月一六日、平岡は宿所の近く京都町奉行所与力長屋（千本組屋敷）で在京水戸藩士の江幡広光《えばたひろみつ》、林忠五郎《はやしちゅうごろう》らに暗殺された。享年四三、働き盛りの年齢である。首謀者の江幡・林は平岡と同行していた川村恵十郎《かわむらえじゅうろう》によって切り捨てられた。暗殺の理由は、慶喜をたばかって即時攘夷派を退けているということで、先に暗殺された中根と同様である。水戸藩出身の慶喜であったが、最も重要な家臣・平岡が水戸藩士の手にかかって惨殺されたことを、どのように受け止めただろうか。間違いなく、断腸の思いであったと考えるが、今回、平岡について調べ、その活躍ぶりを知るにつけ、筆者もそれに近い思いを抱いている。

第六章　島津久光

——政治の舞台を京都へ移した剛腕政治家

しまづ・ひさみつ（1817-87）
国父と呼ばれ薩摩藩政の実権を握る
（国立国会図書館蔵）

誤解されたままの島津久光

筆者は長年にわたって、島津久光《ひさみつ》を研究対象としているが、久光ほど誤解されている人物はいないのではないか、と思うことが多々ある。久光には、暗君のイメージが付きまとうが、これは研究の遅れからくる大きな誤解ととらえている。倒幕を成し遂げた雄藩として、薩摩《さつま》藩は高く評価されながら、幕末薩摩藩の研究は、多くの読者にとって意外かも知れないが、実は遅れているのだ。

その最大の要因は、島津家関連史料の整備・公開が遅れたことにあるだろう。幕末薩摩藩研究の必須史料である『鹿児島県史料　忠義《ただよし》公史料』は一九七四年、『鹿児島県史料　玉里《たまざと》島津家史料』は一九九二年になって、ようやく刊行が開始された。こうした史料集による久光研究は、まだ始まったばかりである。

例を挙げると、芳即正《かんばしのりまさ》『島津久光と明治維新』（二〇〇二年）、佐々木克《すぐる》『幕末政治と薩摩藩』（二〇〇四年）、拙著『島津久光＝幕末政治の焦点』（二〇〇九年）および『幕末文久期の国家政略と薩摩藩―島津久光と皇政回復』（二〇一〇年）くらいしか見当たらず、しかも、いずれも二〇〇〇年以降である。

さて、久光はこれまで、どのように理解されてきたのだろうか。国民的作家である司馬《しば》遼太郎《りょうたろう》は、短編小説『きつね馬』の中で、久光に対する厳しく、そして冷たい見方を貫いている。しかも、その評価が世間でそのまま受け入れられている嫌いがある。司馬は、久光を将軍の座を狙う権力欲に動かされ、身のほどもわきまえず、亡兄である島津斉彬《なりあきら》の真似をして中央政界へ乗り出し、大久保利通《としみち》によって利用されるだけ利用され、挙げ句の果てに棄《す》てられた、一種のピエロとして描く。まさに、暗愚なバカ殿としての久光像であろう。

しかし、事実はどうであろうか。幕末期の久光を描き出すことによって、本当は、久光とはどのような人物であったのか、その実相を探ってみたい。

お由羅騒動と斉彬・久光

島津家は鎌倉時代から現代まで綿々と続く、名家中の名家である。しかも、「島津に暗君なし」と言われる。島津家には、特に時代の変革期になると、歴史上に大きな足跡を残す名君を輩出するという僥倖《ぎょうこう》に恵まれた。戦国期には、義久《よしひさ》・義弘《よしひろ》兄弟を、そして幕末期には、史上最大の名君と言われる島津斉彬、そして斉彬の異母弟で、斉彬亡き後の薩摩藩の実権を握った島津久光という、不世出の巨星が連続して現れた。このことは、日本史に

島津斉彬（1809-58）

おける奇跡と言っても過言ではなかろう。

ところで、久光は常に斉彬の陰に隠れており、その存在感はないに等しい状況が続いていた。しかし、斉彬は安政五年（一八五八）に幕末史から退場しており、それは幕末の政争がようやく始まったタイミングである。つまり、疾風怒《しっぷうど》濤《とう》の幕末維新史を作り出したのは久光であったのだ。意外と知られていない事実かも知れない。

その斉彬と久光は仲が悪く、敵対関係にあったイメージだが、これは「お由羅《ゆら》騒動」という、お家騒動が広く知られているためであろう。兄弟の実父である藩主島津斉興《なりおき》は、世《せい》子《し》（世継ぎで次期藩主）である斉彬を何かと嫌い、側室お由羅の子である久光を後継藩主にしようとしていた。このことは、藩の内外で周知の事実であったのだ。

この事態に、危機感を持った斉彬を藩主に擁立しようとする一派は、斉彬を押しのけて久光を藩主にしようとする一派と、激しく対立をするようになった。斉彬派は、このままでは形勢不利と考え、お由羅の暗殺を含む久光派の完全打倒を画策した。しかし、嘉永二年（一八四九）一二月、事態を知って激怒した斉興によって、斉彬派は大弾圧を受ける。

しかし、意外にも事態は斉彬に有利に動き始める。お家騒動が、斉彬の盟友であり幕府を差配する老中阿部正弘《まさひろ》に、薩摩藩政への介入の口実を与えることになったのだ。そして、嘉永四年（一八五一）に、阿部による政治的圧力に屈した斉興が、ようやく観念して隠居したため、斉彬が一一代薩摩藩主となったのだ。とは言え、遅きに失した感は否めず、斉彬は既に四二歳であり、その在位期間はたったの七年であった。実に、惜しいことである。

斉彬も久光も、自らの意思によってお由羅騒動を引き起こしたわけではなく、その事実を、どこまで認識できていたのかは分からない。とは言え、自派が大弾圧を受けたからには、反対派に担がれている久光を、そう簡単に許すことは、普通であればできそうもないが、斉彬は違った。斉彬の政治家としての器量は、底なしである。他方、久光も斉彬にとって代わって藩主に就きたいという野心は毛頭なく、敬慕してやまない斉彬の長期政権を期待したほどである。このように、藩主斉彬の藩政に久光も関わる体制の下地が既にあったのだ。

斉彬と久光の本当の関係とは

斉彬と久光の個人的関係は、意外に思われるかも知れないが、凄惨なお由羅騒動を乗り越えて終始良好であった。薩摩藩研究の必須史料である『玉里島津家史料』には、斉彬と久光の間で交わされた書簡が少なからず掲載されており、斉彬が久光にのみ諮問《しもん》している政治的課題も存在する。その多くは外交問題であったが、ここでは実際の両者間のやり取りについて、二つを紹介したい。

まずは、安政五年（一八五八）四月一二日の斉彬書簡（久光宛）を取り上げる。「外交問題について、京都（近衛家《このえ》）から依頼があり、急いで相談したいので、本日登城して下さい。この件は、まだ家老にも内密なので、いつもと変わらぬ体《てい》でお出かけいただければ、昼過ぎにはお会いできるでしょう。誠に容易でない時節となりましたが、詳細は面談の上、申し述べます」と久光に伝えている。

この書簡から、両者の極めて密接な関係が読み取れる。こうした重要な案件を、家老には内密にして、斉彬と久光が二人だけで相談している事実から、久光が斉彬の対外政略を聞かされ、それに意見したり同意したりしている事実が浮かび上がる。つまり、久光も斉彬との密接な関係の中から、自己の世界観を形成し、「未来攘夷」（42ページ参照）という対外政略を継承したのだ。

次に、安政五年五月の幕府への建白書を斉彬は久光に見せて、意見を聞いていることである。その内容は、現状の武備では外国には敵《かな》わないとして、富国強兵を推し進め、早急に大砲・砲台・軍艦を整えるべきと主張したもので、斉彬は久光の意見を確認し、同意を得た上で幕府に提出している。斉彬の久光への絶大な信頼を確認できると同時に、そこまで斉彬から高く評価された久光の高揚感も想像に難くない。

斉彬は、久光をこのように、政治的ブレーンとして遇していた。斉彬の久光に対する信頼と期待は非常に大きいものであり、後継争いをした当事者間の憎しみ合うような、一般的なイメージはあてはまらないのだ。お互いが過去を乗り越える器量を有しており、かつ本物同士がお互いの琴線に触れ合ったと言えるのではないか。

斉彬は久光をどのように見ていたのか

それでは、斉彬は久光をどのように評価していたのか、具体的に見ていこう。斉彬は幕臣の大久保忠寛《ただひろ》に対して、薩摩藩にはまったく人物がいないが、ただ一人、弟の久光だけが学問も思慮もあり、よほど見込みがあると推奨している。また、鹿児島を訪れた勝海舟《かいしゅう》には久光を直接引き合わせ、博聞強記（何でも知っていて、記憶力が抜群）で志操方正《しそうほうせい》（強靱な意志、端正な性格）なところは、とても自分は及ばないと久光を紹介する。

今までに『きつね馬』をはじめとして、諸書では久光を暗愚なバカ殿のようなイメージで描いてきたが、そうした評価はとんでもなく的外れと考えるべきであろう。斉彬という、幕末の奇跡であり、巨星である大政治家から、ここまで信頼され評価を受けていた事実は、久光も一廉《ひとかど》の人物であることを如実に物語るものである。

斉彬は、藩政では富国強兵に尽力し、集成館《しゅうせい》事業を興《おこ》した。また、積極的な人材登用を行い、短期間で薩摩藩を最強の軍事大国に仕立て上げた。国政では、阿部老中による安政の改革を陰で支え、諸藩連合構想の推進に尽力した主役は、この斉彬である。しかし、その斉彬は安政五年七月一六日に志半ばで急逝してしまい、久光の実子、茂久《もちひさ》（のちの忠義《ただよし》）が後継藩主となった。久光は国父として実権を掌握したが、斉彬の数々の大きな遺産を継承して、国政に邁進《まいしん》する。

久光は斉彬から、時に対外政略や国政参画の薫陶《くんとう》を受け、時にブレーンとして政策立案への意見具申を行った。その経験は、政治家・久光の源泉となり、国事周旋において、斉彬の遺志を継ぐのは久光であるとの大義名分を与えられた。久光は斉彬の正統な後継者として、藩内外から信任され、これ以降、難しい舵取《かじと》りを行いながら、明治維新に我が国を導くことになる。

斉彬を介した久光と西郷

島津久光を語る際に、避けて通れないのが西郷隆盛《たかもり》との関係であろう。最初に、両者の複雑多岐にわたる関係性を紐解《ひもと》いておきたい。

西郷も久光と同様に、島津斉彬から高く評価され、薫陶を受けた。斉彬は、名もない下級官吏の一人に過ぎない西郷を抜擢し、側近に加えて国事に奔走させたのだ。そのおかげで、西郷は名士となり、尊王志士の間で重きをなすまでに至った。斉彬は、一橋《ひとつばし》家の慶喜《よしのぶ》と紀州《きしゅう》藩の慶福《よしとみ》（家茂《いえもち》）との間で勃発した、一四代将軍の座をめぐる将軍継嗣《けいし》問題で西郷を重用した。斉彬が参勤交代の都合で、鹿児島に居て身動きが取れなくなった際に、西郷を上方や江戸に派遣して、分身のように周旋活動を行わせたのだ。

久光と西郷は斉彬を介して、類似性を確認できる。両者はともに斉彬に見出され、政治家として育成され、国事周旋を行うための保証を与えられ、一方では斉彬のブレーンとして、国政に関わる意見を具申した。そして何より、斉彬の遺志を継承する正統性を持って

西郷隆盛（1828-77）

いるとの自覚が強烈に強く、生涯を通じて斉彬に畏敬の念を持ち、敬慕し続け、遺志の実現に邁進した。その意味では、久光と西郷は同志であり、斉彬の前では君臣関係はなく、平等であったと言えるのではないか。

奄美大島《あまみおおしま》から帰参した西郷は、斉彬と比較して久光を「地五郎《じごろう》」（田舎者）と言い放つなど、不遜極まりない態度を示した。その後、沖永良部島《おきのえらぶじま》からの帰参後の西郷は、一転して久光に従順であったが、その関係は必ずしも円滑なものではなかった。久光は西郷の独断専行を常に警戒しながらも、家老小松帯刀《たてわき》が一人で担いきれない、重要な中央政局での政務を西郷にも大久保利通とともに分掌させた。

ところで、久光は相性が極めて悪く、監視し続けた西郷を、なぜ使い続けることができたのだろうか。もちろん、久光の度量の大きさによることは自明であるが、加えて西郷の圧倒的なパフォーマンスに、久光も一目置かざるを得なかったのであろう。とは言え、理由の一つとして、斉彬の遺志を継ぐ同志との思いが、どこかにあったのかも知れない。

幕末動乱の導火線となった久光の率兵上京

安政五年（一八五八）、島津斉彬が急逝した後、久光の実子である忠義が後継藩主となり、久光は幕府から国父の称号を得て、藩内での基盤確立を目指した。最大の焦点は、門閥制の打倒であり、そのため西郷隆盛や大久保利通を中心とする下級藩士の政策集団・誠忠《せいちゅう》組を取り込み、小松帯刀を家老に抜擢した。文久元年（一八六一）一〇月には、小松を中心とする久光四天王（小松・大久保の他、中山中左衛門《なかやまちゅうざえもん》・堀次郎《ほりじろう》）体制がほぼ確立し、国事周旋の準備が整ったのだ。

文久二年（一八六二）四月、久光は一〇〇〇人もの藩兵を率いての上京を決行した。その政略は、老中が担う幕政の人事改革であり、それを朝廷の権威を借りて、つまり勅諚《ちょくじょう》によって強要しようとした。久光が特に重視したのは、一橋慶喜と松平春嶽《しゅんがく》の幕政への登用であった。その実現の先には、当然それを成し遂げた久光自身の幕政参画が期待されていた。

久光の意に反して、この率兵上京は幕末を動乱に導く大事件となった。幕末の舞台は江戸から京都に移行し、朝廷の権威が急浮上した。西国雄藩の中央政局への介入が始まり、尊王志士が王政復古を志向して幕府への対決姿勢を強めた。そして何より、率兵上京によ

小松帯刀（1835-70）

って中央政局に登場した久光は、尊王志士を弾圧した寺田屋事件を機に、孝明《こうめい》天皇の絶大な信頼を勝ち得たこともあいまって、これ以降の幕末政局の中心的存在となった。久光は、無意識に幕末動乱のページを開いたのだ。

この時、誠忠組のリーダーであり、安政期の抜群な周旋実績を買われた西郷は、久光によって奄美大島から召還された。西郷は初対面の久光に対し、先の「地五郎」発言をした。その背景として、久光の政治能力を馬鹿にするような先入観があったことは疑いない。久光は西郷を認めながらもこうした言動を生涯忘れず、西郷を常に警戒して監視下に置くことになる。なお、率兵上京に先立って先発した西郷は、久光との約束を破って下関《しものせき》で待機せず、また、尊王志士との共謀を疑われて沖永良部に遠島となった。

久光は勅使大原重徳《しげとみ》に供奉《ぐぶ》して、六月七日に江戸に到着し、悲願である慶喜・春嶽の登用を執拗に求めた。久光は老中を威嚇《いかく》するなど強引な駆け引きを行い、ついに慶喜が将軍後見職、春嶽が政事総裁職に任命された。しかし、幕閣は久光の強引なやり口に反感を抱いており、しかも、久光は位階・官職がない無位無官であるため、徹底的に排除され、自らの幕政参画など望むべくもなかったのだ。

生麦事件と薩英戦争

攘夷実行に慎重なはずの薩摩藩・島津久光であったが、文久二年八月二一日、イギリス人殺傷事件である生麦《なまむぎ》事件を起こした。薩摩藩側の攘夷志向から起こった事件というよりは、薩摩藩士が制止したにもかかわらず、イギリス人一行が乗馬のまま久光の行列に乗り入れてしまい、久光の身に危険を感じた藩士たちが咄嗟《とっさ》に切りつけた偶発的な事件であった。

しかし、これ以降の薩摩藩は、犯人の逮捕・処刑や賠償金を強く求めるイギリスの動向に大きな制約を受けることになった。イギリス艦隊による鹿児島への報復攻撃の脅威のため、久光は中央政局からの離脱を余儀なくされたのだ。

文久三年（一八六三）七月二日、生麦事件が原因となって薩英戦争が勃発した。薩摩藩は戦死者こそ五人程度と少なかったものの、イギリス艦隊による艦砲射撃によって鹿児島城の一部、集成館、鋳銭局をはじめ、民家約三五〇戸、藩士屋敷約一六〇戸が焼失し、武力の違いを見せつけられた格好になった。久光は、英国との戦争をこれ以上継続することは困難であると悟った。また、過激な攘夷行動に走る長州《ちょうしゅう》藩に牛耳られた中央政局の現状を打開するためにも、講和談判を急いだ。

イギリスと講和を結んだ結果、当面の脅威を取り除いた久光は、この間に在京薩摩藩士が策謀した八月十八日政変後の中央政局に乗り出した。長州藩および三条実美《さねとみ》ら過激廷臣は追放されており、満を持しての久光の登場である。朝廷・幕府どちらからも絶大な信頼を勝ち取り、まさに人生のクライマックスを迎えたのだ。

朝政参与と久光の挫折

久光は朝政参与（国家の最高意思決定機関に昇華した朝議、すなわち天皇をはじめとする朝廷の中枢会議への参加）の実現を画策し、その結果、元治元年（一八六四）一月に、一橋慶喜・松平春嶽・松平容保《かたもり》・山内容堂《ようどう》・伊達宗城《むねなり》とともに任命された。いわゆる、参与会議である。さらに、二条城での老中御用部屋入りを許され、久光は念願の幕政参画も実現した。しかし、参与会議の実態は単なる朝議の諮問機関であり、老中御用部屋入りも単なる形式に過ぎず、機密に与《あずか》ることは叶わなかった。

久光は横浜鎖港をめぐって慶喜と激しく対立し、しかも、孝明天皇が嫌う山階宮を還俗《げんぞく》させようと、朝廷に無理強いをしたため、肝心の天皇とも疎遠になってしまった。長州藩に対する処罰問題も遅々として進まず、この状況に見切りをつけた久光は帰藩を選択したが、西郷の遠島先の沖永良部島からの召還はその直前にあたる。

家臣からの西郷の召還・赦免の要請に対し、久光は当初激怒したものの、側近の取り成しにより、容認に傾いた。西郷への期待を認めながらも、久光にはそれを超える不信感があり、その後も久光の西郷への監視の目は厳しかった。通説のように、西郷が縦横に中央政局において国事周旋を行えた訳ではなかったのだ。久光は四月一八日に退京し、久光の名代となった小松帯刀以下の在京藩士は久光の遺策である「禁闕《きんけつ》（朝廷）守衛」を遵守しつつ、長州藩の率兵上京に備えて武備や兵糧を手配し、藩兵の調練に精励していた。

なお、小松も常時京都にいることは叶わなかった。家老として、藩政を改革し、富国強兵・武備充実の指揮も執らなければならず、久光の帰藩以降は王政復古まで、ほぼ京都と藩地が半々であった。よって、小松の名代も必要となり、慶応期以降（一八六五〜）、それを務めたのが西郷と大久保であった。つまり、「久光―小松―西郷・大久保」という意思命令系統によって、中央政局における薩摩藩の周旋は図られた。維新は、西郷と大久保だけでなされたわけではない。

禁門の変と久光の方向転換

文久期（一八六一～六四）は、まさに幕末動乱が最高潮の時期であり、薩摩藩・島津久光も中心的な存在として、その渦中にあった。薩摩藩は幕府勢力とともに、長州藩と対峙《たいじ》し、文久三年（一八六三）の八月十八日政変によって、長州藩を京都から追放することに成功した。

元治元年（一八六四）七月一九日に禁門の変が勃発すると、薩摩藩は官軍の主力となって長州藩と戦闘し、遂に朝敵となった長州藩を潰走させた。長州藩は久坂玄瑞《げんずい》をはじめとする精鋭を数多く失い、その勢力は中央政局から駆逐されたのだ。禁門の変の直後から、小松帯刀・西郷隆盛は長州征伐を断固強行すべきと訴え、厳罰論を主張した。幕府がそれに応え、迅速に征討軍を起こしていれば、その後の歴史は大きく違っていたことは間違いない。しかし、幕府は動かなかった。

朝政参与体制の崩壊後、鹿児島に戻っていた久光は、禁門の変後に有力藩士の提案に乗る形で、抗幕的な政治姿勢に転換した。藩地に割拠して、貿易の振興や軍事改革・武備充実による富国強兵を目指し、幕府から距離を置いて将来の戦闘に備えるという「抗幕」志向である。薩摩藩にとっては、幕府と目に見える形で対峙することになる大転換に他ならない。一方で、久光は武力を伴わない外交権の幕府から朝廷への移行による事実上の幕府打倒、つまり幕府を廃する「廃幕」を企図していた。

慶応期の薩摩藩の動向において、これらの政略を無視することはできない。前者は武力による倒幕路線に、後者は大政奉還による廃幕路線に連動することになる。いずれにしろ、禁闕守衛を最優先としてきた薩摩藩が、長州征伐を機に中央政局から撤退し、薩摩藩自体の富国強兵を企図して割拠するという方針を強く打ち出したのだ。

強硬論だった西郷も久光の方針に従い、長州藩への寛典《かんてん》論に舵を切った。西郷は征長総督の徳川慶勝《よしかつ》に取り入り、参謀格として第一次長州征伐に従軍した。西郷は長州藩に三家老・四参謀を死罪とすることを求め、それが実行されたため、総攻撃は中止された。さらに、西郷は藩主父子の謹慎と山口城の破却を履行させ、三条実美ら五卿の太宰府《だざいふ》への移転を認めさせたことにより、一二月二七日に官軍は撤兵を開始した。

第一次長州征伐では、まったく戦闘が行われず、長州藩は存亡の危機を脱することが叶った。これはすべて、西郷の尽力によるところであった。既にこの段階で、薩摩藩は長州藩に秋波を送り始めており、薩長融和は薩摩藩から持ち出した高次元の国家戦略であったのだ。

久光の「抗幕」「廃幕」と慶喜の将軍就任

久光は、「抗幕」「廃幕」に向けて、様々な手を打ち始めた。慶応元年（一八六五）三月には外交交渉・商談・西欧視察を目的とする五代友厚《ともあつ》・寺島宗則《てらしまむねのり》ら四人の使節とともに、一五人の留学生（いわゆる薩摩スチューデント）をイギリスに派遣した。また、小松帯刀が中心となり、薩摩藩の富国強兵策を推し進めた。家老の役割分担を明確にし、海軍を中心とした軍事力強化や軍制改革、殖産興業の発展、貿易の振興などを企図したのだ。

久光は「抗幕」姿勢を貫くために、連携諸侯を欲していた。その対象こそ長州藩であり、第一次長州征伐から連携を模索しており、朝敵となって軍需品を買えなくなっていた長州藩に名義貸しし、それによって長州藩の軍需品の調達に協力した。薩長融和はようやく漸《ぜん》進《しん》し始めたが、画期となったのは、慶応二年（一八六六）一月の「小松・木戸覚書」（いわゆる薩長同盟）であった。

これは軍事同盟レベルではなかったものの、薩摩藩が長州藩の復権に向けて尽力することが謳《うた》われており、これ以降は積極的な人事交流が図られた。また、薩摩藩は長州再征には断固反対して、出兵を拒み続けた。このように、薩摩藩・久光は長州藩をパートナーに位置づけながら、抗幕運動に突き進むことになる。

慶応二年六月七日、第二次長州征伐（幕長戦争）が開戦となった。幕府は散兵戦術に長《た》け、薩摩藩の名義借りで購入した近代兵器を使いこなした長州軍に大敗を喫した。追い打ちをかけるように、戦争の最中の七月二〇日に将軍家茂が大坂城で急逝した。同日、久光・忠義父子は征長反対の建白書を提出し、寛大の詔《みことのり》を下して征長の兵を解き、その後に天下の公議を尽くして大いに政体を更新し、中興の功業を遂げるための政治変革を求めたのだ。

この建白は、徳川宗家を継承した慶喜の尽力によって朝議では退けられ、孝明天皇は戦争継続の沙汰を下した。しかし、慶喜は九州方面での敗報が届くと、八月二〇日に長州征討の休戦の勅命を得て、同時に諸大名を召集し天下公論で国事を決める姿勢を示した。一方で、大久保利通を中心とする在京要路は、諸侯上洛の朝命を利用することによって、この将軍空位期に将軍職を廃止し、諸侯会議を実現する好機ととらえた。

しかし、久光に上洛を要請したものの、時期尚早として見送りとなった。その代わりに、藩政改革にあたっていた小松が西郷を伴って一〇月二五日に上京した。この間、慶喜は着々と準備を進めており、一二月五日に至り将軍に就任したのだ。この結果は、慶喜の薩摩藩に対する政治的な勝利と見なすことができ、両者間の対立は激化するかに見えた。

慶喜による幕薩融和路線の推進

満を持して将軍に就いた慶喜は、政局運営を安定させるために方針転換を図り、有力諸侯との連携を模索し始めた。特に、薩摩藩の取り込みは極めて重要であった。慶喜の股肱《ここう》の臣《しん》である原市之進《いちのしん》は、久光の名代的存在である小松帯刀に接近し、幕薩融和に意を用いた。そこに、突然の不幸が慶喜を襲う。最大の庇護者である孝明天皇が、天然痘で一二月二五日に崩御《ほうぎょ》したのだ。

慶喜は、諸侯との連携をますます意識せざるを得ず、より一層、原らの側近を小松の許に派遣して、明治天皇の践祚《せんそ》を機に行われた大赦や五卿の帰洛などについて、話し合いが持たれるようになった。こうした幕府側からのアプローチによって、慶喜が西国雄藩と連携をして、政局運営を図るのではないかとの希望を薩摩藩に抱かせた。その結果、小松ら

山内容堂（1827-72）

松平春嶽（1828-90）

も方針を変えて、当面は朝廷工作を控えて直接幕府と交渉することを決めたのだ。

折しも、長州問題に加え、兵庫開港問題が切迫していたため、小松らはこの機会を逃さず、諸侯会議を至急開催して外交権を幕府から朝廷に移管し、何とか廃幕に持ち込もうと考えた。そこで、久光をはじめ松平春嶽・山内容堂・伊達宗城を上京させることとし、慶応三年（一八六七）二月一日、西郷は帰藩して久光に上京を促し、賛同を得た。久光は七〇〇人の藩兵を率いて鹿児島を出発し、四月一二日に入京した。久光にとって、三年ぶりの上京であった。いわゆる、四侯会議の開催である。

なお、幕薩関係は小松・原を軸に蜜月関係を迎えていたが、慶喜が約束を反故《ほご》にし、諸侯が上洛

伊達宗城（1818-92）

する前に外交問題、すなわち兵庫開港の勅許を朝廷に求めた。そのため、薩摩藩は慶喜への信頼を急速に失った。そのようなタイミングでの四侯会議は、前途多難な様相を始める前から呈していたのだ。

なお、四侯会議については、徳川慶喜の章でも触れたが、ここではさらに詳しく見ていきたい。

四侯会議の実相とは

幕末政治も、いよいよ大詰めとなった。慶応三年五月、島津久光（薩摩藩）・松平春嶽（越前《えちぜん》藩）・山内容堂（土佐《とさ》藩）・伊達宗城（宇和島《うわじま》藩）による四侯会議が開催された。主たる議題は、長州藩処分と兵庫開港の二つの問題であった。

長州藩処分については、毛利父子の官位復旧、藩主退隠・世子家督相続、削地取消という寛典による処分の勅命を求めることにした。また、兵庫開港については、開港は認めるものの、幕府の要請に勅許を与えるのではなく、天皇が勅命によって幕府に命じる形式を取り、外交権が朝廷にあることを内外に認めさせることにした。

四侯と慶喜との会談において、どちらを先に勅許を求めるのかについて、慶喜と久光が激しく対立して論争となった。慶喜は、開港期日（一二月七日）は決定しており、その六カ月前に布告することになっているため、六月七日が期限であるとして兵庫開港問題を優先とした。一方、久光は長州処分を優先すると主張して譲らず、春嶽の提案で二件を同時に提出することに決着したのだ。

五月二三日の朝議はなかなか決定を見ず、紛糾を極めたものの慶喜の粘りに屈した形で、長州寛典処分・兵庫開港を同時に勅許した。しかし、長州藩の具体的な処分内容は曖昧だった。このことは、久光にとっての問題点を明らかにした。朝議に国是を定めるだけの機能がないこと、摂政二条斉敬《なりゆき》に政治家としての資質が欠けていること、慶喜の政略・器量が抜群であり、結果として、慶喜が朝議を主導し続ける可能性が非常に高いことである。

久光は、慶喜を排除した上で朝政改革を断行すべきであると考え、長州藩との共闘による武力発動も辞さないとの方針をとることになった。ここでいう武力発動とは、多数の藩兵を上京させた上で、その武力を圧力装置として慶喜に将軍辞職を迫ったり、朝廷に慶喜辞職の勅命を要求したりすることである。

もちろん、一歩間違えば幕府との戦争は避けられず、武力討幕に向けた対策も同時に求められた。つまり、無血による王政復古を志向しながら、一方で、戦争も辞さないという姿勢である。四侯会議は、結果として幕府と薩摩藩の対立を沸点にまで高めてしまったのだ。

激動の中央政局と久光の退場

久光は幕府との対決姿勢を鮮明にし、兵力の増強を鹿児島にいる実子の藩主忠義に要請した。しかし、久光の意に反して、薩摩藩内には藩主の率兵上京への反対意見が渦巻き、事は容易に運ばなかった。

そのような中で、六月二〇日、土佐藩参政・後藤象二郎《しょうじろう》が小松帯刀を訪ね、大政奉還建白の打診をし、久光・小松が同意したことから、二二日に薩土盟約が締結された。薩摩藩が同意した理由は、大政奉還と同時に慶喜に将軍職辞職を迫り、同意しない場合は土佐藩も武力をもって威嚇するとしたところにあった。

薩摩藩にとっては、手詰まりな現状を打破するには、土佐藩の申し出は渡りに船であり、薩長土の三藩兵による圧力装置の構築も期待できた。しかも、薩摩藩の兵力不足を補い、かつ、幕府に近い土佐藩を取り込むという大きなメリットをもたらした。薩摩藩は圧力装置を確保しつつ、大政奉還路線としての土佐藩、武力討幕路線としての長州藩、どちらに転んでも良きパートナーを得たことになった。薩摩藩の二面外交のスタートであるが、役割分担として、前者は小松、後者は西郷隆盛・大久保利通であり、久光の下で小松・西郷・大久保は一枚岩であったと考える。

後藤は一〇日後に率兵上京すると言い残し、藩論をまとめるために七月四日に帰藩した。しかし、期待の後藤が大坂に到着したのは、何と二カ月後の九月三日であり、しかも、率兵上京ではなかった。そのため薩摩藩側から薩土盟約の破棄を通告した。久光は、大政奉還の建白は容認したものの、土佐藩の周旋を既に期待しておらず、ここに両藩の政略的な離反は決定的となった。

後藤象二郎（1838-97）

久光は後藤の遅れと、慶喜が四侯を無視して、前佐賀《さが》藩主鍋島斉正《なべしまなりまさ》（閑叟《かんそう》）に長州藩処置の周旋を密かに依頼したことなどから、時いまだ至らずと判断した。そして、特に今後の策を授けることなく、九月二一日に帰藩してしまったのだ。

これ以降、幕末の中央政局に久光が再登場することはなかった。この時期、久光は足の疾患が重く、時には歩行さえ困難であった。また、藩内には率兵上京への反対論が渦巻いており、久光でなければ抑えることが叶わなかったことも大きな誘因であろう。

久光にとっての明治維新

中央政局では、一〇月一五日の大政奉還、一二月九日の王政復古クーデター、そして慶応四年（一八六八、九月八日に明治に改元）一月三日の鳥羽伏見《とばふしみ》の戦いから始まる戊辰《ぼしん》戦争での旧幕府軍の敗北によって、名実ともに明治新政府が誕生した。久光は一貫してこの間の動向を支持していたが、あくまでも緩やかな結合の連邦国家の中で、各藩が大きな権限を持つことを志向していた。もちろん、藩士たちもその方向で周旋を繰り広げていた。

しかし、このままの体制では欧米列強に太刀打ちできず、いずれ植民地化されかねないとの思いが強くなり、あっという間に廃藩置県にまで行きついてしまった。同じ方向を向いていたはずの家臣に裏切られ、中央集権国家の樹立の名の下に、久光は藩祖代々の土地・人民を失ってしまったのだ。この過程において、久光の西郷・大久保に対する恨みは、骨髄に達してしまった。

久光は明治政府に対して抵抗勢力であり続けたため、政府は何かにつけて久光の鹿児島からの上京を求め、明治七年（一八七四）には左大臣のポストまで用意した。しかし、要職を占めた久光の意見は先送りにされるばかりで、その不満は鬱積し続けた。そこで久光は、性急な欧化主義に走る政府を非難するグループと結託して、政府トップの三条実美を退け、後釜に座ろうとした。

しかし、いずれの抵抗も成功せずに、明治九年（一八七六）に鹿児島に戻り、これ以降、政治活動は行わなかった。もちろん、西南戦争においても、西郷軍に与《くみ》することはなく、中立の立場を貫いている。

久光の生涯は常にバイタリティーに溢れ、政治家として最善を尽くしたものだった。自身の政治課題の克服や信念の実現のためには、冷徹なまでに手段を選ばず、考えつくされた政略や実現過程での粘り強さには敬服せざるを得ない。久光は史上稀《まれ》に見る剛腕の君主であり、かつ政治家であったことは間違いなく、もっと評価されるべき偉人であるのだ。

第七章　渋沢栄一

——農民から幕臣、そしてパリへ

しぶさわ・えいいち（1840-1931）
実業家。「日本資本主義の父」と称される
（渋沢史料館蔵）

渋沢栄一から見えるもの

二〇二四年から、新一万円札の顔となるのは渋沢栄一《えいいち》である。渋沢について、実は多くの読者は「近代日本経済の父」であり、今につながる多くの企業の設立に関わったといった程度のことしかご存じないかも知れない。確かに、坂本龍馬《りょうま》や新選組などに比べれば、やや地味な印象は否めない。しかし、実は日本近代史において、渋沢は極めて重要な人物であり、渋沢を通して見えてくるものは多い。

渋沢は農民に生まれ、尊王志士に成長し、一橋《ひとつばし》家（一橋慶喜《よしのぶ》）に仕官して武士となり、慶喜が将軍になることによって幕臣となった。明治維新後、静岡藩（徳川家）の家臣となり、明治新政府（民部《みんぶ》省・大蔵省）に出仕して「官」の一員となり、しかし、「官」を辞して「民」として実業家の道を歩み、日本の富国強兵・殖産興業に尽力した。日本の近世から近代の変化は、幕藩体制（封建国家）から欧米的近代国家（立憲国家）への、アジアの小国から世界の強国への大転換であり、しかも四民平等となり、米から金に経済の価値基準が変わるなど、国民生活も激変した。

渋沢の生涯は、まさにその疾風怒濤《しっぷうどとう》の流れをすべて体現した唯一の人物と言うことができる。決して大げさではなく、渋沢を知ることによって、日本の近代のスタートやその後の在り方を学ぶことが可能であり、現代に生きる日本人に様々な示唆《しさ》を与えてくれる傑出した存在、それが渋沢栄一なのだ。

生い立ちと渋沢家・家族

渋沢栄一は、天保一一年（一八四〇）二月一三日、安部信発《あべのぶおき》を領主とする岡部《おかべ》藩（二万二五〇石）武蔵国榛沢郡血洗島《むさしのくにはんざわぐんちあらいじま》（現在の埼玉県深谷《ふかや》市）の豪農であり、非常に勤勉家で厳格な父渋沢市郎右衛門《いちろうえもん》、慈悲に富んだ母・えいの間に誕生した。ちなみに、血洗島という物騒な地名について、渋沢も何度もその由来を尋ねられたようだが、実は当時から分かっていなかった。通称「チアラジマ」と言うように、度重なる利根《とね》川の氾濫のため地が荒れたとか、地を洗うように流れたことから名付けられたとの説を、筆者は支持したい。

父の市郎右衛門は、家業として麦作や養蚕《ようさん》の他に他家から藍《あい》葉を買い入れ、かつ自家でも作りそれを藍玉に製造して信州《しんしゅう》、上州《じょうしゅう》、武州秩父《ぶしゅうちちぶ》郡の紺屋に販売していた。主に信州が得意先であったが、上州伊勢崎《いせさき》や近隣の本庄《ほんじょう》などへも進出していた。質屋・金融も兼業しており、こうした農工商・金融を営む豪農に生まれたことは、大実業家・渋沢の誕生に寄与したことは言うまでもない。また、母のえいは慈悲深い女性であり、ハンセン病の罹《り》患者《かん》も分け隔てなく世話をしたらしい。その影響を大いに受けた渋沢は、社会福祉や医療事業に尽力することで母の生きざまを継承している。

なお、市郎右衛門は岡部藩主安部家に対する多額の献金を怠らず、苗字帯刀を許され、名主見習役に昇進した。しかし、あくまでも農民であったことに留意すべきであろう。渋沢は豪農の家に生まれてはいるが、身分はあくまでも農民であり、武士への憧れはいつしか社会に対する反骨精神を掻き立て、渋沢を尊王志士へと成長させる。

青年期の渋沢と尊王攘夷への傾倒

嘉永六年（一八五三）、幕末の動乱を告げるペリー来航のこの年、渋沢は一三歳であった。『渋沢栄一伝記資料』綱文によると、大いに刺激を受けた結果、攘夷の念が芽生え始めたと後年語っているが、残念ながら当時の渋沢の心情を直接伝える史料は存在しない。連日、読書・剣術・習字等の稽古三昧《ざんまい》の日々を送っていたが、この頃からは家業を手伝い始めて近隣の村々を廻り、藍葉の買い付けも一人で行うまでに成長した。

有名なエピソードとして、当時の特産地・阿波《あわ》の藍に負けないものを作りたいとの思いから、近隣の村々から藍葉（玉）を買い集め、作った人々を招待して番付を作成した。そして、藍の出来に応じて席順を定め、一番良い藍を作った人を上席に据えて饗応した。生産者の意識を高め、一層良い藍を作ることを奨励したもので、競争原理の導入である。一六、一七歳頃と言えば、今の高校生くらいの年齢であり、なかなかできる発想ではない。

安政三年（一八五六）、渋沢が一六歳の時、画期となる事件が起こる。岡部藩は血洗島村に御用金一五〇〇両を要求し、既に累積二〇〇〇両以上を献金している渋沢の生家には、その三分の一にあたる五〇〇両を割り当てた。父の名代として岡部陣屋に出頭した渋沢は、大胆にも代官に対して、一旦帰宅し父に報告の上、あらためて回答する旨を申し述べた。代官は渋沢を侮辱し、すぐにこの場で受諾するように強要したが、渋沢はこうした代官の理不尽な態度に憤り、その根源は幕政の在り方と考えて社会矛盾《むじゅん》を実感する嚆矢《こうし》となったと回想している。頑固で強情で、物怖《ものお》じしない性格がこの段階で垣間見える。

これを契機に、渋沢は後期水戸学に傾倒し、尊王攘夷を唱える従兄《いとこ》で学問の師匠である尾高惇忠《おだかあつただ》の影響も受け、従兄の尾高長七郎《ちょうしちろう》、渋沢喜作《きさく》らと天下国家を憂えて、議論を繰り返すようになった。さらに、尊王志士の長州《ちょうしゅう》藩士多賀谷勇《たがやいさむ》（坂下門外の変で捕縛）、宇都宮藩士広田精一《ひろたせいいち》（禁門の変で自刃《じじん》）らが血洗島村周辺に来訪すると、ともに詩作し時勢を論じ合った。その上、皆で幕府を批判しており、こうした交流を通して、尊王攘夷思想に深く共鳴し、渋沢自身も尊王志士の道を歩むことになった。

尊王志士・渋沢の誕生

文久元年（一八六一）、尊王志士としての活動を始めた渋沢栄一は、江戸に出向いて儒者である海保漁村《かいほぎょそん》の塾や北辰一刀流《ほくしんいっとう》の千葉道場・玄武館《げんぶ》に出入りを始めた。そこで渋沢は天下の有志と交流し、同志を獲得していった。そして、幕府を揺るがす大騒動を起こし、幕政の腐敗を洗濯して国力を回復することを計画した。とは言え、渋沢は志士活動を始めたことを父市郎右衛門に内緒にしており、この時は父との約束通り、約二カ月後に帰郷している。

文久二年（一八六二）一月一五日、水戸浪士や宇都宮藩の儒者大橋訥庵《おおはしとつあん》（渋沢と面識があったかは不明）が計画した坂下門外の変（老中安藤信正《あんどうのぶまさ》暗殺未遂事件）が勃発した。渋沢の従兄で尊王志士となっていた尾高長七郎は、この事件に連座した。実は、長七郎はそれ以前に長州藩士の多賀谷勇と謀議し、上野寛永寺の輪王寺宮公現《りんのうじのみやこうげん》法親王を奉じて日光山《にっこう》に挙兵し、幕府を開国から攘夷に転換させることを画策していた。長七郎は水戸藩を巻き込もうと考え、水戸までに出向いてのちに徳川慶喜の側近となる原市之進《いちのしん》に協力を求めたが断られ、文久元年一一月八日、宇都宮城下で大橋と密会して安藤襲撃に方向転換した。

長七郎は上州佐位《さい》郡の国領《こくりょう》村（現在の群馬県伊勢崎市国領町）に潜伏していたが、文久二年一月下旬、捕吏《ほり》の探索が頗《すこぶ》る厳しくなったため、渋沢は長七郎に切迫した情勢を伝えるとともに、京都に逃避することを強く勧めて同意を得た。よって、長七郎は信州経由で上京し、その後、即時攘夷を標榜する長州藩が席巻する中央政局の動静を、渋沢らに報告する役割を果たすことになる。

攘夷実行計画と方針転換

文久三年（一八六三）四月頃、渋沢は再び江戸に出て海保塾および千葉塾に正式に入門し、これ以降の四カ月間、時々帰郷して攘夷について仲間と議論し、また尾高惇忠とともに武器類を買い集めて実家の土蔵に隠匿《いんとく》した。そして、八月頃、渋沢は惇忠、渋沢喜作と三人で幕政の腐敗を洗濯した上で、国力を挽回するため、攘夷実行の計画を密議した。その内容は驚くべきもので、高崎《たかさき》城を乗っ取り、武器弾薬を奪略して横浜外国人居留地を焼き打ちし、外国人を残らず殺害するというものであった。

渋沢らはこの無謀な計画を一一月一二日（冬至）に実行することを取り決め、その同志は総勢六九名に上った。集まった同志は、渋沢をはじめ尾高惇忠・長七郎の兄弟、渋沢喜作、千葉塾で懇意の真田範之助《さなだはんのすけ》、佐藤継助《さとうつぎすけ》、竹内練太郎《たけうちれんたろう》、横川勇太郎《よこかわゆうたろう》、海保塾の中村三平《さんぺい》、その他渋沢の親戚郎党などであった。また、急使を京都に派遣して、逃亡していた長七郎に帰郷を催促している。

文久三年九月一三日、渋沢は既に身を以て国に殉ずる決意をしたため、意を決し父市郎右衛門に家督相続を辞すことを願い出た。渋沢は市郎右衛門と徹夜で議論して説得し、明け方になってとうとう許可を得た。翌一四日、渋沢は挙兵準備のために江戸に出て約一カ月間滞在し、その後一〇月末、帰郷して実家に秘匿した武器類を整理し、役割分担を策定するなど挙兵の準備を推し進めた。

なお、渋沢はこの間に一橋家の家臣たちと急速に接近を果たしたが、特記すべきは川村恵十郎《えじゅうろう》と知り合い、その紹介から用人《ようにん》平岡円四郎《えんしろう》の知遇を得たことであろう。家臣団が手薄な一橋家から、渋沢に対して仕官の誘いがあったものの、攘夷実行を優先してこの段階ではそれを辞退している。一方で、平岡らは渋沢の意思にかかわらず、その仕官を実現するために、岡部藩主に渋沢の召抱《めしかかえ》の許可願を出している。しかし、交渉は難航して結論には至らなかった。

一〇月二九日夜、京都情勢の探索から帰郷していた長七郎も加え、下手計《しもてばか》村（現在の埼玉県深谷市）の惇忠宅の二階で、渋沢・尾高兄弟・渋沢喜作・中村三平の五人で攘夷実行計画の最終判断のための会合を行った。長七郎は八月十八日政変により、即時攘夷派が逼塞《ひっそく》せざるを得ない京都情勢を説明し、計画の中止を主張した。渋沢は決行を主張して、大激論となったが時期尚早と判断し、最終的には中止と決定した。渋沢にとっては、断腸の思いであったろう。

こうした渋沢らの動向は幕府の知るところとなり、幕吏《ばくり》に捕縛される危険もあったため、一一月八日に渋沢は喜作とともに伊勢《いせ》参拝を兼ね京都見物に出発すると吹聴して、故郷を後にした。渋沢らは一旦江戸に出て、平岡円四郎の居宅を訪ねた。平岡は在京中で留守であったが、家来の名義を獲得し、一四日に京都に向けて出立した。渋沢が平岡の家来という名義を得られた背景として、川村恵十郎の配慮があり、さらに平岡の事前了解があったことは間違いない。一一月二五日、渋沢らは入京を果たし、それ以降は尊王志士と交わり、一二月中旬に、ようやく伊勢大神宮を参拝している。

一橋家仕官の実相

元治元年（一八六四）二月初旬、渋沢栄一は尾高長七郎からの書簡を受け取った。何とその手紙は小伝《こでん》馬町《まちょう》牢屋から出されたものであり、中村三平・福田滋助《ふくだじすけ》とともに捕縛されたことを報じ、悪いことに幕政を批判し、攘夷実行の計画を記した渋沢の書簡を懐中にしたままであったことを知らせてきた。長七郎は、幕府は横浜鎖港のために瓦解することは間違いないので、我々が国家のために尽くせるのはその時である。それまでは、京都に居るようにと警戒を促したため、渋沢らは善後策を検討した。

二月八日、渋沢らは平岡円四郎が一橋家へ推挙してくれたため、仕官することが叶った。平岡はそもそも、渋沢らを一橋家に仕官させたいという野心があったが、渋沢の窮地を救う体《てい》を取って、その目的を果たしたのだ。さて、一橋家というのは徳川三卿の一つであり、八代将軍吉宗《よしむね》の四男宗尹《むねただ》を祖とする。寛保元年（一七四一）に江戸城一橋門内に屋敷を与えられ、これが一橋徳川の名称の由来となった。二代治済《はるさだ》の長男は将軍家を継いで、一一代将軍家斉《いえなり》となり、九代目には水戸徳川斉昭《なりあき》の子慶喜を迎えたが、慶喜は慶応二年（一八六六）に一五代将軍となる。一橋家の領知は一〇万石で、西日本では八万石（おおよそ摂州《せっしゅう》に一万五〇〇〇石、泉州《せんしゅう》に八〇〇〇石、播州《ばんしゅう》に二万石、備中《びっちゅう》に三万七〇〇〇石）、関東では意外にも二万石に過ぎない。

渋沢は一橋家に仕官するにあたり、正式な仕官前に慶喜への拝謁を平岡に希望したが、前例がないと拒否された。渋沢は前例を持ち出すのであれば、農民を直《じか》に召し抱える前例もありませんと売り言葉に買い言葉で応え、平岡を閉口させた。渋沢が仕官辞退を言い張ったため、とうとう平岡が折れて、馬で遠出をする慶喜を待ち伏せして拝謁するという無茶なプランを提示した。渋沢は「自分の身体は其頃から肥満して居り、殊に背も低いから、駈あるく事は極めて難義であつた」（『雨夜譚《あまよがたり》』）と拝謁時の苦労を語っている。この時、実際に言葉を交わしたかどうかは分からないが、事実上の拝謁を果たしたのだ。

渋沢は奥口番《おくぐちばん》・御用談所《ごようだんしょ》下役出役（俸禄四石二人扶持《ぶち》、在京月手当金四両一分《ぶ》）で出仕、四月中旬に御徒士《おかち》に昇進し、この頃、初めて慶喜に内御目見《おめみえ》を許され、意見を述べている。渋沢は幕府の命運は危うき状態になり、徳川宗家（将軍家）のためを思われるのであれば、一橋家の勢力を拡大して宗家を擁護すべきであり、そのためには「広く天下有為の士を招致すること第一の急務なり」（『渋沢栄一伝稿本』）と、人材の登用を説いた。いよいよ尊王志士から一橋家臣、武士となった渋沢栄一の新たな人生が始まったのだ。

一橋家仕官と薩摩藩との関係

元治元年（一八六四）二月、渋沢栄一は尊王志士から一橋家臣に、つまり農民から武士への身分上昇を遂げ、政務に励み始めた。一橋家の京都屋敷は、初め東本願寺の内に置かれていたが、ちょうどこの頃に小浜《おばま》藩京都藩邸に移設され、渋沢と渋沢喜作は三条小橋の宿から通勤をしていた。

渋沢を推挙した平岡円四郎は、渋沢の政治力に目を付けており、その能力を高く評価していた。そのため、一橋家に仕官した当初から、渋沢は御用談所に勤務し、一橋慶喜のために探索・周旋活動を行う非常に重要な政治的ポジションを与えられた。常に朝廷・幕府・諸藩の関係者と接触を持ち、機密情報にも精通するなど、渋沢は大いに機能し、面目躍如であった。

そんな中、重大な任務が課せられた。平岡の密命を受けて大坂に下り、二月二五日から四月七日までの間、薩摩《さつま》藩士の摂海防禦《せっかいぼうぎょ》御台場築造御用掛《ごようがかり》折田《おりた》要蔵《ようぞう》の門下生となり、スパイ活動に従事したのだ。折田は兵学者として高名を博しており、この時期には幕府から摂海（大坂湾）での砲台造営を依頼されていた。慶喜は禁裏御守衛総督・摂海防禦指揮に任命（三月二五日）されており、そもそも折田とは連携せざるを得ない関係にあったが、実のところ、この頃から抗幕姿勢を憚《はばか》らない薩摩藩に属する折田の動向は、監視すべき対象であった。

折田入門の経緯について、渋沢は「何でも幕府の失政を機会にして、天下に事を起さんとするものは、長か薩かの二藩であると思った、併《しか》し是等の事は直接に度々《たびたび》君公へ言上することも出来ないから、平岡円四郎へ忠告して、薩藩の挙動に注目せねばならぬ、之を知らむければ京都を警衛することは出来ませぬと申入れた」（『雨夜譚』）と述懐している。つまり、渋沢は薩長両藩への警戒心から、その大役を自ら平岡に買って出ていたのだ。渋沢の大胆さと行動力には舌を巻く思いである。

その間、渋沢は折田を通じて、薩摩藩のキーパーソンの面々、例えば奈良原繁《ならはらしげる》・川村純義《かわむらすみよし》・三島通庸《みしまみちつね》・海江田信義《かえだのぶよし》・内田政風《うちだまさかぜ》・高崎五六《たかさきごろく》らと懇意となり、渋沢からもたらされる情報は非常に貴重なものであった。なお、沖永良部島《おきのえらぶ》での流刑を終えたばかりで、いきなり中央政局に復帰を果たし、渋沢と同様に探索・周旋活動を行っていた西郷隆盛《たかもり》とも、渋沢はこの時期に会っている。渋沢は禁門の変に向けた慌ただしい政治状況の下で、他藩の周旋担当者と接触を繰り返しており、西郷もその中の重要な一人であった。

関東下向と天狗党の乱

元治元年五月、渋沢栄一は渋沢成一郎《せいいちろう》（喜作から改名）とともに、人選御用（一橋家家臣の取立）のため関東に下向した。当初、千葉道場の門下生などの旧知の勧誘を行ったものの、多くが天狗《てんぐ》党の乱に加勢するため出払っており、うまくいかなかった。天狗党の乱とは同年三月、水戸藩の尊攘派天狗党が筑波《つくば》山に挙兵した事件のことである。文久三年（一八六三）の八月十八日政変以後、水戸藩では保守派の諸生《しょせい》党が実権を握り、これと対立する天狗党は幕府に攘夷の実行を促すため筑波山に挙兵した。流血の党争を続けたが、幕府の追討を受けて敗走し、一橋慶喜を頼って上洛を目指すことになる。

天狗党の乱にもかかわらず、渋沢は関東一円（武蔵国・下総国《しもうさのくに》・上総国《かずさのくに》）の一橋領を百余日も巡回、壮士約五〇人を募って九月に中山道《なかせん》をこれを率いて上京した。なお、江戸到着時に尾高長七郎を救うべく尽力するも成功せず、長七郎は約五年間も投獄されたままであった。慶応四年（一八六八、九月八日に明治に改元）四月九日、長七郎はようやく赦免されて出獄したものの身体を壊しており、故郷に戻って療養した甲斐《かい》もなく、一一月一八日に逝去、享年三一の若さであった。ちなみに、渋沢はこの時に故郷に立ち寄ろうとしたが、岡部陣屋に不穏な雰囲気があるため帰省をあきらめざるを得ず、他所で密かに父および妻子に面会している。

さて、元治元年（一八六四）二月、平岡円四郎は側用人番頭を兼務し、五月に一橋家家老並、六月二日に慶喜の請願により大夫《たいふ》・近江守《おうみのかみ》に叙任された。しかし、六月一六日に在京水戸藩士江幡広光《ひろみつ》・林忠五郎《ちゅうごろう》らによって暗殺されてしまう。渋沢は大いに落胆悲憤したものの、黒川嘉兵衛《かへえ》が代わって一橋家の用人筆頭として、平岡同様に渋沢を処遇してくれた。渋沢もまた、発奮して職務に精励し始めた。ちなみに、渋沢は禁門の変時には京都におらず、上京したのは九月だった。しかし、同月末に御徒士に昇進（俸禄八石二人扶持、在京月手当金六両）しているが、これは関東での活躍が評価されたためである。

武田耕雲斎（1803-65）

一二月になると、天狗党の乱の残党浪士は武田耕雲斎《こううんさい》らに率いられ、慶喜を頼って西上を開始した。この乱のいきさつは徳川慶喜の章で記した通り（86ページ参照）であるが、慶喜が大津《おおつ》へ出陣した際に、渋沢も一緒に出陣し、常に黒川に随従して陣中の書記役を担当した。浪士たちへの処罰は、三五〇人余を斬首に、四五〇人余を流罪・追放という苛酷に過ぎるもので、渋沢は「（藤田）小四郎《こしろう》氏を助けたいと、蔭《かげ》ながら頻《しき》りに心配は致して見たが、実際上何等力の施しやうもなくして、恨を呑んで傍観したので、終《つい》に小四郎氏と幽明《ゆうめい》相隔《あいへだ》つることに成った」（『東湖会講演集』）と述懐し、面識のあった首領の藤田小四郎を見す見す死なせてしまったことを悔やんでいる。

天狗党の乱の残党浪士の西上によって、幕府から慶喜に嫌疑がかかったことで、中央政局における一橋家の微妙で危うい立ち位置が明らかになった。渋沢も諸藩の手練《てだ》れの周旋家に伍しながら、嫌疑を受ける慶喜のサポートに奔走した。その結果、元治二年（一八六五、四月七日に慶応に改元）一月一五日、渋沢は謹厳に務めたとして上司の深く信任するところとなり、小十人並《こじゅうにん》（俸禄一七石五人扶持、在京月手当金一三両二分）に昇進し、御目見以上となり御用談所調方出役《しらべかたしゅつやく》を兼務した。あっという間の大出世であった。

周旋家から経済官僚への転身

元治二年二月下旬、渋沢は一橋家の微弱な兵力を憂慮して募集方を志願し、歩兵取立御用掛を拝命した。三月には備中・播磨《はりま》・摂津《せっつ》・和泉《いずみ》四カ国の一橋領を巡回し、兵四五〇名以上を募集して帰京、大徳寺《だいとく》に止宿させて訓練を施し、兵制組立に尽力した。その功績から、褒賞（白銀五枚、時服）を受け、まさに「一橋家中に渋沢あり」の評価を得た。

八月一九日、渋沢は勘定組頭並《かんじょうくみがしら》を拝命し御用談所出役と兼務となった。御用談所に籍は置くものの、財政面の専任となったのだ。この時、渋沢成一郎は軍制所調役組頭を拝命しており、渋沢は財政面、成一郎は軍事面の担当となったことで、ここまでずっと二人三脚で行動してきた両者は、以後は別行動を取ることになった。

実は、渋沢が勘定組頭並を拝命するには訳があった。それ以前に、渋沢は一橋家の財政充実を企図し、財政再建策として次の三策を建言し承認を得ていたのだ。

①年貢米販売先の変更：播磨から徴収する年貢米は上質であったが、従来は兵庫の米市場で委託販売していた。これを酒造米として、上質米を渇望する灘《なだ》や西宮《にしのみや》の酒造業者に高価で直接売却する。

②木綿の専売制施行：播磨は白木綿の産地であり、特産品であったが専売制を取っていなかった。専売制を導入して、大坂で販売して高い利益を獲得する。

③硝石《しょうせき》製造所の設立：備中は火薬の原料である硝石を豊富に産出していた。この時期は需要が拡大していたため、領内に硝石製造所を設けて販売する。

この三策を実行するため、慶応元年秋、勘定組頭（俸禄二五石七人扶持、在京月手当金二一両）に昇進し、翌年春にかけて、兵庫・大坂・備中・播磨に出張した。兵庫で年貢米を酒造業者に直売し、備中に硝石製造所を設立、大坂で当初三万両程の藩札を発行して播磨での木綿の買入に使用した。近代の大実業家となる渋沢栄一であるが、そのキャリアの萌芽を感じ取ることができよう。

慶喜の将軍就任と渋沢の動向

渋沢栄一は、一橋家の中で経済官僚として順調に歩み始めていたが、時勢に翻弄されることになる。慶応二年（一八六六）六月七日、幕府艦隊による周防大島《すおうおおしま》への砲撃から第二次長州征伐（幕長戦争）が開戦となった。幕府軍は一年以上に及ぶ大坂滞陣に辟易《へきえき》しており、病気も蔓延して士気が停滞し、さらに薩摩藩をはじめとする諸藩の出兵拒否にも遭っていた。散兵戦術に長《た》け、近代兵器を使いこなす長州軍に幕府は大敗を喫することになる。

戦争の最中の七月二〇日、将軍家茂《いえもち》が大坂城内で急逝した。もう、誰の目にも後継候補は一橋慶喜しかいなかったが、七月二七日に慶喜は徳川宗家の家督相続を承諾したものの、将軍職は固辞し続けた。八月八日、慶喜は参内して、自らの出陣の勅許を許され、孝明《こうめい》天皇によって戦争の継続が沙汰された。しかし、九州方面での敗報が届くと、八月一三日に慶喜は征長出陣中止の勅命を内々に要請した。孝明天皇は当初難色を示したが一六日に勅許した。慶喜はこれ以降、諸大名を召集し天下公論で国事を決める姿勢に転じた。これら一連の動きも他の章ですでに述べた通りである。

八月一一日、渋沢は従軍を命ぜられ、勘定組頭に御使役《おつかい》を兼任し御用人手附《てつき》を拝命した。この時、渋沢は万が一に備え、手書《しゅしょ》および懐剣を夫人に送って暗に永久の別れを告知した。なお、七、八月頃になると、慶喜が将軍継嗣《けいし》と取りざたされるようになるが、渋沢は成一郎とともに黒川嘉兵衛に代わって用人筆頭になった原市之進に対し、その不可である理由を切論した。具体的には、今の徳川家は死に体であり、慶喜が孤軍奮闘してもどうすることもできず、あるいはかえって滅亡を早めてしまうかも知れない。ここは将軍継嗣を辞退して、慶喜は幼君の補佐役に徹し、引き続き禁裏御守衛総督として尽力するのが得策である。そのため、兵力・財力が必須となるので畿内あたりで五〇万石ないし一〇〇万石の領地加増を計画すべきである、と訴えた。しかし、原から慶喜に直訴《じきそ》することを勧められるも、それが叶わず、渋沢は失望し、不満が鬱積《うっせき》した。

九月七日、慶喜の宗家相続を踏まえて渋沢は幕臣となり、陸軍奉行支配調役に転身した。

しかし、大所帯の幕府機構の中では渋沢の存在など芥子粒《けしつぶ》のようなもので、御目見以下に格下げされ、直接慶喜に意見の具申はできなくなってしまった。その後、書院番士大沢源次郎《おおさわげんじろう》を新選組とともに出動して逮捕し、武勇を称揚されたが、勘定方を外されたため、一一月に致仕《ちし》（引退）を決意した。

一二月五日、とうとう慶喜は将軍に就任したが、幕府・慶喜の最大の庇護者である孝明天皇が天然痘のため二五日で薨去《こうきょ》する不運に見舞われた。慶喜は政局運営を安定させるため、方針転換を図って有力諸侯との連携を模索することになる。

渋沢の渡仏およびヨーロッパでの動向

慶応二年一一月一四日、一五代将軍徳川慶喜は実弟昭武《あきたけ》をパリ万国博覧会使節としてフランスに派遣し、かつ五年間留学させることを決定した。渡仏の目的は江戸幕府を代表してパリ万博に出席し、その後に欧州各国を訪問することによって幕府の存在を国際的にアピールすることにあった。さらに、昭武を将来の指導者とするため、長期留学も計画されていた。二八日、水戸藩家老へ昭武のフランス派遣を申し渡し、かつ御三卿の一つの清水家の相続を沙汰した。

フランスのマルセイユで撮影されたパリ万博使節団の集合写真。中央が昭武。渋沢は後列の左（渋沢史料館蔵）

昭武の随行員は事務全般を司る幕府官僚と身辺警護の水戸藩士となるが、両者の折り合いが悪くなることは自明であり、潤滑油的な存在が必要だった。慶喜は、こうしたことに打って付けであり、しかもこのところ不平不満が多く、政務に精彩がない渋沢を起用することを決めた。一一月二九日、原市之進から慶喜の内命として随行の打診を受けた渋沢は、まさに明日への希望を感じて快諾した。そして、一二月七日に渡仏時に俗事（会計・書記）担当を拝命し、二一日に勘定格に栄転した。この時、渋沢にはまだ男子がなかったため、義弟の渋沢平《へい》九郎《くろう》を養嗣子《ようしし》と決定している。

慶応三年（一八六七）一月一一日、徳川

昭武に従い横浜より乗船してフランスに向け出航し、御勘定格陸軍附調役として随行、約一年半の渡欧中は庶務・経理等を担当することになる。昭武同行者は外国奉行向山一履《むこうやまかずふみ》、傅役《もりやく》山高信離《やまたかのぶあきら》、医師高松凌雲《たかまつりょううん》、田辺太一《たなべたいち》、杉浦譲《すぎうらゆずる》、昭武警護役の水戸藩士七名、伝習生、商人で万博に参加した清水卯三郎《しみずうさぶろう》なども含め総勢三三名であった。上海・香港《ホンコン》・サイゴン・シンガポール・セイロン・スエズ・カイロ・アレクサンドリア・マルセイユ・リヨン等を経て、三月七日にパリに到着した。

これ以降、渋沢は昭武に随行してヨーロッパ各地、スイス、オランダ、ベルギー、イタリア、イギリスを歴訪し、一一月二二日にパリに帰着した。ようやく昭武の各国訪問は終了してこれより専心就学に従事することになったが、渋沢仕事ぶりは公私の寸隙《すんげき》ないほどの忙しさであった。新生活が始まってほどなく、慶応四年（一八六八）一月、幕府瓦解の報が続々ともたらされ、一行は皆愕然《がくぜん》となった。そんな中で、二月一四日に渋沢は外国奉行支配調役を拝命した。

三月二一日、朝廷からの帰国命令が昭武の許に届いたが、渋沢は予め期するところがあり、外国奉行栗本鋤雲《じょうん》と相談して昭武の滞仏留学継続・幕府留学生帰朝を決定し、その資金の調達に尽力したものの、七月に帰国を決め、その準備に取り掛かった。九月に昭武一行はマルセイユを発して帰朝の途に就き、一一月に横浜に到着し、渋沢は一二月に六年ぶりとなる血洗島への帰省を実現した。渋沢の胸中はいかなるものであったろうか。

なお、渋沢が渡欧中、尾高惇忠・渋沢成一郎は徳川氏の無罪を訴え、同志を糾合して彰《しょう》義《ぎ》隊を組織し、上野寛永寺を本拠とした。その後、別に振武《しんぶ》軍を組織して武州飯能《はんのう》に駐屯し、飯能戦争に巻き込まれる。渋沢が養嗣子とした渋沢平九郎も振武軍に加わり、五月二三日に入間《いるま》郡黒山《くろやま》村（現在の埼玉県入間郡越生《おごせ》町黒山）で自刃している。

渋沢の幕府瓦解・慶喜への不満

徳川昭武らが大政奉還の一報を受けたのは、慶応四年一月二日、新春祝辞を交換している最中だった。渋沢は日本に居る時から政変の気配を察知し、その知らせを冷静に受け止めていたが、昭武一行の多くは大政奉遷に半信半疑であった。現地の新聞報道や旧幕府からの御用状により王政復古クーデター、鳥羽伏見《とばふしみ》の戦い、旧幕府軍の敗北、慶喜の大坂城脱出と上野寛永寺での謹慎などの情報が続々と到着したが全貌が分からないため、昭武らは進退を議論するも今後の方針を決定できずにいた。

三月一六日に、昭武宛御用状・慶喜書簡が到着した。大政奉還以降の状況、鳥羽伏見の戦いの顚末《てんまつ》、慶喜の恭順姿勢などがすべて紛れもない事実であることが判明した。慶喜はそれでも昭武に対し、留学継続を命令した。渋沢は慶喜の態度・行動に不満の意を抱き、その思いを昭武の名前で書簡に認《したた》めて慶喜に送付している。「徳川昭武書簡草稿綴（渋沢栄一筆）」によると、王政復古クーデターを批判し、鳥羽伏見の戦いは「至誠の公道」として肯定し、天下が望むものと戦《いくさ》の大義名分を主張した。

しかし、慶喜が戦を始めたにもかかわらず、江戸へ帰った後に恭順を貫くことは、思慮が不徹底であるとして、慶喜の姿勢に不満を吐露した。さらに、「神祖以降三百年之御鴻《ごこう》業《ぎょう》一朝御自棄被為成《なさせられ》、到底彼之黠略《あんりゃく》に御陥り被成《なされ》、終《つい》には御挽回も難被為成《なさせられがたし》」と突き放す。渋沢は、慶喜の態度は徳川三〇〇年の歴史を自ら捨てるものであり、これから挽回は不可能であると切言し、慶喜を強く批判した。農民からスタートした渋沢が、一橋家家臣として武士になり、そして慶喜の将軍就任で幕臣になったが、最後の最後に真の幕臣へ転換したことが理解できよう。

なお、渋沢にとって、幕末の渡欧体験は衝撃的なものであり、明治期以降の活動に与えた影響は甚大なものであった。もしかしたら、渋沢にとって人生最良の日々は、このヨーロッパ渡航時代ではと思うのは筆者だけであろうか。

第八章　松平容保

――京都守護職の苦悩と元治期の政局

まつだいら・かたもり（1836-93）
会津藩9代藩主（会津若松市蔵）

会津藩の悲劇

幕末の悲劇の一つに、会津《あいづ》藩・松平容保《かたもり》が挙げられることが多い。最後の最後まで幕府に忠義を尽くし、挙句の果てには新政府軍と対決して、大敗北を喫し、藩存亡の危機に瀕《ひん》する。まさに、悲劇中の悲劇と言っても過言ではなかろう。

その運命を決定づけた会津藩主の松平容保の京都守護職時代、その中でも長州《ちょうしゅう》藩との関係が抜き差しならなくなった元治期（一八六四〜六五）に焦点をあてる。悲劇の芽がどのように生じたのか、その真実に迫っていこう。

戦国から江戸初期にかけての会津地方

最初に、会津藩の歴史を簡単に振り返っておこう。戦国時代の会津地方は、黒川《くろかわ》（会津若松）を本拠とする芦名《あしな》氏の支配下にあった。その後、伊達政宗《だてまさむね》の領有時代を経て、天正一八年（一五九〇）、豊臣秀吉《とよとみひでよし》の奥州仕置《おうしゅうしおき》によって、蒲生氏郷《がもううじさと》の所領となった（四二万石、のちに九二万石）。氏郷は若松城の築城と城下町および領内交通網の整備などを行い、さらに、上方から商人を呼び寄せるなど、領国経営に功績を残した名君として知られる。

氏郷没後、越後《えちご》から上杉景勝《うえすぎかげかつ》が入封（一二〇万石）したものの、関ヶ原の戦いで西軍に与《くみ》したため、慶長六年（一六〇一）に米沢《よねざわ》三〇万石に減封となった。そこで、宇都宮から蒲生氏が加増（六〇万石）の上で復帰したが、寛永四年（一六二七）に嗣子《しし》がなく断絶、加《か》藤嘉明《とうよしあきら》が伊予松山《いよまつやま》より入封（四〇万石）したのだ。

しかし、これも寛永二〇年（一六四三）のお家騒動（会津騒動）によって、その所領は没収となった。実に、目まぐるしい動きである。同年の内に、今度は高遠《たかとお》および山形藩主を経た二代将軍徳川秀忠《ひでただ》の庶子、保科正之《ほしなまさゆき》が二三万石で入封した。ようやく、この後、会津藩は落ち着くことになる。

保科正之と会津藩

保科正之は会津藩主に就任すると、領内に「地下仕置条々《じげしおきじょうじょう》」を発布し、領内物資の領外流出禁止（留物制《とめもの》）、市場の再興、蠟《ろう》・漆《うるし》の専売、買米制《かいまい》の実施などを次々に実行した。さらに、慶安元年（一六四八）に領内総検地を実施し、承応三年（一六五四）に社倉法《しゃそう》（備荒貯蓄制度）の制定、万治元年（一六五八）に定免制《じょうめん》（過去の収穫量から平均して年貢の税率を決める）の採用などにより、藩体制を揺るぎないものに仕立て上げたのだ。

正之は三代将軍家光《いえみつ》の異母弟として、その大きな信頼の下、幕政に重きをなした。そして、家光没後も叔父として、幼い四代将軍家綱《いえつな》を実直に補佐した。正之の功績もあって、幕府の会津藩への信頼は飛び抜けていた。

その流れから、元禄九年（一六九六）に至り、五代将軍綱吉《つなよし》は会津藩三代藩主の正容《まさかた》に、松平姓と葵紋を与えた。これにより、会津藩は御三家に続く御家門として、揺るぎなき地位を確立した。幕末の容保まで、御家門親藩の中でも越前《えちぜん》松平家に次ぐ家格の大名家として、幕府を支え続けた。

会津藩は、徳川幕府の成立後しばらくして、藩として確立したと言えるが、戦国の遺風をよく伝え、また、藩士の子弟の教育に重点をおいていたことから、質実剛健の藩風であった。その精悍《せいかん》な強さは、同じく戦国の士風を残す薩摩《さつま》藩に匹敵すると言われた。

しかも、幕末までに内高（実際の生産高）は四〇万石まで達しており、奥羽《おうう》の外様諸藩を押さえる重要な位置を占め、大きな軍事力を有した。このような背景から、幕府が会津藩に期待大とするのも、無理からぬところがあったのだ。

松平容保とはどのような人物か

ここで、今回の主人公である松平容保についても触れておこう。天保六年（一八三六）

高須四兄弟。左から定敬、容保、茂栄、慶勝。明治11年9月に銀座の写真館で撮影されたもの（徳川林政史研究所蔵）

一二月二九日に美濃《みの》高須《たかす》藩主松平義建《よしたつ》の六男として生まれ、兄弟に尾張《おわり》藩主（一四代）徳川慶勝《よしかつ》、尾張藩主（一五代）を経て一橋家当主となった茂《もち》栄《はる》、桑名《くわな》藩主松平定敬《さだあき》がいる。容保も含め、高須四兄弟と称される。まさに容保は、幕末史を形作った兄弟の一員であったのだ。

弘化三年（一八四六）、叔父の会津藩主松平容敬《かたたか》の養子となり、嘉永五年（一八五二）に家督を継いだ。安政七年（一八六〇）三月三日、桜田門外の変によって容保とは懇意であった大老井伊直弼《なおすけ》が暗殺されると、幕府の権威は大きく失墜し、京都は天誅《てんちゅう》と称するテロが横行し始めた。制御が効かない、即時攘夷運動の始まりである。

文久二年（一八六二）四月、薩摩藩の島津久光《ひさみつ》の率兵上京を機に、京都が一躍政局の中心となった。京都の治安維持が大きな課題となり、幕府は強力な軍事力を京都に常駐させるため、京都守護職の設置に踏み切った。白羽の矢が立ったのが、会津藩主松平容保である。

なお、当初は島津久光にも京都守護職への就任の打診があった。しかし、生麦《なまむぎ》事件の勃発によって、鹿児島がいつ英国艦隊の来襲に遭ってもおかしくない状況のため、久光は渋々辞退している。久光が就任していれば、その後の歴史は大きく変わったかも知れない。

容保や家老西郷頼母《たのも》などの家臣は、就任を辞退し続けたものの、文久二年閏《うるう》八月一日に京都守護職に就任した。これは政事総裁職の松平春嶽《しゅんがく》が、藩祖保科正之の『会津家訓《かきん》十五箇条』の第一条「会津藩たるは将軍家を守護すべき存在である」を引き合いに出して、説得したことによると伝えられている。容保は最後までこの遺訓を守り、幕府と運命をともにすることになった。これこそが、まさに会津藩の悲劇の始まりである。

のちの話になるが、慶応三年（一八六七）一〇月の大政奉還後も、容保は一五代将軍慶喜《よし》《のぶ》と行動をともにした。そして、江戸で再起を主張したが容《い》れられず、会津で新政府軍と激闘後、降伏して永禁錮に処せられた。明治五年（一八七二）に許されて、日光東照宮《にっこう》司となった。まさに激動の幕末期を駆け抜けた人生であったのだ。

松平容保の京都守護職就任

文久二年（一八六二）閏八月一日、会津藩主松平容保は期せずして京都守護職に就任し、同年一二月二四日に上京した。容保は、京都御守衛総督の一橋慶喜、京都所司代の松平定敬（容保の実弟）とともに、京都の治安維持にあたることになったのだ。いわゆる、一会桑《いちかいそう》勢力である。容保は守護職として、新選組を傘下に置くなどして、その職責を十分に果たした。

そのため、容保は孝明《こうめい》天皇から比類なき信任を得ており、特に容保に依頼する旨の宸翰《しんかん》を直々に下賜されるなど、厚遇が続いたのだ。尊王に篤《あつ》い容保は、身命を賭して孝明天皇のために尽力し続けることになった。一方では、長州藩や尊王志士といった多くの敵も作っていた。

文久三年（一八六三）は、まさに激動の一年となった。中央政局を牛耳っていたのは、即時攘夷派の総本山とも言える長州《ちょうしゅう》藩で、三条実美《さねとみ》や中山忠光《ただみつ》などの過激廷臣とともに破約攘夷を唱えた。一四代将軍徳川家茂《いえもち》は、三代将軍家光《いえみつ》以来となる、約二三〇年振りの将軍上洛を余儀なくされ、しかも、破約攘夷の実行を誓う羽目になったのだ。

それを受け、五月に長州藩は下関《しものせき》で外国船を砲撃する過激な行動に出ており、即時攘夷を現実のものとしていた。その中心にいたのは、久坂玄瑞《げんずい》を筆頭とする松下村塾《しょうかそんじゅく》で学んだ吉田松陰《しょういん》の弟子たちであった。こうした事態にもかかわらず、幕府権威はとうに失墜しており、京都守護職の松平容保であっても、即時攘夷派に対して、容易に手出しができない状況にあったのだ。

会津藩・松平容保と長州藩の激突

長州藩は外国船砲撃を実行したものの、諸藩は傍観を決め込み、長州藩に続く藩は現れなかった。焦りを感じた長州藩は、各藩に攘夷実行を促す使者を派遣し、また、朝廷に働きかけて、攘夷実行を促す監察使の派遣などを行った。

しかし、あまり大きな効果は見られず、長州藩は孝明天皇の大和行幸《やまとぎょうこう》を計画する。これによって、攘夷実行を全国に促すとともに、幕府と対峙《たいじ》することも辞さない覚悟であった。会津藩にとっては、中央政局では由々しき事態が継続していたのだ。

その上、外国船砲撃をめぐる長州藩と小倉《こくら》藩の確執が始まり、小倉藩は容保に長州藩の横暴を訴えて、その調停を依頼したが、容保にはなす術《すべ》がなかった。この問題はその後、江戸幕閣に小倉藩から直訴《じきそ》があり、長州藩を諌《いさ》める糺問《きゅうもん》使である使番《つかいばん》中根一之丞《いちのじょう》の派遣から殺害に至る朝陽《ちょうよう》丸事件に発展した。

このような西国問題も、中央政局においては大きな難問となった。容保は京都守護職として、これら西国問題の対応も委任されており、藁《わら》にも縋《すが》る思いであったことは間違いない。

こうした難題を解決するために、容保は即時攘夷派である長州藩と三条実美ら過激廷臣と、いずれ対決しなければならなかったが、薩摩藩から青天の霹靂《へきれき》とも言えるクーデター決行の相談が舞い込んだ。容保は躊躇《ちゅうちょ》なくその計画を受け入れて、兵力動員の準備を始めたのだ。

会津藩は薩摩藩と協力して、孝明天皇の最側近である中川宮を動かし、八月十八日政変を決行した。長州藩をはじめとする即時攘夷派を、政局から一掃することに成功し、孝明天皇の信任の厚い中川宮を中心とする、未来攘夷派による政権が成立した。三条実美ら即時攘夷派の過激廷臣は、京都を脱出して長州藩に向かうことになった。いわゆる「七卿落ち」である。

会津藩と薩摩藩の対立はどのように始まったのか

文久三年の八月十八日政変によって、都を追われた長州藩は復権のため、何度も嘆願使節を京都に派遣し、また、即時攘夷を唱える諸藩や廷臣に助力を求めた。しかし、朝廷は未来攘夷を唱える反長州藩の勢力が主力であった。しかも、一橋慶喜・島津久光・松平春嶽・伊達宗城《むねなり》・山内容堂《ようどう》による未来攘夷派の諸侯が上京し、文久四年（一八六四、二月二〇日に元治に改元）一月には朝政参与（いわゆる参与会議）を実現しており、長州藩の嘆願を受け入れる雰囲気などなかったのだ。

元治元年七月、幕府（官軍）と勢力挽回を図る長州藩の両軍が御所およびその付近で激突した。禁門の変である。会津藩は長州藩の激しい攻勢にさらされ、苦戦を強《し》いられたが、一橋慶喜の指揮下で小松帯刀《たてわき》が率いる薩摩藩とともに長州藩軍を撃退した。

会津藩は、朝敵となった長州藩を徹底的にこの際叩くべきであるとの立場から、長州征伐を主張した。その目的の完遂のため、容保は一四代将軍家茂自らが出陣することを強く求め続けた。しかし、幕閣の反対もあって、会津藩の執拗《しつよう》な周旋にもかかわらず、その実現は困難を極めた。

結局、家茂の進発は見送られ、前尾張藩主の徳川慶勝（容保の実兄）が総督となり、ようやく一〇月に、第一次長州征伐が始まったのだ。しかし、慶勝は幕府軍の敗北や諸藩の非協力を恐れ、それまで会津藩と協力し、長州藩厳罰を唱えていたはずの薩摩藩・西郷隆《たか》盛《もり》の寛典論《かんてんろん》に従い、干戈《かんか》を交《まじ》えずあっけなく解兵してしまったのだ。容保にとって、あってはならない事態であり、断固として容認できない展開であった。

また、この流れの中で、薩摩藩との連携関係が破綻することは決定的となった。第一次長州征伐後の幕府の矛先《ほこさき》が薩摩藩に向かうことへの警戒心から、薩摩藩・島津久光は藩地に割拠して、貿易の振興や軍事改革・武備充実による富国強兵を目指しており、幕府から距離を置いて将来の戦闘に備えるという「抗幕」志向に転換していた。しかし、会津藩は第一次長州征伐の前から始まっていた、薩摩藩の変心をなかなか察知することはできなかった。

長州藩のみならず、薩摩藩の動向も注視せざるを得ず、まさにここからが、容保および家臣団の苦悩の始まりであったのだ。

帰藩できない松平容保と江戸からの嫌疑

第一次長州征伐後の中央政局において、会津藩をめぐる政情は複雑怪奇な厳しいものであった。具体的に、どのような難題が当時の松平容保を取り巻いていたのだろうか。『幕末会津藩往復文書』から、在京の家老田中土佐《とさ》などが国許《くにもと》へ送った書簡（元治元年一二月一四日）の内容を、確認しよう。

関白二条斉敬《なりゆき》からお呼びがかかり、長々の在京については、おそらく国許での都合もあろうが、孝明天皇は容保を深く信頼している。この時節柄、当面はとても帰国などは叶わないので、そのように心がけるようにとの沙汰があった、と伝える。

今、江戸においては、もっぱら一会桑勢力が申し合わせて朝廷側に与《くみ》したとの評判で、江戸に派遣した使者に老中は会ってくれない。しかも、老中稲葉正邦《いなばまさくに》が尽力してくれた新たな役料も凍結されてしまったと、江戸の幕府本体から嫌疑を受けている苦悩を述べる。

そもそも、長々の在京はひとえに幕府への忠勤であり、十二分の尽力をしているが、その忠勤がかえって仇《あだ》となり、嫌疑をかけられてはたまったものではない。たとえ朝廷の覚えが至極結構であっても、江戸での評価がこんなことであれば、とても京都守護職など続けられないと、率直に不満を吐露する。

しかも、長州征伐は寛大の処置になったと聞き及んでおり、今後どのような事態が起こるか計り知れない。解兵という機会をとらえて、早々に決断して帰藩すべきであると、断固として帰藩決定を求めることが主張されている。

このように、江戸の幕閣からの嫌疑に耐えかね、朝廷からの絶大な信頼にもかかわらず、至急の京都守護職辞職を訴えた。幕府のために尽力しながら、その幕府から嫌疑を受けたのではたまったものではない。しかも、追加役料も見送られてしまい、経済的負担も限界に達していた。家臣団の苦悩は、ますます深まっていたのだ。

孝明天皇（1831-67）

京都家臣団の日増しの苦悩

元治元年一二月二四日の在京家老からの書簡においても、悲痛な叫びが聞こえてくる。

そちらの内容についても、見ていこう。

天狗《てんぐ》党の乱（長州藩とも連携した水戸藩の即時攘夷派が挙兵し、各地で連戦しながら慶喜を頼って京都を目指し進軍、敦賀《つるが》で加賀《かが》藩に投降）の鎮圧においては、会津藩は一橋慶喜の指揮下にあった。今後、朝幕間でその扱いに齟齬《そご》が生じると、その板挟みになることは必定であると、今後の不安を訴える。

また、長州征伐の寛典処分によって、動員された諸藩は無駄骨になったと不平を申し募っており、長州藩は再び勢いを増してどんな謀略をめぐらすかも分からず、今後どのような事変が起こっても不思議ではない。禁門の変での戦勝はたまたまであり、兵法の常として毎回勝利することは叶わず、これらのことを勘案すると、はなはだ不安で長嘆息せざるを得ないと、現状の厳しさを述べる。

しかも、国許においては、父兄が在京ということで、若者の学校出席は極《ごく》わずかで、出てきても呑気《のんき》に火鉢にあたっている有様である。その言い訳は、父兄の身が案じられ、稽古などに身が入らないとのことで、何とも困ったものである。若者ですらこんなことなので、非番の大人もそんなところであると、国許の気の緩みを懸念する。

また、在京勤番が長く続いているため、留守は婦子女ばかりであり、皆が貞節を守っているわけではなく、中には風紀を乱している者もいる。当然子どもの数は激減しており、京都守護職を務めれば務めるほど、国力は疲弊してしまうと深刻に心配し、至急の辞職を懇請すると嘆じているのだ。まさに、京都でも会津でも、踏んだり蹴ったりの実情に対する家臣団の悲痛の叫びである。

松平容保の決断と会津藩の悲劇

しかし、松平容保が難色を示すことは間違いなく、家臣団はなかなか上申することができなかった。意を決した在京の藩重臣たちは、元治二年（一八六五、四月七日に慶応に改元）一月七日、ついに容保への直訴に及んだ。

それに対して容保は、もともと京都を墓場にする覚悟であり、家臣にも布告してきた。にもかかわらず、この申し出は心得違いも甚だしいと激怒した。そして、容保は「何《いず》れニも静謐《せいひつ》ニ不相成《あいならず》内ハ引上之義難相成《あいなりがたく》、自分爰《ここ》元ニ罷有《まかりあり》候へハこそ、薩長抔《など》事も不得為《なしえざる》義ニ有之《これあり》、引上候ハ、如何《いか》様之事変生間敷《しょうじまじき》義ニ無之《これなし》」と、つまり、自分が在京しているからこそ、薩長両藩などが好き勝手にできないでいる。もしも、会津藩が引き上げた場合、どのような事変が生じるか分からないと家臣たちに諭しているのだ。この発言は、極めて重いものと理解すべきであろう。当時の一般的な認識としては、薩摩藩と長州藩は犬猿の仲であり、反目することはあっても、融和することなどあり得ない。

しかし、既にこの段階で、容保は薩摩藩と長州藩が融和し始めていることを敏感に察知していた。そして、自分が在京しなくなった場合、薩長融和はあっという間に進展して、幕府にとって抜き差しならない事態になることを憂いていた。実際、第一次長州征伐の直前から薩摩藩・島津久光の方針は長州藩に対する厳罰論から寛典論に変化しており、薩摩藩の方から薩長融和を持ちかけている事実があった。そして一年後には、「小松・木戸覚書」（いわゆる薩長同盟）が結ばれる。容保の目は、確かなものであったのだ。

その剣幕にどうする術もなく、残念の極みと今回はあきらめたものの、その後も家臣団は帰藩を目指すことになる。しかし、その尽力はことごとく水泡に帰したことは、その後の歴史が語っているところである。容保の律儀すぎる忠誠心が頑《かたく》なさにつながり、まさに会津藩の運命を暗転させてしまったのだ。会津藩の悲劇は、もう目前に迫っていた。

第九章　佐久間象山

——暗殺の真相と元治元年夏の流言

さくま・しょうざん(1811-64)
兵学者。思想家。信濃松代藩士
(国立国会図書館蔵)

流言の飛び交う京都

古今東西、政情が不安定になったり震災が起こったりすると、必ずどこからか不思議と湧き上がってくるのが流言《りゅうげん》、風説、デマの類《たぐい》であり、今で言うフェイクニュースである。

幕末においても、それは同様で、時によって、まことしやかに喧伝《けんでん》された流言によって、暗殺の対象とされてしまい、命を落とす人物も少なからずいた。

元治元年（一八六四）の夏、具体的には四月から七月にかけて、前年の八月十八日政変によって京都から追放された長州《ちょうしゅう》藩は、勢力の挽回を図って率兵上京を計画し実行に移した。そのため、幕府・会津《あいづ》藩・薩摩《さつま》藩と長州藩の間では、軍事的衝突が回避できない情勢となっていた。こうした不安定極まりない中央政局において、いつも以上に真偽不明の流言が飛び交っていた。

その流言によって、はからずも暗殺された人物こそ、佐久間象山《しょうざん》であった。象山はどのような流言の犠牲となって暗殺されてしまったのか、その真相に迫ってみたい。

佐久間象山とは何者か

象山は、幕末の先覚者と自他ともに認める人物であった。信州《しんしゅう》の松代《まつしろ》藩士で、文化八年

（一八一一）二月二八日生まれ、名は啓《ひらき》、字《あざな》は子明《しめい》、通称は修理《しゅり》、号を象山という。一般には「しょうざん」というが、地元の長野では「ぞうざん」と呼称されることもある。筆者は長野県出身であるが、小学校時代に繰り返し斉唱した長野県歌『信濃《しなの》の国』（明治三三年、一九〇〇）では、確かに「ぞうざん」であった。

天保四年（一八三三）、象山は江戸に遊学し、林家《りんけ》塾の塾頭（のちに昌平坂《しょうへいざか》学問所教官）の佐藤一斎《さとういっさい》の門人となった。しかし、既にこの段階で一廉《ひとかど》の朱子学者であった象山は、実際には、朱子学よりも陽明学を信奉していた一斎に不信感があった。象山は一斎から経書講義を受けることを拒み、主として中国の韻文を学んだらしい。

天保一三年（一八四二）、松代藩主の真田幸貫《さなだゆきつら》が老中・海防掛に就任すると、象山は顧問に抜擢された。当時はアヘン戦争（一八四〇〜四二）が大きなインパクトを日本に与えており、命を受けた象山は海外事情を研究し、軍艦や砲台の製造や士官養成の必要性などを盛り込んだ建白書「海防八策」を主君幸貫に提出したのだ。

これを契機に、象山は蘭学の必要性を痛感したため、弘化元年（一八四四）にオランダ語を学び始めた。この時、すでに象山は三四歳であった。

象山はわずか二年ほどでオランダ語を修得し、ヨーロッパの自然科学書、医書、兵書などを読み漁《あさ》り、蘭学の知識を猛烈に吸収するのみならず、それをいかに応用するかにも心を砕いたのだ。

幕末の俊英を育てた象山

嘉永四年（一八五一）、象山は江戸で開塾して、砲術・兵学を教え始めた。象山の西洋砲術家としての名声は、またたくまに天下に知れわたり、多くの門人が参集してきた。例えば勝海舟《かいしゅう》、吉田松陰《しょういん》、坂本龍馬《りょうま》、河井継之助《つぎのすけ》、山本覚馬《かくま》らの俊才が次から次へと入門したのだ。

嘉永六年（一八五三）六月、ペリー来航によって象山は松代藩の軍議役に任ぜられた。また、老中阿部正弘《まさひろ》に陸軍の砲兵隊の充実と人材の登用や諸藩の動員を説いた「急務十条」を提出した。一方では、反幕府的で危険な行為であるにもかかわらず、松陰に国禁を破ってアメリカに行くことを勧めていた。

嘉永七年（一八五四）三月、象山に背中を押された松陰は、満を持して海外密航を決行したものの、その計画はペリーの拒絶にあって失敗に帰した。象山も連座して故郷の松代に蟄居《ちっきょ》となり、それ以降の九年間は政治活動を制限されたのだ。

この間、象山は軍事技術を中心とした西洋研究に没頭していた。しかし、それだけではなく、洋学と儒学を合わせて学ぶことも声高に主張した。象山は、単純な攘夷思想から脱却して積極的開国論に転じ、内憂外患を克服するための方策として、公武合体を強く訴えた。

元治元年春の中央政局

文久四年（一八六四、二月二〇日に元治に改元）一月に誕生した朝政参与体制（いわゆる参与会議）は、一橋慶喜《よしのぶ》と島津久光《ひさみつ》の対立が主因となってあっけなく瓦解し、四月になると朝政参与諸侯をはじめとする在京藩主は、ほぼ国許《くにもと》に戻ってしまった。主役の一人であった久光も、四月一八日に退京して鹿児島に帰っていった。

そのわずか二日後の四月二〇日、これを契機に朝廷・孝明《こうめい》天皇は将軍徳川家茂《いえもち》に対して、大政委任を沙汰した。あわせて、横浜鎖港・長州藩処分・海防厳修・物価低落・人心安定に関し、時機に応じた適切な措置を求めたのだ。二九日、家茂は参内して職掌に勉励することを奉答し、あわせて皇室崇尊十八カ条を奏聞して、孝明天皇からその裁可を得た。

ここに、幕府が念願してきた完全な大政委任を国是とすることが叶った。そして、孝明天皇・中川宮・二条斉敬《なりゆき》の信任を得ていた一橋慶喜、京都守護職の松平容保《かたもり》（会津藩主）に、京都所司代の松平定敬《さだあき》（桑名《くわな》藩主）を加えた、一会桑《いちかいそう》勢力と呼ばれた政治権力の基礎ができあがった。

この状況に危機感を覚えたのが有栖川宮熾仁《たかひと》・熾仁《たるひと》親王父子を中心とする、鷹司輔熙《すけひろ》・大炊御門家信《おおいのみかどいえこと》・中山忠能《ただやす》・橋本実麗《はしもとさねあきら》といった反体制派の廷臣であり、幕府への大政委任を否定し、通商条約の完全破棄を求めた。そこに長州藩が付け入り、これら廷臣をそそのかした。さらに、彼らは長州藩に近い鳥取・岡山・加賀《かが》といった諸藩士とも連携して、藩主毛利慶親《よしちか》・定広《さだひろ》父子の寛典《かんてん》を強く求め続け、禁門の変に至る。その過程で、様々な流言が飛び交った。前置きが長くなったが、以下順にそうした流言のいくつかを見ていこう。

流言に含まれた要人死亡のフェイク

まずは「島津久光が帰藩途中の大坂で客死《かくし》した」という流言である。これはほどなく、事実でないことが判明しているが、久光の存在の大きさを印象付けるような話である。薩摩藩は、久光の帰藩前後からその帰趨《きすう》を明確にせず、幕府に対してつれない態度をとるようになる。また、一方で、長州藩勢力からは常に危険視され、忌避される対象であった。

次の流言は、こともあろうに「将軍家茂が逝去した」というものである。当時、天狗党《てんぐ》が挙兵し、東国の不穏な情勢が伝えられ、また幕閣の政争による目まぐるしい人事が行われていたことも一因であろう。しかし、大政委任がなされたにもかかわらず、攘夷は横浜鎖港という中途半端な方策が認められたことに対する「家茂憎し」の感情が作用し、かつ反長州藩を打ち出す中央政権を揺さぶるためであったとも考えられよう。

なお、「長州藩の嘆願書を取り次いだ老中稲葉正邦《まさくに》が、その責任を取って居所の淀《よど》城で切腹した」「松平容保《かたもり》が御所内で病死した」との流言もまことしやかに流布《るふ》している。この当時、流言とは言え、簡単に要人が殺される有様であったのだ。

天皇動座の流言と象山の上京

流言の中でも最も政治情勢に影響を与えたのが、「孝明天皇の遷幸《せんこう》（御所から他所に移動される）」であった。京都周辺に駐屯した長州藩軍の撤兵が進まないため、「会津藩による比叡《ひえい》山への遷幸計画が進行中である」との流言が現れたのだ。

元治元年七月七日、明治天皇の祖父にあたる中山忠能は、「比叡山と唱えながら、内実は彦根《ひこね》藩への遷幸の噂があるが、内々に決定したことなのか」と、個人的に親しい議奏の正親町三条実愛《おおぎまちさんじょうさねなる》に尋ねている。実愛は「承知せず」と回答しているが、廷臣間で話題になっていたのは明らかである。

七月九日には、高辻《たかつじ》・大炊御門などの廷臣宅に「容保が遷幸を企てており、佐久間象山がその計画を担っている」という投書があった。象山が唐突に登場してきているが、この間の経緯について若干触れておこう。

元治元年三月七日、松代藩は幕府の命に従い、象山の逼塞《ひっそく》を免じて上京を命じた（二九日に入京）。四月三日、幕府は象山に海陸備向《そなえむき》手《て》付雇《つけやとい》を命じ、扶持方二〇人手当金として一五両を給付した。つまり、幕府の臨時雇いとして、象山は京都で活躍することになったのだ。一方、象山は洋装で西洋馬具を用いており、その出で立ちで市中を平気で往来していたため、「西洋かぶれ」と陰口をたたかれた。

フェイクニュースの犠牲になった巨星・象山

元治元年四月一〇日、象山は山階宮晃《あきら》親王に謁見して天文・地理・兵法を講じ、その後も繰り返し時事に関する意見を言上したり、世界地図を供したりした。一二日、慶喜に謁見して諮問《しもん》に対する策を言上した。五月一日、象山は二条城で将軍家茂にも謁見する栄誉を得て、さらに三日には中川宮に拝謁して時事を講じ、これ以降、宮から何度も召された。

さらに七月一日、関白二条斉敬に謁見し国事を論じたが、やはり関白からも度々《たびたび》召命を受けた。このように、象山は中川宮・慶喜をはじめとする朝幕の重要人物の間を縦横に渡り歩き、また幕臣や藩士とも面談を繰り返した。そして、象山は当面の通商条約を容認し、武備充実による富国強兵を主張したのだ。象山の絶頂期であるが、それは長くは続かなかった。

七月一一日、象山は山階宮晃親王を訪ねた帰路、三条木屋町《きやまち》において前田伊右衛門《まえだいえもん》、河上彦斎《げんさい》らに暗殺された。享年五四の若さである。同夜、祇園社《ぎおんしゃ》（八坂神社）西門および三条通に斬奸状《ざんかんじょう》が掲示された。その内容は、以下の通りである。

象山が西洋学を唱えて交易・開港を主張し、枢機《すうき》の方々に出入りして国是を誤った方向に導く大罪は捨て置き難い。それのみならず、奸賊《かんぞく》である会津・彦根両藩と結んで中川宮をだまし、畏《おそ》れ多くも孝明天皇の彦根城への還幸を企て、しきりにその機会をうかがっていた大逆は、許し難い国賊であると、暗殺の事由を述べている。

確かに、象山は六月二七日、上京の途中にあった松代藩主真田幸教《ゆきのり》を大津《おおつ》まで出迎え、今後の国策の在り方を建言しているが、その際に彦根藩士とも面談をしている。しかし、

幕末期の事件記録集「人のうわさ」には象山暗殺の様子がリアルに描かれている。(京都府立京都学・歴彩館蔵/寄託)

その際に遷幸を企てた証拠もなく、またその事実もなかったであろう。象山は、流言によって殺されたといってよい。

当時、象山は超一級の学者であり、その卓越した政策論は傾聴すべきであったが、その性格や出で立ちが災いしたことは、筆者も象山と同郷だけに、惜しくてならない。象山が存命であれば、明治新政府に出仕したことは間違いなく、殖産興業や富国強兵に多大な貢献をしたことは容易に想像できる。今も昔も、何が正しい情報であるのか、その精査の必要性を強く意識することが重要であるが、そうしたことは考慮されず、流言に惑わされた痛恨の事件であったと言えよう。

第一〇章　坂本龍馬

――活躍の裏には〝薩摩藩士〟としての身分があった!?

さかもと・りょうま(1836-67)
土佐藩郷士。薩長連合を策し、大政奉還に尽力
(国立国会図書館蔵)

通説の浪人・坂本龍馬

一般的に、坂本龍馬《りょうま》は土佐《とさ》藩を脱藩した浪士として扱われる。龍馬は藩という、本来あるべきはずの絶対的な後ろ盾を持たなかった。にもかかわらず、龍馬は自分一個の才覚によって、藩と藩の間を縦横無尽に飛び回り、明治維新を成し遂げたスーパーヒーローとして、広く知られている。例えば、薩長同盟や大政奉還を龍馬の功績とする場合が多い。しかし、今でこそ誰でも知っている龍馬であるが、同時代の人たちにとっては、龍馬もただの一人の若者に過ぎなかったことを、私たちは見落としていないだろうか。

そもそも、なぜ龍馬は脱藩したにもかかわらず、ここまでの活躍をすることができたのだろうか。現代であれば、脱藩は国籍が不明になることであり、普通は信用もなく活動もままならないはずである。龍馬にとって、脱藩とはどのような意義があり、また、周囲はどのようにとらえていたのだろうか。

通説では、龍馬は脱藩後、浪人として薩摩《さつま》藩と行動をともにし、その後、土佐藩に復帰して海援《かいえん》隊を組織し、隊長となったとする。しかし、筆者は、龍馬は薩摩藩士となって活動したと考えている。それは、どのようなことから導き出したのか、詳しく述べていこう。

薩摩藩はなぜ土佐脱藩浪士をスカウトしたのか

慶応元年（一八六五）四月二二日、薩摩藩の小松帯刀《たてわき》（筆頭家老、島津久光《ひさみつ》の名代的存在）と西郷隆盛《たかもり》は京都から帰国の途に就き、五月一日に鹿児島に帰藩した。その際に、龍馬らを同行しているが、その一足先に近藤長次郎《こんどうちょうじろう》をはじめとするその他の土佐脱藩浪士は出発していた。小松らは、なぜ土佐脱藩浪士を伴って帰藩したのであろうか。

当時、軍艦奉行であった勝海舟《かいしゅう》は、海軍創設のために神戸に私塾と海軍操練所を主宰していた。龍馬らも主として私塾生として、士官教育を受けていた。しかし、門下生の中に池田屋事件などに関わるなど、反幕府的な人物が何人か居たため、勝は失脚して江戸に送還されることになった。龍馬らは、居場所を失い窮地に陥ったため、薩摩藩を頼ることにしたのだ。

薩摩藩にとって、喫緊《きっきん》の課題は海軍の再建であった。文久三年（一八六三）七月の薩英戦争によって、天佑《てんゆう》丸・白鳳《はくほう》丸・青鷹《せいよう》丸を失い、海軍は大きなダメージを受けた。また、一二月二四日、薩摩藩の幕府からの借用船が兵庫から長崎に向かう途中、豊前田ノ浦《ぶぜんたのうら》から長州《ちょうしゅう》藩によって砲撃され、大きな犠牲が生じた。砲弾自体は命中しなかったものの、逃走時に火災を起こし、多数の乗組員が溺死した。この中には、有能な士官・機関員・ボイラー員が多数含まれており、薩摩藩の海軍力は壊滅的な状態だった。

その後、文久四年（一八六四、二月二〇日に元治に改元）一月から安行丸《あんこう》（前年九月に購入）の運航を開始し、同年中に平運丸《へいうん》・胡蝶丸《こちょう》・翔鳳丸《しょうほう》・乾行丸《けんこう》・豊瑞丸《ほうずい》を長崎で購入した。軍艦は手に入れることが叶ったものの、乗組員の不足が続いており、そこで白羽の矢が立ったのが勝の門下生である土佐藩脱藩浪士グループだったのだ。

こうして、薩摩藩の大坂屋敷に潜伏したメンバーは、勝塾・神戸海軍操練所で龍馬らを指導する立場であった佐藤政養《さとうまさやす》によると、近藤長次郎・高松太郎《たかまつたろう》・菅野覚兵衛《すがのかくべえ》・新宮馬之助《しんぐううまのすけ》・鵜殿豊之助《うどのとよのすけ》（白峰駿馬《しらみねしゅんめ》）・黒木小太郎《くろきこたろう》・陸奥宗光《むつむねみつ》、幕府士官と争って出奔した幕船翔鶴《しょうかく》丸の船舶器械取扱者・火炊水夫《かしきかこ》（機関員・ボイラー員等）らと推測される。なお、この時、龍馬は外国船借用のため、江戸にいたため合流が遅れることになった。

龍馬に期待された使命

坂本龍馬による外国船借用が不首尾となったため、土佐脱藩浪士グループらは自力での活動を完全にあきらめ、薩摩藩に帰属する道を選択した。元治二年（一八六五、四月七日に慶応に改元）二月以降、彼らは相次いで薩摩藩に向かったが、龍馬を含め、薩摩藩の海軍再建に向けた、具体的には士官・船員として期待されての鹿児島行きであったのだ。

しかし、このメンバーの中で、龍馬のみ別行動をとることになる。島津久光の章で述べた通り（138ページ参照）、薩摩藩・久光は禁門の変後に抗幕的な政治姿勢に転換した。その方針から、長州藩を有力なパートナーと位置づける西国諸藩連携への明確な意識が既にこの段階で生成されていたのだ。

とは言え、八月十八日政変や禁門の変などから、薩長両藩は不倶戴天《ふぐたいてん》の敵であり、そう簡単に関係を修復できるものではなかった。第一次長州征伐では、薩摩藩は長州藩の支藩である岩国《いわくに》藩を通じてアプローチしたものの、高杉晋作《しんさく》による功山寺《こうざんじ》挙兵以後の内紛による藩内の混乱もあいまって、宗藩である長州藩本体との接点を容易に見出すことは叶わなかった。

その点、龍馬は長州藩士とも交流があり、しかも、帰藩の際に行動をともにしたことから、小松・西郷は政治的周旋を龍馬に任せることが可能であると判断したものであろう。よって、小松らは龍馬に対し、薩摩藩が抗幕体制を採るにあたって、長州藩をパートナーにする意思があることを申し含めた上で、長州藩への情勢探索に派遣した。

その際には、当然ながら島津久光の了解があったことは言うまでもなく、久光に対する報告が求められた。薩摩藩に仲間とともに庇護《ひご》されている龍馬が、了解することは至極当然であろう。龍馬が薩長融和に尽力するのは、本人の意思の有無にかかわらず、薩摩藩の意向に沿った周旋活動に他ならない。

ここに、薩摩藩士・坂本龍馬としての履歴がスタートする。

藩士の定義とは

慶応元年(一八六五)五月、薩摩藩士坂本龍馬としての履歴がスタートしたと筆者は考えるが、果たして龍馬は本当に薩摩藩士だったのであろうか。そもそも、藩士とは一体何か、まずはその定義づけを行おう。

一般論として、大名の家臣は必ず分限帳(家臣団名簿。主君は主従関係を持った相手は誰かを判別するツール)に記載されることになる。龍馬は土佐藩において、郷士身分を獲得した事実は存在せず、あくまでも郷士の次男または弟に過ぎない。厳密に言えば、山内家の家臣ではないため、山内家の分限帳には未記載となっている。

一方で、江戸留守居から幕府に対し、龍馬脱藩の届けを出していることから、藩士に準じ、対外的には藩士扱いとなっている。島津家の場合、やや特殊で分限帳が通時的には残存しておらず、しかも藩政文書は西南戦争で灰燼《かいじん》に帰してしまった。つまり、分限帳が存在していないため、龍馬が一〇〇パーセント、本当に薩摩藩士であるかを証明することは、現時点では不可能と言ってよい。

ここでは、龍馬（および薩摩藩士）の帰属意識および長州藩をはじめとする他藩士の認識をもって、「薩摩藩士・坂本龍馬」と呼称し、その可能性を深掘りしてみたい。

長州藩は龍馬を薩摩藩士と見ていたのか

坂本龍馬の最大の功績は、なんと言っても薩長融和に尽力し、「小松・木戸覚書」（いわゆる薩長同盟）に結びつけたことであろう。さて、長州藩側は龍馬を薩摩藩士として見ていたのだろうか。

木戸孝允《たかよし》と並ぶ長州藩の中心人物である広沢真臣《ひろさわさねおみ》は、その書簡（山田右門御用状、慶応元年一〇月六日、『吉川経幹周旋記《きっかわつねまさ》』四）の中で、「此度薩州坂本良馬、西郷吉之助《きちのすけ》同道上関《かみのせき》迄罷《まかり》下り、直様三田尻江罷越候《すぐさまみたじりえまかりこし》」と記述する。二日後には、広沢は岩国の山田右門を政事堂に招き、薩摩藩の動静を述べた際、「上国ニ而周旋ハ大久保正市（利通）致《いたし》候段、薩人（龍馬）中分も有之候」と開陳している。いずれも、龍馬を薩摩藩士としている。

長州藩の支藩である長府藩士《ちょうふ》であり、慶応二年（一八六六）一月に龍馬とともに上京し、伏見《ふしみ》奉行所の捕り方に襲撃された寺田屋事件に遭遇した三吉慎蔵《みよししんぞう》は、『三吉慎蔵日記』（一月一九日条）に「薩州藩士坂本良馬上下四人」と記載した。なお、「坂本氏を始め薩藩と唱へ（略）入京の用意を為す」（一八日条）を、龍馬を含む三吉ら一団が薩摩藩士と偽って、入京の準備をしたとの解釈から、一九日条も仮称とする説がある。しかし、筆者は「薩摩藩士の龍馬を始め、薩摩藩士と仮称した三吉らが」と、つまり龍馬と三吉らは別との解釈であり、この時期の三吉には龍馬が薩摩藩士であるとの認識があったと判断したい。

また、毛利敬親《たかちか》趣意書三吉慎蔵宛（『馬廻三吉家文書』、下関市立歴史博物館寄託）には、次のような記載が見られる。

新身刀一振　　長府　　三吉慎蔵

右先達《せんだって》而事情探索トシテ、薩藩坂本龍馬同道京摂間罷登種々令苦辛候、折柄於に伏見不慮之義致出来其砌《そのみぎり》別而艱難を経、龍馬をも相扶《たす》ケ無恙《つつがなく》罷帰上国之模様委細及に報知、不容易遂苦労神妙之事ニ候、依之《これにより》右之通拝領被仰付《おおせつけられ》候事

［後書］慶応二丙寅三月十三日、宗家山口御館ニ於テ、敬親《たかちか》公御意書拝謁之上頂戴ス、

宗家奥番頭小田村文助御取次ニテ渡サル

（下関市立歴史博物館『龍馬がみた下関』）

これによると、支藩士に過ぎない三吉に対し、宗藩主敬親は薩摩藩士坂本龍馬と上方探索を行い、しかも、龍馬の窮地を救ったことを褒賞している事実は軽視できない。以上から、長州藩は龍馬を薩摩藩士と見ていたとしても不思議ではないのだ。

薩摩藩士・龍馬の痕跡

さらに、事例を紹介しておこう。近藤長次郎（上杉宗次郎）は井上馨《かおる》とともに、薩摩藩名義で長州藩が購入した軍艦ユニオン号をめぐる「桜島条約」（慶応元年一二月）を起草した。近藤は、長州藩海軍局幹部の中島四郎《なかじましろう》と龍馬に対し、この条約を示した際には宛先を連名にしていた。

歴史家の松浦玲《れい》氏は、「社中を代表して上杉宗次郎が中島四郎に宛てたものだが、中島の横に坂本龍馬が並ぶのが異様である。上杉が長州人に宛てた文面（「御国」は長州）だから、これでは龍馬も長州人になってしまう」（『坂本龍馬』）と述べ、桜島条約の異様さを説明している。しかし、龍馬は社中の一員ではなく、薩摩藩士と認識されているため、長州藩士の中島と薩摩藩士の龍馬に宛てられたものであり、そう考えると違和感はまったくない。

また、国学者の西川吉介《にしかわよしすけ》風説留「丙寅《へいいん》二月新聞」（宮地正人《みやちまさと》『歴史のなかの『夜明け前』平田国学の幕末維新』）によると、「去月（慶応二年一月）廿三日、寺田屋一件の薩士（龍馬）は元来他藩脱走の人、従来薩へ入込み来りしか、近頃は藩士となる。元来屢《しばしば》長へ応接して終《つい》に薩長合体の基本を開く人なり」とある。様々な情報を同時期にかなり正確に摑んでいた中津川《なかつがわ》国学者ネットワークにおいても、最近になって薩摩藩士となったと言明している。

こうした事実も、薩摩藩士坂本龍馬の根拠の一つともなろう。

大石団蔵（高見弥一）の事例

坂本龍馬を薩摩藩士と考えるにあたり、同じような事例が龍馬前後に生じていたのか、その実例を示そう。まずは、大石団蔵《おおいしだんぞう》である。

大石は文久二年（一八六二）四月八日、那須信吾《なすしんご》・安岡嘉助《やすおかかすけ》とともに高知城下で土佐藩参政吉田東洋《よしだとうよう》を暗殺し、そのまま脱藩して下関《しものせき》経由で京都の長州藩邸に久坂玄瑞《げんずい》を頼り、保護された。しかし、土佐藩吏に追われたため、長州藩からの依頼を受けた薩摩藩の吉井《よしい》友実《ともざね》・海江田信義《のぶよし》の庇護下に入り、薩摩藩邸に移動した。のちに、やはり薩摩藩士の奈良原繁《しげる》を頼り、島津家に帰属することになったのだ。

大石は、変名である高見弥一《たかみやいち》をそのまま名乗り、御小姓与《おこしょうぐみ》として正式に薩摩藩士として仕官を許された。奇跡的に、ご子孫にその辞令が伝わっており、それによると「高見弥一右此節被召抱御小姓与江被入置候、右御格之通可申渡候　文久三亥十二月　摂津」（山田尚二「薩藩海外留学生高見弥市について」）とある。龍馬と同じ土佐藩脱藩浪士である大石は、紛れもなく薩摩藩士になっており、龍馬がそうであってもおかしくない。

その後、大石は慶応元年（一八六五）に薩摩スチューデントとして、五代友厚《ともあつ》・寺島宗則《むねのり》らとともにロンドンに渡航した。薩摩藩士の中でも、大いに嘱望された人材として認められていた。堀孝之《たかゆき》（長崎出身。オランダ通詞堀家の出身）も通訳として薩摩スチューデントの一員となっているが、御小姓与で召し抱えられており、御船奉行見習通弁として渡欧している。

大石も堀も正式な藩士として、薩摩スチューデントのメンバーとなっていることは、極めて重い事実である。なお、近藤長次郎も薩摩藩の第二次留学生候補となっているが、彼らとの関連でも注目に値する。

近藤長次郎の事例

もう一つの事例として、近藤長次郎を取り上げたい。近藤は、薩摩藩の長州藩への名義貸しを受け、武器類の調達に成功したが、その間、ほぼ一人で長州藩に便宜供与し、薩長融和に尽力した。慶応元年（一八六五）九月七日、近藤はその功績から長州藩主の毛利敬親に謁見する破格の栄誉に浴し、直々にユニオン号購入への尽力を要請された。

しかも、この間の武器購入・運搬への尽力に謝意を示されて三所物（小柄《こづか》・笄《こうがい》・目貫《めぬき》）を下賜される栄誉を得た。まさに、薩摩藩士・近藤長次郎の面目躍如たる瞬間であったことは想像に難くない。

さらに、長州藩主父子から島津久光・茂久《もちひさ》父子に対する礼状（九月八日）を託された。そこには、井上馨から薩摩藩が勤王にことさら邁進《まいしん》する様子をうかがい、この間のわだかまりはすべて氷解し、欽慕《きんぼ》していると述べられており、ますますの両藩の厚誼《こうぎ》を依頼している。そして、詳細は近藤より聞き取って欲しいと追記されており、いかに長州藩の薩摩藩士近藤に対する信頼感が、際だって醸成されているのかがうかがえよう。

そもそも、藩主敬親が一介の浪人に過ぎないと考えられてきた近藤を、なぜ引見したのだろうか。実は、その場にも立ち会った直目付柏村数馬《かしわむらかずま》は、「薩藩上杉宗次郎（近藤長次郎）被召出《めしだされ》、御両殿様拝謁被仰付《おおせつけられ》、薩国論被聞召《きこしめされ》、御伝言之旨被仰含御自翰《かん》御託し被遊《あそばされ》候、宗次郎へ三所物被下《みところものくだされ》候事」（「柏村日記一五」九月七日条）と日記に記載している。これは、近藤は土佐藩浪士ではなく、「薩摩藩士」と認識されていたことが前提となっている。

さらに、伊藤博文《ひろぶみ》も木戸孝允宛書簡（一〇月二六日、『木戸孝允関係文書』二）の中で、「薩上杉より之書簡」と記しており、長州藩内では近藤を広く薩摩藩士と認識していた。前述の事例と合わせ、重要な事実である。ちなみに、近藤が葬られた晧台《こうたい》寺（長崎）の過去帳には、「薩州上杉宗治」と記載されている。

近藤長次郎（1838-66）
（高知市立市民図書館蔵）

なお、近藤とともに薩摩藩に囲い込まれた白峰駿馬・陸奥宗光は、慶応元年に長崎で何《が》礼之《のりゆき》の英語塾に薩摩藩士として藩費で入塾している。また、白峰の墓石には、「寄身小松帯刀」とあり、小松の従者（陪臣）であった事実が確認できる。このタイミングで薩摩藩に身を寄せたメンバーは、それ以降は薩摩藩士ないし小松陪臣として活躍したのだ。

龍馬は藩主毛利敬親に会っている！

慶応二年（一八六六）六月二五日頃、ユニオン号を長州藩に引き渡し、幕長戦争にも高杉晋作の要請を受けて参戦した龍馬は、山口まで赴《おもむ》いて三輪惣右衛門（醬油醸造、質商）宅に滞在した。龍馬は山口で大いに歓待され、七月三日に下関に向けて出発するまで、六月二七日、七月一日の二回にわたって接待の宴席が設けられ、二日には送別会も開かれた。特に、一日は盛大であり、木戸孝允、井上馨らも参加して龍馬の労をねぎらった。

特筆すべきは、龍馬は姉の乙女《おとめ》宛書簡（慶応二年一二月四日）の中で、七月一日に「其時ハ長州侯ニもお目ニかゝり色々御咄《おはなし》しあり、らしやの西洋衣の地など送られ」と記載していることである。この間の薩長融和、ユニオン号運搬や幕長戦争での功績から、龍馬は藩主毛利敬親に謁見を許され、羅紗《らしゃ》の西洋服の生地まで下賜される栄誉を得ている。それを踏まえ、龍馬はその夜の宴席で、謁見に尽力した木戸らに謝辞を述べている。

確かに、木戸らの尽力がなければ、藩主への謁見はあり得なかったかもしれないが、龍馬が薩摩藩士の肩書を持っていたからこそ、可能となったことは明白である。それにしても、近藤長次郎に匹敵する厚遇である。なお、このエピソードは重要なはずだが、意外にもこれまでの龍馬関連の書籍ではほとんど取り上げられていない。

以上見てきた通り、そのものズバリを言い当てる一次史料は、残念ながら残存していないものの、〝坂本龍馬＝薩摩藩士〟とすることに異論はなかろう。龍馬は薩摩藩のバックがあって初めて、歴史に名を刻めたのだ。

毛利敬親と世子の広封（京都大学附属図書館蔵）

第一一章　五代友厚

——幕府を出し抜いたパリ万博への権謀術数

ごだい・ともあつ（1836-85）
実業家。薩摩藩士
（国立国会図書館蔵）

五代友厚という人物

五代友厚《ともあつ》は幕末維新史におけるキーマンの一人であるが、あまり取り上げられることが多くなかった人物であった。しかし、連続テレビ小説『あさが来た』の中で、ディーン・フジオカが五代を演じたことで、一躍脚光を浴びる存在となった。また二〇二一年の大河ドラマ『青天を衝《つ》け』で、ディーン・フジオカが再び五代を演じて、話題になった。

一方で、五代その人自身についてはどれくらい知られているだろうか。その生涯を概観すると、天保六年（一八三五）一二月二六日、薩摩《さつま》藩士で儒者兼町奉行の五代直左衛門秀堯《なおざえもんひでたか》の次男として生まれ、幼名は徳助、才助《さいすけ》、また松蔭と号した。長崎で航海、砲術、測量などの技術を習得して、文久三年（一八六三）七月に勃発した薩英戦争に参加し、捕虜となったがすぐに解放されている。慶応元年（一八六五）、藩命により留学生（薩摩スチューデント）を引率し、ヨーロッパ各地を視察しながら、武器、船舶、紡績機械などの輸入を行い、薩摩藩の産業振興に大きく寄与した。

維新後、新政府に外務・財務官僚として仕えたが、明治二年（一八六九）に会計官権判事《ごん》を最後に退官した。その後、実業界に転じ、大阪を本拠として活躍を始める。金銀分析所、弘成館《こうせい》（買収鉱山の統括機関）、朝陽館《ちょうよう》（製藍工場）を設立するなど、実業家・政商として成功をおさめると同時に、大阪の産業の近代化に貢献した。さらに、大阪商法会議所、大阪株式取引所、大阪堂島《どうじま》米商会所、商業講習所（大阪市立大学の前身）の設立および指導に尽力し、大阪経済界の重鎮として、商工業の組織化、信用秩序の再構築に貢献した。なお、明治一四年（一八八一）、開拓使官有物払い下げ事件の中心人物として非難されてきたが、五代は関与していなかった。

ところで、五代は大久保利通《としみち》と幕末期から気脈を通じていた。維新後は、富国強兵・殖産興業の政策において意気投合し、征韓論争後の政府の分裂を回避するため、大阪会議（明治八年、一八七五）では大久保に協力して、会議を成功に導いた陰の立役者として再評価されている。

五代は、明治一八年（一八八五）九月二五日、四九歳の若さで没した。五代の短い生涯においては、主として明治以降の活躍が取り上げられがちであるが、幕末維新期の五代の活躍を見ていこう。

五代の長崎時代と薩英戦争

五代にとってエポックとなったのは、安政四年（一八五七）であった。五代はこの年、

グラバー（1838-1911）

郡方《こおりかた》書役《かきやく》に任命されたが、特に重要なのは幕府が設置した海軍士官養成機関である長崎海軍伝習所への遊学であった。五代は幕臣以外にも門戸が開かれていた伝習所で、オランダ語や海軍技術を学び、世界に対する幅広い知識・認識を得た。また、これ以降も長崎に滞在することが多く、勝海舟《かいしゅう》、榎本武揚《えのもとたけあき》、佐野常民《さのつねたみ》、高杉晋作《しんさく》らと交遊し、ネットワークを構築した。中でも、トーマス・グラバーとの出会いは特筆すべきであるが、このことはのちに触れたい。

その後、五代は藩に重用され、文久二年（一八六二）に船奉行副役に就任し、幕府艦千《せん》歳《ざい》丸で太平天国《たいへいてんごく》の乱の真っただ中にあった上海《シャンハイ》に渡航、薩摩藩のために汽船・武器を購入した。この時、高杉晋作と出会ったことはよく知られている。また、文久三年（一八六三）には、生麦《なまむぎ》事件によって派生した薩英戦争において、風雲急を告げる情勢を察して急遽《きゅうきょ》長崎から帰藩し、天佑《てんゆう》丸船長として参戦した。

五代は薩英戦争において、のちに薩摩スチューデントとしてロンドンに同行する寺島宗《むね》則《のり》とともに、英国海軍の捕虜となった。五代は自発的に捕虜となっており、その目的が攘夷から開国への藩論の転換を狙ったものと解釈されてきた。しかし、五代自身が上海から戻ると、すぐに島津久光の命を受け長崎で上海貿易に従事し始めており、その必要性はうかがえない。五代は潔く釈明を控えているが、おそらく、かけがえのない藩船の拿捕《だほ》の責任を取り、また、情報収集もかねて、あえて居残って捕虜となったものと筆者は考えている。

五代らは横浜で解放されたが、簡単に捕虜になったことから、藩からイギリスとの密通の嫌疑を受け、また幕吏《ばくり》からも追われることとなり、江戸や武州熊谷《ぶしゅうくまがや》での亡命生活を余儀なくされた。その後、寺島と別れて長崎に潜入し、ここでグラバーと再会したが、五代らはそれまでに、肝胆相照らす仲となっていたようだ。そして、ロンドンへの密航留学生・薩摩スチューデントの構想を練ることになるのだ。

五代友厚の最先端な上申書

思い出の地、長崎に潜入した五代友厚は、長年構想を練っていた富国強兵のための海外貿易や留学生派遣についての思いをグラバーに熱く語り、その構想の青写真を共同で作成した。これが「五代才助上申書」（『薩藩海軍史』中）である。

この上申書には細かな収支計画が付されており、当時としては極めて斬新である。これは、グラバーの助言によるところも大きかったであろうが、五代自身の緻密《ちみつ》な調査や、商才に負うところも見逃してはならない。そして、その後の薩摩藩の富国強兵・殖産興業策が、この上申書に沿って進められた事実は、さらに興味深い。五代がこれ以降、薩摩藩の近代化を推進することになるのだ。

五代は第一弾として、佐賀などから余剰米を買い漁《あさ》り、上海で売り捌《さば》いて膨大な利益を上げ、さらに茶・生糸・椎茸《しいたけ》・昆布・干鮑《ほしあわび》なども上海で売れば、その利潤は計り知れないと提案する。第二弾として、その利益で製糖機械を輸入し、あわせて技術者も外国から雇用する。そして、砂糖を大量に精製し、それを輸出する。第三弾として、そこから上がる莫大な利益によって、蒸気軍艦、大砲、銃といった軍事品、さらには貨幣製造機、農耕機械、紡績機械なども輸入すべきであると上申したのだ。なお、五代はこれら三弾を実行する前提として、留学生の派遣を提言した。そして、こうした買い付けは、留学生に同行する視察員が行うとした。

その留学生派遣計画であるが、第一段階として、通訳一名を含む一七名を一五〇日ほどイギリス・フランスに派遣すると述べており、これは留学というよりは視察団といったレベルであろう。なお、家老職などの上級家臣九名は軍務・地理・風俗を視察し、その他通訳を除く七名は、分担して農耕機械、砲台築城、大砲小銃製造、病院学校等の設置などに関して、調査することを提案する。上級家臣には、攘夷を唱える壮士から三名を選出するとしており、イギリス・フランスを実見させて開国派に転身させようとしたのだ。五代らしいプランである。

第二段階として、藩校の造士館《ぞうし》から才気ある年少者五〇〜六〇人、多少年長の二〇人ほどを選抜し、西洋諸国に派遣して陸海軍事技術はもちろんのこと、砲術、天文、地理、製薬などを研究させると提案する。期間は明示されていないが、おそらく、数年単位での留学が期待されていたであろう。そして、帰国後、熟練者を教師として藩内各地に学校を設立すべきであると提言した。実際の薩摩スチューデントはこの折衷案《せっちゅう》となり、その規模も財政事情から縮小されたものの、基本構想は、五代の上申書がそのまま活《い》かされたことになる。

この五代の上申書を基にして、薩摩スチューデントが結成される。しかし、この当時の日本人は海外渡航が認められておらず、密航留学となり、万が一、発覚すれば死罪になりかねない危険と隣り合わせであった。

五代と薩摩スチューデント

元治元年（一八六四）五月頃、五代友厚はグラバーの助力を得て、長崎で完成させた薩摩藩の富国強兵・殖産興業・留学生派遣に関する上申書を、薩摩藩家老・小松帯刀《たてわき》に提出した。藩内においては、五代は小松・大久保利通と特に親しく、小松は亡命している五代の身を案じて、上海行きを勧めたほどである。ちなみに、明治になって、小松亡き後、五代は小松の遺族を保護している。その小松の斡旋により、五代が藩への帰参を許されたのは、同年六月とされる。そして、五代のプランは薩摩藩の最高権力者で国父と称された島津久光の裁可を経て、最終的に決定した。

実際に選ばれた薩摩スチューデント一九名を見ておこう。厳密に言うと、使節四名と留学生一五名に大別される。使節の四名は、新納久脩《にいろひさのぶ》（大目付、正使）、寺島宗則（船奉行、政治外交担当）、五代友厚（船奉行副役、産業貿易担当）、堀孝之《たかゆき》（通弁、通訳担当）であり、町田《まちだ》久成《ひさなり》は留学生であると同時に、督学という留学生全体を束ねるポジションに就いた。留学生は、薩英戦争によって海軍力の圧倒的な差を痛感したことを契機に、元治元年六月に欧

薩摩スチューデント。後列左から畠山義成、高見弥一、村橋久成、東郷愛之進、名越時成。前列左から森有礼、松村淳蔵、中村博愛(鹿児島県立図書館蔵)

米列強に対抗できる軍事技術・諸科学および英蘭学の教育機関として設置された開成所から多数選出された。留学生は、特定の家柄や年齢からではなく幅広く選抜されており、思想的には敢えて攘夷思想が強い上級家臣を含んだ。

　留学生一五名の中には、駐英公使・初代文部大臣となる森有礼《もりありのり》、駐仏公使・外務大輔となる鮫島尚信《さめしまなおのぶ》、駐米公使・農商務大輔となる吉田清《よしだきよ》成《なり》、駐蘭公使・元老院議官となる中《なか》村博愛《むらはくあい》、開拓権少書記官となり現在のサッポロビールの前身・開拓使麦酒醸造所を設置した村橋久成《むらはしひさなり》などが含まれる。変わり種としては、最年少の一三歳で薩摩スチューデントに加わり、のちにアメリカに永住してワイン王となった長澤鼎《ながさわかなえ》がいる。個性豊かな薩摩スチューデントは、近代日本の建設に必要不可欠な人材となったのだ。

薩摩スチューデントに課された使命

薩摩スチューデントの使節には、四つの使命が島津久光から課せられた。その四つとは、①薩摩藩をはじめとする大名領にある港を外国に開き、そこで自由に交易できるようにイギリス政府に協力を求めること、②富国策を実現するために外国市場を調査し、薩摩藩として必要な製造用機械などを購入すること、③強兵策を実現するために、必要な軍艦・武器などを調査・購入すること、④将来に向けて、必要な西洋知識を受容するために留学生を同行させ、現地で諸々《もろもろ》の手配をして監督することであった。

五代友厚は②③にあたる製造用機械・軍需品の買い付けや商社設立などに奔走し、寺島宗則は①にあたる外交交渉に心血を注ぎ、町田久成は④にあたる留学生全般に従事した。

元治二年（一八六五）三月二二日、薩摩スチューデント一行は薩摩半島羽島浦《はしまうら》（現在の鹿児島県いちき串木野《くしきの》市羽島）を出発し、約二カ月後にロンドンに到着した。薩摩スチューデントの面倒の一切はグラバーが見ることになっていた。彼らは一等船客として乗り込み、船旅は基本的には何不自由のない快適なもので、日本からグラバー商会のライル・ホームが同行しており、至れり尽くせりの面倒を見た。いよいよ、五代の薩摩藩の外交官として、国際人としての活躍が始まることになる。

五代友厚とモンブラン

五代友厚は渡欧中、ロンドンのみに留まらず、正使の新納久脩、通訳の堀孝之とともにヨーロッパ各国を回り、精力的に視察を行いながら、紡績機械や武器の買い付けをするなどして、使命を果たしていた。中でも、五代のヨーロッパでの最大の功績は、ベルギー商社の設立だろう。これは、薩摩藩とベルギーとの間で結ばれた仮の通商条約に匹敵する。しかし、さすがに五代であっても、自身の才覚だけでは、そううまくは運ばなかったであろう。

そこに登場するのが、シャルル・ド・モンブランである。彼は事実上の二重国籍を持ち、フランス伯爵であると同時に、ベルギー男爵でもあった。元治元年（一八六四）、モンブランは横浜鎖港談判のために渡欧した外国奉行池田長発《いけだながおき》に対し、積極的にアプローチして使節団の便宜を図り、フランス政府要人との会談を斡旋した。この時、モンブランは池田に対し、幕府に対抗する諸侯を征伐できるように、軍事的にフランスが援助することを仲介したいと申し入れた。池田は乗り気になり、帰国したら幕閣の同意を得ると約束したものの、幕府はそれを斥《しりぞ》け、フランス公使レオン・ロッシュを通じてフランスと直接交渉を始めてしまった。

その事情を知らないモンブランは、慶応元年（一八六五）に横須賀製鉄所の建設準備および軍制調査のために派遣された外国奉行柴田剛中《しばたたけなか》に対し、池田同様に接触を図った。モンブランはベルギーとの通商条約を結ぶ仲介をする提案を行ったものの、柴田は我関せずの態度を示してまったく埒《らち》があかなかった。モンブランは激怒して、これ以降、反幕府的な態度を示すことになるのだ。

こうして反幕となったモンブランは、ロンドンに居る薩摩藩使節・五代に接触を図るため、使者を派遣する。五代らはモンブランの招待を喜んで受け入れ、大陸視察時にベルギーで会うことを約束した。モンブランは五代らを大歓迎し、インゲルムンステルにある自分の城に泊めて歓待した。その後、パリでも交流を重ね、関係が親密化した結果、モンブランの取り計らいでベルギー皇太子ドック・デ・ブラバン（ブラバン公）や外務大臣に面会が叶い、一国の公式使節に準ずる待遇を受けた。五代の成功は、モンブランに依るところが大きいのだ。

ベルギー商社の設立

モンブランを介してベルギーと交渉を重ねた結果、慶応元年八月二六日(一八六五年一〇月一五日)に、ベルギー政府の証人二名の前で、新納久脩と五代友厚はベルギー商社約定書に調印した。その模様は、五代の日記『廻国日記』によると、「ヴェルギー政府と和親条約を成して、富国強兵の基石を立る事を欲し、其条約を、一先《ひとまず》、モンブランと盟約せん事を談決して、其所置、手術を論じ、内約書を認《したため》」とある。

これによると、五代の思惑としては、薩摩藩としてベルギーと国交の樹立・通商条約の締結を目指しており、これによって薩摩藩の富国強兵を図る礎《いしずえ》にすることを期待した。いきなり、ベルギー政府と条約は結べないので、モンブランと仮条約的なものを締結することになったことがうかがえる。とはいえ、ベルギー政府の立会人も同席している事実は重い。これによって、将来の本条約への道筋が見えているからだ。なお、本書で詳しくは触れないが、寺島宗則はイギリス政府に対し、幕府から外交権を奪い、なし崩し的に幕府を崩壊に導くこと、つまり「廃幕」に持ち込むことを画策していた。五代のベルギーとの条約は、まさに寺島に課せられた外交交渉の一端を担うものでもあったのだ。

遣欧使節・柴田剛中の密航留学生への対応

慶応元年閏《うるう》五月、幕府は横須賀製鉄所の建設準備および軍制調査のため、外国奉行柴田剛中を正使とする総勢一〇名の使節団をフランス・イギリスに派遣した。フランスとの間では、製鉄所建設と軍事教練に必要な協定を締結できたが、イギリスとの交渉は不調に終わった。この件については、当時、薩摩スチューデントの寺島宗則がイギリス外務省と交渉中であり、彼が妨害工作をした可能性が指摘できる。

ところで、一一月二日（一八六五年一二月一九日）、柴田らはイングランド銀行を視察した時、長州《ちょうしゅう》ファイブと薩摩スチューデントの新納久脩・五代友厚・堀孝之の記帳を発見して驚愕した。田辺太一《たなべたいち》ら随行員は、柴田に幕府の許可なく渡欧した密航留学生を召喚し、事情を質《ただ》した上で取り締まることを要請し、さもないと幕府は日本政府として西欧から認められなくなると迫った。しかし、柴田は藪蛇《やぶへび》になるとして、その提案を拒否したため、幕府重臣と密航留学生の歴史的なロンドンでの接触の機会はなくなった。田辺は、こうした事なかれ主義を訝《いぶか》しみ、大いに不満を感じていた。なお、こうした柴田の消極的で曖昧な態度は、パリ万博問題でも引き継がれる。

一方で、柴田はイギリス外相に幕府の許可なく渡航した留学生を、海軍学校に入学させないように要請するなど、密航留学生たちの修学の妨害を実行した。これは、帰国後にまったく手を打たなかったことが問題視されることを恐れたためであったが、ロンドンでの密航留学生との接触を極端に嫌い、随行員にも接触を避けるよう徹底した指示を出した。

こうした行為に対し、五代は慶応元年一一月八日に鹿児島に居る家老桂久武《かつらひさたけ》宛の書簡の中で、柴田の態度を俗物と切り捨て、柴田は帰国後、薩摩スチューデントへの対応について、どう申し開きすべきかのみに苦心惨憺であると嘲笑《あざわら》った。五代は、この程度の人物しか派遣できない幕府の実態を痛烈に批判しており、幕府を完全に見捨てた態度をとったのであった。

五代友厚の憂慮とその結果

一方で、五代友厚は密航留学が幕府使節団・柴田剛中に知られた事実を憂慮していた。柴田が帰国後に、幕府から薩摩藩に尋問をするのではないかと警戒し、五代はあらかじめ想定問答集を作成し、桂宛書簡に同封している。五代らしい、用意周到さである。

五代のきめ細やかな配慮の背景には、フランスの実業家モンブランとの間で、薩摩藩とベルギーの貿易商社設立の契約（八月二五日調印）を推し進めるにあたり、何らかの妨害が幕府から入るのではないかという不安があった。このベルギー商社の設立は、産業貿易担当として渡欧した五代にとって、最大の使命であり業績であるため、それを実現することに五代は注力したのだ。

五代の問答集の中で、薩摩スチューデントの派遣目的は、「夷情《いじょう》探索」「海軍技術の導入」「機械・物産の購入」の三点であることを強調し、海外渡航は国禁にもかかわらず、国家興廃に関わる時節なので、止むを得なかったと釈明することを求めている。幕府の尋問に対して、薩摩藩が留学生派遣を否定すれば、その情報が直ちに横浜から欧米諸国に伝わり、新聞に掲載されることは間違いなく、そうなれば、それ以降は薩摩藩が西欧では相手にされなくなるとの世相を伝え、藩政府の善処を要望した。

なお、五代は、薩摩スチューデントは既にヨーロッパ各地の新聞紙上で取り上げられるほど有名であることを伝える。そして、特にフランスでは島津久光がナポレオンと比較され、日本をリードするのは久光しかいないと表現されており、名誉なことこの上ないと説明している。

その後の展開では、五代の心配にもかかわらず、幕府からの尋問はまったくなかった。日本人の海外渡航を認める機運が、既にこの段階では幕閣内に醸成されていたことも大きな要因であった。しかし、それ以上に政治的な要因が存在していたのだ。柴田の帰国は慶応二年(一八六六)一月であり、「小松・木戸覚書」(いわゆる薩長同盟)が結ばれたわずか五日後であった。第二次長州征伐をめぐって政局が混乱しており、幕府は薩摩藩を味方に引き入れようとしていたが不首尾に終わり、薩摩藩の抗幕姿勢には敏感にならざるを得なかった。この状況下で、薩摩藩を刺激するような言動は厳に慎むべきであったのだ。

このように、この時期に江戸・京都・ロンドンで繰り広げられていた政治的動向、つまり薩長同盟の成立や幕府と薩摩藩の対立など、実は点として存在していたのではなく、それぞれに影響を及ぼし、連動していたのだ。まさにグローバルな世界の中で、幕末政治史は展開していたことになる。

近代日本人・五代友厚の誕生

留学生以上に西洋に衝撃を受け、政治的思考をめぐらしたのは、使節として派遣された五代友厚と寺島宗則であった。彼らは生来の開明派ではあったが、ロンドン到着と同時に、今後の日本について、憂慮していた。五代は、桂宛書簡（慶応元年一〇月一三日）において、日本人は傲慢で地球が広いことを知らず、国内の動揺によって、むなしく年月を費やしている井の中の蛙《かわず》であると手厳しい評価を下している。そして、今は北にロシア、西にイギリス・フランス、東にアメリカが存在し、最後にはその沓《くつ》を取ること、つまり服従させられることになると警鐘を鳴らしたが、これは欧米による植民地化を強く憂えたことに他ならない。

また、五代はその時になって憤慨し、倒れるまで戦って敗れてしまっては、まったく無益なことである。速やかに、これまで綿々と続いてきた国家の欠陥を明らかにし、無知蒙《もう》昧《まい》さを自覚し、通商を行って富国強兵を図ることに尽力しなければならないと訴えた。その前提となる具体的な方策として、五代は公家・大名をはじめ、諸藩の家老クラスから選抜し、そこに過激攘夷派の巨魁《きょかい》も加えた視察団を西欧に派遣する。そして、彼らの十分な観察を踏まえた上で、国策を論じて決定し、挙国一致で実現することを提言する。

こうして、富国強兵を実現し、国勢が奮い立てば、十数年後にはアジアで覇権を握れるとまで断言する。五代はこうした思索から、留学生の派遣は時期尚早であったと反省の弁を述べ、薩摩藩の重役たちの西欧視察が先決であったことを繰り返し嘆き、その早期実現を希望した。五代は、想像以上に進歩した西欧文明に接し、日本の抜き差しならぬ後進性に、めまいすら覚えたのであろう。しかし、その絶望感に拘泥することなく、日本の指導者、この段階では支配者層の、啓蒙啓発を実地で行い、富国強兵のための国策を立案して、挙国一致で邁進《まいしん》することに活路を見出そうとしていた。

五代は日本出発の前に、幕府から外交権を朝廷に移行し、一諸侯となった徳川家も含め、朝廷の下での国家体制の実現を目論《もくろ》んでいた。そして、藩は自由貿易を独自に行える権限を持つ、地方分権制を念頭に置いていた。しかし、五代は、それでは欧米に対抗できる国家を形成できないと判断し、藩を超えた国家レベルで西欧諸国に対峙することを念頭に置いている。つまり、天皇を戴く中央政権の下に挙国一致体制を構築し、藩権限は抑えるべきではないかという考えに至ったのだ。

このような五代の志向は、版籍奉還、その先の廃藩置県を漠然としながらも見据えており、明治国家を先取りしたものであった。確かに、王政復古を志向していた志士は少なからず存在したが、藩の否定にまでは至っていない。五代は、近世日本社会を脱した、近代日本人としての国家観と言えるレベルに、すでに達していたのだ。

パリ万博博覧会の展示会場には、江戸商人瑞穂屋卯三郎が開いた茶屋があった。『ル・モンド・イリュストレ』より。

パリ万博と徳川慶喜の思惑

一八六七年（慶応三）のパリ万国博覧会は、四月一日から一〇月三一日まで開催され、初めて参加した日本を含め四二カ国が参加し、会期中一五〇〇万人が来場した。

一八六五年（慶応元）三月、フランスのナポレオン三世は駐日公使ロッシュを通じて、幕府（一四代将軍徳川家茂《いえもち》）に対して参加を要請した。当初、参加に消極的であったが、ロッシュの説得を受けて八月に、ようやく参加を決定した。幕府は、パリ万国博に参加することを、フランスとの良好な関係をこれまで以上に築く重要な機会としてとらえ、また、幕府の権威を国内外で高めることを目的としたのだ。

この計画を引き継いだ一五代将軍の徳川慶喜《よしのぶ》は、実弟昭武《あきたけ》をパリ万国博覧会使節としてフランスに派遣し、かつ五年間留学させることを決定した。その目的は、江戸幕府を代表して将軍後継者の地位にある昭武を自身の名代として、各国の皇族や王族が参列するパリ万博に出席させ、その後に欧州各国を訪問することによって、幕府の権威を国際的にアピールするためであった。さらに、昭武を将来の指導者とするため、長期留学も計画していた。

しかし、幕府・慶喜の思惑は、密かにパリ万博への参加を画策していた薩摩藩の存在によって、木っ端微塵《こっぱみじん》とされてしまい、幕府の威信は地に墜ちてしまう。幕府の滅亡にも直結したパリ万博への薩摩藩参加の道筋を開いた五代友厚の動向、そしてパリ万博の参加資格をめぐる幕府VS薩摩藩の激突の実相に迫りたい。

薩摩藩のパリ万博参加と五代友厚

薩摩藩のパリ万博への参加は、五代友厚にとっては滞欧中の予期せぬ大成果であった。そもそも、フランス政府はパリに滞在していた幕府使節団の全権である外国奉行柴田剛中に対し、打診を繰り返したものの、柴田は確答を拒み続けた。そこで、シャルル・ド・モンブランは一計を案じ、パリ滞在中の五代に参加を要請したのだ。幕府から冷遇され続けたモンブランの、意趣返しとでも言える行動である。

そして、ベルギー商社約定書（一八六五年一〇月一五日）一〇条として、「千八百六十七年、於巴里斯展観所国産良好の諸品出さん事を欲せば商社に談し、又是を〝モンブラン〟に寄託すへし」が盛り込まれたのだ。五代は、パリ万博の出品に関するすべての指揮をモンブランに委任し、一〇月二三日には帝国委員会（万博実行組織）に参加を申請した薩摩藩のパリ万博への参加の決定は、もちろん五代によるその場での独断であった。

その後、連日のように五代はモンブランと相談を繰り返し、一一月二一日には万博事務局を訪問し、万博会場の下見までして、一二月一七日にはモンブランのお膳立てにより、五代は二名の展観所取扱役および「日本展観所出品支配頭」と会食するなど、着々と準備を進めていった。ところで、消極的な態度を示していた柴田は、薩摩藩の策動を知ったため、態度を一転させてパリ万博への参加の意向を示し、しかも「大君《たいくん》（幕府）使節」が承諾したからには、薩摩藩は出品に及ばずと主張した。さらに、薩摩藩の万博参加を何とか妨害しようとフランス政府に訴え出た。フランスの万博担当者との意見調整を、モンブランが仲介することになったことが幸いし、五代はフランス政府からの提案である幕府との共同参加を拒絶し、薩摩藩としての単独参加を要請した。

薩摩藩のパリ万博使節団の派遣

パリ万博への参加は薩摩藩の方針として確定し、五代は慶応二年（一八六六）三月の帰国後、御納戸《なんど》奉行《ぶぎょう》格・御用人《ようにん》外国掛《がいこくがかり》を拝命し、長崎において万博出品のために日夜奔走した。幕府のパリ万博への参加決定は、慶応元年七月二日（一八六五年八月二二日）であり、諸藩への出品呼びかけは、慶応二年四月五日（一八六六年五月一九日）であった。七月二八日（一八六六年九月六日）に、薩摩藩は幕府に出品を申し入れたが、命令を無視して、五代は出品物を長崎から勝手に送品（一八六六年一一月七日）した。薩摩藩・五代の幕府へのあからさまな対決姿勢を見て取れよう。

薩摩藩は万博参加を円滑に実行するため、正使として家老岩下方平《いわしたみちひら》（欧州使節並仏国博覧会総督）、博覧会担当として渋谷彦助《しぶやひこすけ》、野村宗七《のむらそうしち》ら総勢一〇名からなるパリ万博使節団を結成した。慶応二年一一月一〇日（一八六六年一二月一六日）に鹿児島を出発し、一二月二七日（一八六七年二月一日）にマルセイユに着き、そこでモンブランと合流してパリにはその五日後に到着した。岩下は、あらためてモンブランを「琉球《りゅうきゅう》国王薩摩太守」事務官長に任命し、すべてを一任した。幕府使節・徳川昭武（一八六七年四月三日、マルセイユ着）より二カ月も早いことになり、実に用意周到で、幕府に一歩先んじた行動であった。モンブランと協働し、迅速な行動を伴う薩摩藩の初動によって、幕府に対する薩摩藩のアドバンテージは絶対的なものとなったのだ。

万博における幕府と薩摩藩の激突

慶応三年二月四日（一八六七年三月九日）、「琉球国王」使節として、岩下方平はフランス外務大臣ムスティエに面会し、二月一〇日（三月一五日）に万博の「展観所掛」五名を晩餐に招待し、独自の展示区画の斡旋を依頼した。こうして、翌三月には「琉球公国」として区画を獲得しており、主権国家としての参加を実現したのだ。慶応三年二月二七日（一八六七年四月一日）、岩下らは万博開会式に出席し、さらに「薩摩藩琉球国」の勲章を配布して、西洋諸国に対して主権国家としての存在を大きくアピールした。

幕府使節はパリ到着後、フランス政府に対して、この間の薩摩藩に有利な措置に関して、断固として抗議した。フランスは政治的介入に消極的な姿勢を示したため、三月一七日（四月二一日）、帝国委員会の許で幕府（田辺太一）と薩摩藩（岩下方平、モンブラン同席）間で協議が行われた。その結果、統一「日本」区画とし、「大君政府」および「薩摩太守政府」として、個別に展示することを決定した。田辺は、「政府」という言葉に重きを置かなかったが、それが命取りとなる。この言葉が「大君、太守と申すも同義などとの説、新聞紙に記載、伝播致させ候」(『幕末外交談』)と、新聞紙上で幕府と薩摩藩が同じレベルにあると記載され、それが広まったと田辺の回想録の中で語られている。田辺は責任を取らされ、日本に召還されたが、欧米諸国が幕府と薩摩藩を同等と認識した事実は何よりも重いものとなったのだ。

その後、フランス政府は幕府を正当な日本代表と承認したものの、この協議での決定を踏まえたモンブランのメディア戦略により、日本は天皇を戴く連邦国家で、大君(将軍)も薩摩太守(藩主)と同等の諸侯に過ぎないというイメージの刷り込みに成功した。この影響は計り知れず、徳川慶喜が期待したフランスからの六〇〇万ドルの借款《しゃっかん》計画が頓挫してしまい、幕府滅亡の要因の一つになったことは周知の事実である。

パリ万博を通じて、薩摩藩の外交面での廃幕運動は成功し、日本の王政復古を印象付けることに寄与した。しかも、幕府の借款計画を潰せたことから、内政面でも慶喜に大きなダメージを与え、大政奉還路線を取らせるなどの大きな影響を与えた。そのパリ万博への薩摩藩参加の道筋を作ったのが、五代友厚に他ならない。このことを含め、幕末期の五代を再評価する必要があると感じるのは筆者だけであろうか。

あとがきにかえて――歴史家が語る幕末大河ドラマ

大河ドラマと幕末維新

大河ドラマは、一九六三年（昭和三八）の『花の生涯』から始まり、再来年二〇二五年（令和七）の蔦屋重三郎《つたやじゅうざぶろう》までタイトルが公表されている。この計六四作のうち、幕末を描いたのは『青天を衝《つ》け』を含めて一五作品であり、およそ四本に一本に及んでいる。戦国時代の二五本には遙かに及ばないものの、かなりの本数である。それにしても、戦国と幕末で全体の六〇パーセント超！　やはり人気の時代である。

しかし、その間の幕末維新期の大河ドラマは、等間隔で取り上げられたわけではなかった。『獅子の時代』（一九八〇、昭和五五）から『翔ぶが如く』（一九九〇、平成二）までは一〇年、そこから『徳川慶喜』（一九九八、平成一〇）まで八年も空いたことがあった。それが『篤姫《あつひめ》』（二〇〇八、平成二〇）以降は二、三年に一回は幕末が対象となっており、非常に増加していることが分かる。さて、その理由は何であろうか。最大の要因は、『篤姫』の大ヒットがあるのではないか。平均視聴率が二四・五パーセントを記録しており、それまでの幕末は数字を取れないという定説を覆したのだ。

幕末大河の変遷

どのような作品があったか、少し挙げてみよう。途中で主役が交代した『勝海舟』(一九七四、昭和四九)、大村益次郎《おおむらますじろう》を中心に吉田松陰や高杉晋作などの群像劇『花神《かしん》』(一九七七、昭和五二)、西郷隆盛と大久保利通の友情と対立を描いた『翔ぶが如く』、満を持して四二年ぶりの龍馬登場！の『龍馬伝』(二〇一〇、平成二二)、吉田松陰の妹を主人公にした『花燃ゆ』(二〇一五、平成二七)、明治維新一五〇年にちなんだ『西郷《せご》どん』(二〇一八、平成三〇)など、維新を成し遂げた薩摩藩、長州藩や土佐藩から描いた作品が目立つ。一方で、負けた側から見た幕末史は『勝海舟』や『徳川慶喜』など、やや少ない印象がある。

ちなみに、マイベスト大河であるが、『花神』『勝海舟』『翔ぶが如く』がベストスリーである。どうしても、幕末大河に偏ってしまうのだが、そこはお許しいただきたい。ところが、二〇二一年放送の『青天を衝け』はその一角を脅かす存在となった。それだけ、心に残る素晴らしいドラマだったと感じている。

『青天を衝け』の秀逸さ

さて、その『青天を衝け』である。幕末編について言えば、本作は渋沢栄一という人物を通して、農民から幕臣に上り詰める幕府側の人物から描いたことが新鮮であった。しかも、徳川慶喜を準主役のように位置づけ、渋沢の地元の血洗島の人たちも巻き込みながら、優れた青春群像になっていた。

筆者のみならず、『青天を衝け』は非常に評判が良かったのではないか。その理由を筆者なりに考えると、何より良かったのは、きめ細やかな時代考証に基づき、脚本が史実を丁寧に扱っていることではないか。もちろん、ドラマはフィクションであるが、史実をベースにしたフィクションなのか、フィクションの上にフィクションを重ねているのかでは、大きな違いが生じてしまうと考える。事実は小説より奇なりと言うように、史実ほど劇的で物語性に富んでいるものはありえないと確信している。

たとえば、『青天を衝け』で印象的に描かれた、渋沢が馬に乗る慶喜を追いかけて出会うシーンについて、あまりに身分の違う渋沢の慶喜との拝謁は本来ならありえず、フィクションと思った視聴者も多かったのではないだろうか。しかし、渋沢の回顧録『雨夜譚』によると、仕官前の拝謁を頑なに願い出たため、それに根負けした平岡円四郎の指示に従って、馬で遠出する慶喜を待ち伏せして追いかけたことを記している。その後もドラマのように、渋沢は度々慶喜と会うことができたのかは定かではないものの、そうであってもおかしくない範囲で描かれていた。史実をベースにしているからこそ、安心感があり楽しめるドラマになっているのだ。

脚本と時代考証の重要性

それ以外にも、脚本と時代考証の妙がドラマを引き締めた。例えば、池田屋事件や禁門の変といった、この時代の象徴的な出来事であっても、無理に渋沢を立ち会わせたりしない。江戸城が出てくる場面では、小道具の衣服や家紋を徹底的に考証している。堤真一さん演じる平岡円四郎が住む長屋も、当時の江戸の風景を見せる工夫をしていることがうかがえた。ワンカットのぱっと通り過ぎてしまいそうなシーンでも、こういった丁寧な見せ方により、時代の息吹をきちんと伝えようとする努力に感服した。

個人的な推測の域を出ないが、昔の大河ドラマは殺伐としていると感じるほど、史実に基づいて描いていたが、最近はフィクションの要素が強まっていると感じていた。たとえば、「西郷どん」で描かれた禁門の変において、家老である小松帯刀が一藩士に過ぎない西郷隆盛の前でひざまずいている、絶対に起こりえない場面があった。そういう場面になんとなくでも違和感を覚えてしまうと、なかなかドラマを楽しめなくなってしまう。

特に、幕末はわずか一五〇年ほど前の話であり、研究者も多く、史実が知れ渡っている時代であることは間違いなかろう。今回の『青天を衝け』では、不自然な物語を入れなかったところに、筆者は非常に好感を持った。

主人公として抜群であった渋沢

「青天を衝け」の主人公である渋沢栄一は、実は幕末維新期を語るのに非常に適した人物であった。渋沢は農民出身で、尊王志士になって攘夷実行を画策していたのに、ひょんなことから一橋家（一橋慶喜）に仕官して武士となってしまう。さらに、慶喜がこともあろうに将軍になったことで、渋沢はとうとう幕臣になってしまった。

一介の農民が武士に身分変更を果たし、さらに武士として幕臣にまで上り詰め、幕府の瓦解後には静岡藩（徳川家）の家臣となり、明治新政府（民部省・大蔵省）に出仕して「官」

の一員となった。しかし、「官」を辞して「民」として実業家の道を歩み、富国強兵・殖産興業に尽力したのだ。

渋沢が劇的に階層や身分、立場を変える経験をして最後には新生国家の民間人に、そして経済界の重鎮になるという一連の流れは、日本の近世から近代への移行期に重なり、幕藩体制（封建国家）から欧米的近代国家（立憲国家）への大転換期であった。渋沢は、まさにその疾風怒濤の時代を体現する唯一の人物と言えよう。知名度では、同時代の著名人に比べて後塵を拝する渋沢ではあるが、近代日本を描くにはもってこいの人物である。渋沢を知ることによって、日本の近代のスタートやその後の在り方を学ぶことが可能であり、現代に生きる日本人に様々な示唆を与えてくれる傑出した存在、それが渋沢なのだ。

大河ドラマの功罪

最後に、歴史の研究者として大河ドラマの功罪は何かを考えてみたい。「罪」は、史実と違うことが事実のように受け止められて、一人歩きをしてしまう危うさである。一方で、「功」は扱われる対象に関心が高まり、研究や史料の発見が進むことである。また、隠れた逸材やいつの間にか忘れられてしまっていた人物にも、スポットが当たるようになり、

「再発見」されることもある。

古くは、『勝海舟』のときに萩原健一さんが演じた岡田以蔵《いぞう》、比較的最近では『篤姫』で瑛太さんが演じた小松帯刀《たてわき》であろう。小松について言えば、研究者ですらノーマークであった嫌いがあり、大河ドラマで知って関心を持ち、評伝を書いてしまったという話すらあるようだ。『青天を衝け』で言えば、そもそも渋沢栄一もそうだが、堤真一さんが演じる平岡円四郎ではなかろうか。平岡は活躍した期間は短いものの、この時期では、橋本左内らに匹敵するような人物だったのではないかと関心が高まった。こういった発掘につながることでも、大河ドラマは大いに期待できるのだ。

大河ドラマは、日本の文化だと思っている。地域おこしもあいまって、誘致合戦もあるようだ。以前ほどのパワーはないかも知れないが、やはり大河ドラマは侮れない存在であり、愛すべき仲間である。筆者も一視聴者として今後も見続けていきたい。

今回はJBpressで連載したものをベースにして、大幅に加筆訂正を加えている。最後に、『新説　坂本龍馬』以来のお付き合いであり、本書の編集にも多大なご尽力をいただいた、集英社インターナショナルの土屋ゆふ編集長に心からの謝意を申し上げたい。

参考文献

史料

・佐々木克編『史料公用方秘録』、彦根城博物館、二〇〇七年
・島田三郎『開国始末』、一九八三年復刻
・山口県教育会編『吉田松陰全集』、マツノ書店、二〇〇一年復刻
・土屋喬雄・玉城肇訳『ペルリ提督日本遠征記』、岩波書店、一九五三年
・東京大学史料編纂所編『大日本古文書 幕末外国関係文書之2』、一九八四年
・『阿部正弘事蹟』、一九七八年復刻
・今井宇三郎他著『日本思想大系〈53〉水戸学』、岩波書店、一九七三年
・鹿児島県維新史料編さん所『鹿児島県史料（忠義公史料）』三、鹿児島県、一九七六年
・デジタル版『渋沢栄一伝記資料』、https://eiichi.shibusawa.or.jp/denkishiryo/digital/main/
・会津若松市総務部秘書広聴課市史編さん担当編『幕末会津藩往復文書』下、会津若松市、二〇〇〇年
・『中山忠能履歴資料』六、一九七四年復刻
・『吉川経幹周旋記』四、一九八五年復刻
・三吉治敬監修『三吉慎蔵日記』上、国書刊行会、二〇一六年
・下関市立歴史博物館編『龍馬がみた下関』、二〇一七年
・「柏村日記一五」（『山口県史史料編　幕末維新４』）、二〇一〇年

・『木戸孝允関係文書』一、二〇〇五年復刻
・塙瑞比古編『榊陰年譜』、笠間稲荷神社、一九七九年
・『幕末外交談』、一九七六年復刻
・公爵島津家編輯所編『薩藩海軍史』中、原書房、一九六八年
＊とくに断りがない場合、正続日本史籍協会叢書〈東京大学出版会〉とする。

著書・論文

・吉田常吉『井伊直弼』、吉川弘文館、一九八五年新装版
・海原徹『吉田松陰』、ミネルヴァ書房、二〇〇三年
・家近良樹『徳川慶喜』、吉川弘文館、二〇一四年新装版
・岩下哲典編『徳川慶喜 その人と時代』、岩田書院、一九九九年
・渋沢栄一『雨夜譚』、岩波書店、一九八四年復刻
・渋沢栄一『徳川慶喜公伝』(東洋文庫)、平凡社、一九六七年復刻
・井上潤『渋沢栄一』、山川出版社、二〇一二年
・北原雅長『七年史』、マツノ書店、二〇〇六年復刻
・大平喜間多『佐久間象山』、吉川弘文館、一九八七年
・松浦玲『坂本龍馬』、岩波書店、二〇〇八年
・宮地正人『歴史のなかの『夜明け前』:平田国学の幕末維新』、吉川弘文館、二〇一五年

・山田尚二「薩藩海外留学生高見弥市について―『流離譚』・辞令を中心に―」（鹿児島県高等学校教育研究会社会科学部会歴史分科会『鹿児島史学』第29号、一九八二年）
・日本経営史研究所編『五代友厚伝記資料』第四巻、東洋経済新報社、一九七四年
・犬塚孝明『薩摩藩英国留学生』、中公新書、一九七四年

拙著

・『島津久光＝幕末政治の焦点』、講談社、二〇〇九年
・『幕末文久期の国家政略と薩摩藩―島津久光と皇政回復―』、岩田書院、二〇一〇年
・『歴史再発見　西郷隆盛　その伝説と実像』、ＮＨＫ出版、二〇一七年
・『薩長同盟論』、人文書院、二〇一八年
・『新説　坂本龍馬』、集英社インターナショナル、二〇一九年
・『攘夷の幕末史』、講談社学術文庫、二〇二二年
・『グローバル幕末史』、草思社文庫、二〇二三年

本書は、JBpress 連載「渋沢栄一と時代を生きた人々」「幕末維新人物伝２０２０」を改稿してまとめたものです。

町田明広《まちだあきひろ》

一九六二年、長野県生まれ。神田外語大学教授・日本研究所所長。明治維新史学会理事。上智大学文学部・慶應義塾大学文学部卒業、佛教大学大学院文学研究科博士後期課程修了。著作に『島津久光=幕末政治の焦点』（講談社選書メチエ）、『攘夷の幕末史』（講談社学術文庫）、『グローバル幕末史』（草思社）、『薩長同盟論』（人文書院）など。

人物《じんぶつ》から読《よ》む
幕末史《ばくまつし》の最前線《さいぜんせん》

二〇二三年一二月一二日　第一刷発行

インターナショナル新書一三二

著　者　町田明広《まちだあきひろ》
発行者　岩瀬　朗
発行所　株式会社 集英社インターナショナル
〒一〇一-〇〇六四 東京都千代田区神田猿楽町一-五-一八
電話 〇三-五二一一-二六三〇
発売所　株式会社 集英社
〒一〇一-八〇五〇 東京都千代田区一ツ橋二-五-一〇
電話 〇三-三二三〇-六〇八〇（読者係）
〇三-三二三〇-六三九三（販売部）書店専用
装　幀　アルビレオ
印刷所　大日本印刷株式会社
製本所　大日本印刷株式会社

　ISBN978-4-7976-8132-1　C0221

インターナショナル新書